KB069980

한 명의 내담자, 네 명의 상담자

다른 접근의 상담 사례 연구

한 명의 내담자,
네 명의 상담자

다른 접근의 상담 사례 연구

김정규 · 김명권 · 김경민 · 조현주 공저

학지사

머리말

　저자 서문을 내가 쓰게 된 경위는 '경험이 많은 사람'이라는 이유로 세 분에게 추천을 받아서인데, 그게 객관적 사실이라기보다는 가장 연장자 대우를 해 준 것이 아닌가 싶다. 어쨌건 감사한 마음이지만 서문을 쓰면서 세 분의 입장을 충분히 대변하지 못하게 될까 봐 염려가 된다.

　2017년 3월에 한국상담심리학회에서 한 내담자가 네 명의 상담자를 만나는 실험을 기획하였는데, 동참해 보지 않겠느냐는 제의를 받았다. 나는 맨 먼저 1965년 미국에서 프리츠 펄스, 칼 로저스, 앨버트 엘리스가 글로리아라는 한 여성 내담자를 상대로 진행했던 상담 시연이 떠오르면서 상당히 흥미가 끌렸다. 하지만 각 상담자에게 3회기씩 배정되었으며, 나중에 학회에서 결과를 발표해야 한다는 말을 듣고는 생각이 많아졌던 기억이 난다.

　미국에서의 실험은 단회기 상담이었고, 무엇보다 기획 의도가 치료 목적보다는 각 상담자들의 서로 다른 스타일을 보여 주려는 데 있었다면, 한국에서의 이 실험은 처음부터 분명하지는 않았지만 여러 가지가 섞여 있다는 인상을 받았기 때문이다. 각 상담자가 3회기씩, 즉 네 명의 상담자가 총 12회기를 시행하게 되면, 이는 단순한 시연이 아니라 상당 부분 치료적 목적이 들어 있어 보였고, 그렇다면 각 상담자들의 개입이 서로 다른 회기에 미치는 영향을 통제하기 어렵다는 점과 함께 서로 다른 상담자들의 상이한 개입이 자칫 내담자에게 혼란과 상처를 줄 위험도 있었다.

이러한 염려는 내담자의 배경 정보를 들었을 때 좀 더 가중되었다. 즉, 혼외관계에서 낳은 자식을 홀로 양육하고 있는 여성으로서 상당히 심한 죄책감과 불안, 그리고 내적 갈등이 있는 상태였는데, 만일 학회에서 결과를 발표하면 내담자 보호 문제가 쉽지 않아 보였기 때문이었다. 하지만 내가 이 연구에 참여하게 되었을 때는 이미 주사위는 던져졌고, 우리의 용감한 내담자는 벌써 두 명의 상담자와 상담을 마친 상태였다. 앞선 상담에서 어떻게 진행되었는지에 대한 정보가 전혀 없는 상태에서 우리는 달도 안 뜬 깜깜한 밤길을 지팡이로 더듬어 걷는 심정으로 상담을 시작하게 되었다.

이 프로젝트에 참가한 상담자 네 명은 모두 각기 다른 이론적 배경과 상담 스타일을 지녔고, 실제 상담을 진행하기에 앞서 서로 간에 어떤 합의된 지침이나 계획도 없었으며, 사전 만남 또한 없었으므로 상담이 어느 방향으로 흘러갈지 알 수 없었다. 우리는 각자의 직관과 내담자의 적응력을 믿고서 풍덩 물속으로 뛰어들 수밖에 없었다. 돌이켜보면 내담자는 물론이고 네 명의 상담자 모두 대단한 도전을 했던 게 아니었나 싶다. 다행히 내담자는 네 명의 상담자 스타일에 모두 잘 적응하였고, 이 기회를 최대한 자신을 위해 잘 활용함으로써 성공적으로 상담을 마쳤다. 상담 결과는 축어록을 풀어 한국상담심리학회에서 2회에 걸쳐 공개 발표를 거쳤고, 이제 내담자의 동의를 얻어 책으로 출판까지 하게 된 것을 생각하면 감개무량하다.

한 명의 내담자를 여러 명의 상담자가 상담을 하여 그 내용을 공개하는 것의 이점은 주로 상담을 공부하는 사람들에게 있지 않을까 싶다. 다양한 상담 이론과 상담자의 스타일을 공부할 수 있는 더 없이 좋은 기회가 될 것이기 때문이다. 내담자 입장에서는 한 명의 상담자에게 지속적으로 상담을 받지 못함으로써 안정감이 결여될 수 있고, 심층적 작업을 하기 어려우며, 자칫 표면적 작업에 그칠 위험이 있다. 그러나 긍정적으로 바라보자면 희망사항이긴 하지만, 자신의 문제를 여러 전문가에게 다양한 관점에서 도움받을 수도 있을 것이다.

여기서 우리는 더 나아가기 전에 잠깐 멈춰 서서 몇 가지 흥미로운 질문을 던져 볼 수 있을 것이다.

1. 네 명의 상담자를 만나는 이 내담자는 매번 동일한 내담자일까?
2. 이 내담자가 각 상담자에게 내놓는 문제는 매번 동일한 문제일까?
3. 이 내담자와의 관계에서 보여 주는 각 상담자들의 스타일은 고정된 것일까?

나는 이 세 가지 질문에 대한 답을 모두 '아니요'라고 답하겠다. 첫 번째 질문에 대해 아니요라고 답한 근거는 이렇다. 사람은 어떤 사람을 만나느냐에 따라 다른 사람이 된다. 예컨대, 어떤 사람 앞에서는 자신감 있는 사람이 되는가 하면, 어떤 사람 앞에서는 의존적이 되거나 혹은 반대로 못된 사람이 되기도 한다. 따라서 서로 다른 상담자 앞에서 내담자는 자신도 모르게 다른 사람이 된다고 할 수 있다.

두 번째 질문에 대한 답은 첫 번째 질문의 답에 이미 암시되어 있다. 즉, 내담자가 매번 바뀐다고 볼 수 있다면, 그가 내놓는 문제도 당연히 매번 달라질 것이다. 물론 이는 과장된 면이 없지 않아 있다. 하지만 엄밀히 들여다보면 분명히 이러한 문제는 존재한다. 아들이 있을 때와 없을 때 시어머니가 상당히 다른 사람처럼 보이는 경우가 있지 않은가?

이는 세 번째 질문에도 적용된다. 즉, 모든 내담자에게 보여 주는 고정된 상담자 스타일은 존재하지 않는다. 어떤 내담자를 만나느냐에 따라, 대부분 무의식적으로, 상담자의 스타일은 달라질 수 있다.

결론적으로 내담자나 상담자 모두 고정된 실체가 아니라고 할 수 있다. 이런 현상은 시간의 흐름에 따라 더욱 현저해질 수 있다. 가령, 상담 초기에 내담자가 보였던 불안이나 우울 등의 현상은 시간이 지나면서 상당히 변화할 수 있다. 특히 이번 프로젝트에서는 내담자가 약 6개월여의 시간에 걸쳐 네 명의 상담자들로부터 상담을 받았으므로 시간이 흐르면서 내담자는 상당한 변화를 경험했을 것이다. 따라서 학회에서 처음 기획한 의도와 달리 한 명의 '고정된' 내담자를 네 명의 '고정된' 상담자들이 어떻게 서로 다른 치료적 접근을 하고, 서로 다른 치료 효과를 거두는지를 분명하게 가려내는 것은 거의 불가능한 일일 것이다. 오히려 내담자가 보이는 변화는 대부분 여러 상담자의 개입이 합해져 나타나는 결과일 가능성이 높다. 특히 마지막 두 상담자는 일주일 간격을 두고 사이사이에 끼어든 형태였기 때문에 이런 문제는 더욱 두드러질 수 있다.

이처럼 여러 가지 측면에서 다양한 문제 제기를 할 수 있지만, 그럼에도 불구하고 독자들은 이를 감안하면서 시간의 흐름에 따른 내담자의 변화 과정에서도 일관되게 나타나는 내담자 주제나 행동 패턴을 읽어 낼 수도 있을 것이다. 마찬가지로 여러 가지 상황적인 복잡성에도 불구하고 네 명의 상담자가 보여 주는 각자의 독특한 상담 스타일이나 개입 방식, 그리고 치료 효과 등을 간파할 수도 있을 것이다. 무엇보다도 주기적으로 상담자가 교체되는 적지 않은 스트레스를 내담자가 창의적으로 극복하면서 상담자들과의 상호작용을 통하여 어떻게 스스로 성장 동력을 찾아내었는지를 발견해 낼 수도 있을 것이다.

이런 귀한 프로젝트에 참여해 주신 내담자와 나머지 세 분 상담자들, 학지사 김진환 사장님, 정성스럽게 원고를 다듬어 준 편집부에게도 이 자리를 빌려 깊은 감사를 드린다.

그리고 이 책의 상담 내용과 해설의 대부분은 2017년 한국상담심리학회 사례연구위원회 5월 사례 심포지엄 자료를 바탕으로 제작되었음을 밝힌다.

2019년 1월
남양주시 수동면 게슈탈트하일렌에서
대표 저자 김정규

※ 일러두기

- [ ]   내담자의 비언어적 메시지, 침묵을 표기
- ( )   내담자 말 속 상담자의 말이나 상담자 말 속 내담자의 말 표기
- **고딕**   상담자의 의도를 설명

차례

제1장

인지행동치료

—— 조현주(영남대학교 심리학과 교수)

1. 상담자 소개

나는 충남 서산에서 5남매 중 막내로 태어났다. 아버지는 5남매의 종갓집 장손으로 성인이 되기 전에 부모님을 여의고 어린 동생들을 뒷바라지하느라 학업을 지속하지 못했지만, 총명하시어 공무원을 지내셨다. 아버지는 성실하고 책임감이 강하신 분으로, 어딜 가시든지 막내인 나를 데리고 다니길 좋아하셨다. 그렇게 아버지를 따라다니며 만난 세상은 어디를 가든 호의적이었기에 호기심 천국으로 다가왔다. 어머니는 5남매의 막내로, 학식이 있으신 아버지를 일찍 여의고, 원불교에 귀의하신 어머니를 따라 다니느라 학업을 마치지 못하셨다. 어머니는 외할머니의 인연으로 내가 심리학을 하게 된 것이라고 말씀하셨다. 어머니는 괄괄하고 직설적인 성격이어서 내성적인 아버지와 마찰이 잦았지만, 개방적이고 정이 많아 주변의 어려운 사람들을 잘 보살피고 자녀들에게도 지극 정성이셨다. 어머니는 아버지를 대신하여 농사를 일구고 살림을 불리느라 바쁘셨고, 집에는 일을 도와주시는 분들로 늘 북적댔다. 덕분에 나는 집보다는 아버지나 오빠들을 따라다니며 놀거나 친구들과 소꿉놀이, 연극놀이를 즐기어 일상이 신나고 재미있었다.

사춘기에 들어서면서부터 친구들은 부모님처럼 온전히 받아 주는 것이 아니었기에 소심해졌고, 그때부터 상상하기를 즐기고 문학을 좋아하게 된 것 같다. 당시 중학교에서 공부 좀 하던 아이들은 고등학교를 대도시로 유학했으므로, 얼떨결에 집을 떠났다. 부모님과 떨어져 하숙 생활을 하는 것은 자유롭지만, 독립하는 과정, 낯선 곳의 두려움, 방과 후 겪게 되는 외로움으로 힘들었다. 이때 자기 자신의 내면을 찾아가는 헤르만 헤세의 책들이 마음의 위로가 되었는데, 역설적이게도 그로 인해 제도권 교육에 회의를 느끼면서 방황을 하였다. 결과적으로 대학 입시에 실패하고 재수를 반대하는 부모님의 뜻에 따라, 후기인 명지대학교 영어영문학과에 입학하였다.

80년대 대학 생활이 그렇듯이, 공부보다는 독재에 저항하고 정의롭지 못한 사회에 분노하면서 철학 스터디 모임에 참석하였다. 그곳에서 니체 철학, 샤르트르의 실존철학, 부버의 나-너 관계 등을 토론하면서 삶과 존재, 자기 정체성에 대해 고민하였다. 그러다가 우연히 『사이빌』이란 책을 만났다. 이 책은 16개의 인격을 가진 다중성격장애자를 임상심리학자가 치료한 실화를 바탕으로 구성한 소설이다. 그때 처음 임상심리학자가 마음의 상처를 치료해 주는 사람이라는 것을 알게 되었다. 그리고 심리치료가 한 사람의 인생을 변화시킬 수 있다는 것이 무척 경이롭고 놀라운 충격으로 다가왔다. 한 권의 책이 그토록 마음의 여운이 남았던 이유는 아마 오랜 방황에서 오는 아픔과 상처들을 위로받고 변화되고 싶어서였던 것 같다. 다행히도 부모님은 내 목소리에 귀를 기울이시고 지지하셨으므로, 이것을 계기로 중앙대학교 대학원 심리학과에 임상전공으로 입학하게 되었다.

나는 지도교수이신 이현수 교수님으로부터 과학적 심리학인 실험심리학, 행동치료, Eysenck 성격심리학, 당시에는 생소한 건강심리학, 정신생리학에 대한 가르침을 받았다. 이현수 교수님의 하드 트레이닝 덕분에 석사 과정이 무척 고되었지만 막내에게 부족한 인내력을 키울 수 있었다. 석사 졸업 후 한양대학교병원과 삼성의료원에서 임상심리 수련을 받은 뒤, 천안순천향대학병원 정신과에 임상심리사로 취업해 20대 후반에 꿈을 실현할 수 있었다. 천안순천향대학병원에서는 정희연 과장님의 배려 덕분에 심리치료를 배우고 훈련할 기회를 갖게 되었다. 첫 심리치료 대상자는 강박장애 환자로 약 2년간 치료를 지속하면서 전이, 저항, 방어, 역전이를 적나라하게 경험했다. 사례 지도는 천안단국대학병원 정신과 의사이자 정신분석치료 원로이신 김현우 선생님에게 받았고, 개인분석은 정신분석가 이희 선생님에게 받으면서 심리치료를 병행해 나갔다. 그러나 환자가 심리치료를 통해 통찰을 얻으면 우울해지고 얼마 안 가 강박 증상이 악화되는 등 증상에 고착되는 문제가 발생하였다. 오랜 정신과 병력을 가진 환자에게 증상이란 없애야 할 문제이기보다는 현실 문제를 회피할 수 있는 방편이기에(이차적인 이득), 쉽사리 증상에서 벗어나지 못하는 것 같았다. 그 외 경계선 성격장애, 우울장애, 불안장애, 급성 정신분열병, 망상장애 등 다양한 임상장애군을 만나서 정신분석적 심리치료를 진행하였다. 처음에는 심리치료가 신기하고 환자 상태가 좋아지면 보람도 있었지만, 시간이 흐를수록 내가 책에서 알고 상상했던 임상심리학자와 내 모습 간에 괴리감이 느껴지는 것을 깨달았다. 치료자로서 부족함이 느껴지자 환자들에게 부끄러웠기에, 직장을 접고 박사과정에 진학하기로 결정하였다.

어느덧 나는 30대 중반에 가까워졌고, 석사 때 지도교수님은 은퇴하셨기에 고려대학교 박사과정의 임상 및 상담전공으로 입학하여 인지행동치료자이신 권정혜 교수님께 지도받게 되었다. 대학원에서 인지행동치료를 공부하면서 학생상담센터에서 비특정적인 문제를 가진 내담자에게 인지행동치료를 시작하였다. 박사논문도 산후 우울증 예방을 위해 우울한 임산부들에게 인지행동치료를 개입하는 것이었다. 이후 서울가정법원에서 이혼 전 상담위원으로 활동하며 부부상담을 하였고, 중앙대학병원에서는 임상심리 수련감독자로 있으면서 스트레스가 많은 일반인에게 인지행동치료를 진행하였다. 2009년 영남대학교 심리학과에 부임한 뒤, 영남·대구대학교 학생상담센터에서 다양한 내담자를 만나면서 상담심리사 1급을 취득하고 대학원에서 상담심리를 지도하고 있다. 대학원생들을 지도하면서 수용전념치료, 마음챙김 명상, 자비중심치료 등 최신의 심리치료를 배우고 적용해 나가고 있으며, 이런 치료의 근간이 되는 불교에 관심을 갖고 공부하고 있다.

그러나 나는 무엇보다도 치료 이론에 앞서서 치료적 관계를 안전하게 형성하는 것이 중요하다고 생각한다. 내가 가진 편견을 내려놓고 내담자가 '무엇을 말하고 싶어 하는가?' 그분의 내면에 접촉하려고 노력한다. 그리고 뒷 마음으로 내담자의 문제를 인지행동치료적으로 이해하고, 내담자가 자신의 생각을 다른 관점에서 바라보도록 초점을 두는 데 다양한 정서, 행동기법을 적극 활용해 나간다.

2. 상담자의 이론적 접근: 인지행동치료

인지행동치료는 인지치료에서 인지행동치료 그리고 제3의 인지행동치료로 진화, 발전하고 있는 증거기반 치료이다. 상담자는 인지행동치료자이면서 최신의 심리치료 동향을 배우고 적용해 나가고 있으므로, 이러한 심리치료의 흐름을 소개하고자 한다. 그다음으로 이 상담에서 주로 사용된 핵심 개념을 정리한 뒤, 상담의뢰 과정과 상담 환경에 대해 설명하였다.

인지치료는 Aron Beck(1963)이 우울장애 환자를 치료하는 과정에서 '상실에 대한 분노가 내사화'되어 우울증을 유발한다는 정신분석적 설명과 달리, 사고 내용(무가치하다, 무능하다)이 부정적이고 인지적 왜곡이 심하여 우울한 기분을 유발한다는 것을 발견하면서 고안한 치료이다. 이러한 발견을 바탕으로 Beck은 1979년에 『우울증의 인지치료』라는 책을 발간하였고, 이후에 다양한 정신장애에 인지치료를 적용하면서 증거기반 연구들이 축적되었다. 여기서 정립된 인지 모델은 사람들은 상황에 대해 자동적이고 습관적으로 정보를 처리하는데, 사고 내용이 역기능적이고, 인지적 왜곡으로 부정 정서를 경험한다고 가정한다. 자동적 사고는 보다 오래전에 형성된 핵심 및 중간 신념에 영향을 받는데, 이것과 연관되는 주제를 접하면 쉽게 활성화되어 상황에 맞지 않는 반응을 하게 된다는 것이다. 따라서 인지치료는 개인, 세상, 미래에 대한 왜곡된 신념과 사고를 재평가하고 수정함으로써 극복할 수 없다고 생각한 문제나 상황에 대처하는 것을 학습하게 되어 현실적, 적응적으로 행동하는 것과 더불어 증상이 경감되는 것을 목표로 한다.

Beck(1997)은 치료 시간 중에 일어나는 강렬한 감정은 대부분 중요한 자동적 사고/핵심 신념 및 심상과 관련되므로(hot cognition: 뜨거운 인지) 이때의 감정을 다루는 것이 사고를 수정하는 데 용이하다는 것을 알게 되면서 역할연기, 심상재구성, 행동실험과 같은 다양한 정서 및 행동기법을 적용해 나갔다. 이후 우울장애 치료에서 자기패배적인 행동을 수정하기 위해 인지기법 이외에 행동활성화기법을 적극적으로 사용하기 시작하였고, 정신장애 치료에 문제해결기술, 분노조절, 사회기술과 같은 다양한 치료기법을 포함하면서 인지행동치료로 발전하게 되었다. 즉, 인지행동치료는 초기 전통에 매여 있는 것이 아니라 합리적이고 체험에 기반을 둔 다양한 치료기법을 통합해 가면서 여전히 진화해 가고 있다(Hofmann et al., 2013). 따라서 인지행동치료가 정서적인 측면을 무시한 채 오로지 인지적 변화에만 초점을 맞춘 치료라고 비판하는 것은 인지행동치료의 발전사를 모르는 오해에서 비롯한다. 이러한 인지행동치료는 단극성 우울증, 양극성장애, 특정 공포증, 사회공포증, 강박장애와 공황장애, 만성 외상 후 스트레스 장애, 범불안장애, 신경성 폭식증, 조현병까지 넓은 스펙트럼에 해

당하는 장애군에 효과적인 치료로 알려져 있다(Epp & Dobson, 2010).

인지행동치료는 임상장애뿐만 아니라 임상적 진단 범위에 해당하지 않지만, 심리적 부적응을 호소하는 내담자들을 상담하는 데도 매우 효과적이다. 치료자는 내담자를 상담하기에 앞서서 임상적 진단 혹은 사례개념화를 한 뒤, 상담목표를 설정하고 이에 맞는 상담 개입 전략을 적용하게 된다. 인지행동치료의 특징을 요약하면 다음과 같다. 좋은 치료적 동맹을 강조하고, 내담자의 문제를 인지행동 방식으로 공식화하는 것이다. 목표 지향적, 문제 중심의 단기치료로, 내담자는 상담 과정에 적극적으로 참여하고 협력한다. 상담목표를 달성하기 위해 생각, 기분, 행동 변화를 위한 다양한 심리치료 기법이 활용된다. 주로 현재에 초점을 맞추지만 문제의 심각성에 따라 과거를 중시하기도 한다. 궁극적으로 인지행동치료는 내담자 스스로가 치료자가 되도록 교육함으로써 재발을 방지하는 데 초점을 두고 있다.

한편 최근 심리치료 영역에서는 정신병리에 대해 새롭게 발견된 연구들과 마음챙김 명상이 뇌 연구와 접목되면서 심리치료에 커다란 변화가 일어났다. Wegner(1987)의 흰곰 실험 연구는 경험회피가 증상을 악화하므로 경험을 수용하는 것이 역설적이게도 치료적이라는 시사점을 던져 주었다. 이러한 맥락에서 부정 정서는 없애야 할 증상이 아니라, '위협을 감지하는 능력'이며 '삶의 변화가 필요한 신호'로 여겨야 한다는 진화론적 관점이 대두되었다. 이러한 정신병리 패러다임 및 심리치료 흐름의 변화를 Hayes(2004)는 '인지행동치료의 제3의 물결'로 명명하였다. 이러한 치료적 관점은 사고 내용의 수정보다는 경험하는 생각, 감정, 행동, 의도를 바라보게 하고, 더 나아가 적극적으로 수용하게 함으로써 이들과의 관계 변화에 주안점을 두고 있다. 여기에는 비판단적인 알아차림을 강조하는 마음챙김 기반 스트레스 감소 프로그램(MBSR), 경계선 성격장애 환자들을 대상으로 수용과 변화를 주축으로 하는 변증법적 행동치료(DBT), 변화할 수 없는 것은 수용하고 가치 있는 삶에 전념하도록 행동을 강조하는 수용전념치료(ACT), 상위 인지에서 경험을 바라보도록 강조하는 상위인지치료(MCT), 우울증 재발에 대해 마음챙김 기반 인지치료(MBCT) 등이 있다. 그 외 만성적인 정신장애, 특히 수치심, 자기 비난이 심한 사람들을 위해 계발되어 자기위안을 강조하는 자비중심치료(CFT)도 그 흐름의 연속성상에 있다.

본 상담에서 사용된 주요 개념

- **자동적 사고(automatic thought)**: 자동적 사고란 보다 외현적인 사고의 흐름과 함께하는 또 다른 사고의 흐름으로 빠르게 지나간다. 자동적 사고는 빠르게 습관적으로 지나가므로 쉽게 인식되지 않지만, 감정이나 행동으로 그 흔적이 남는다. 따라서 일상생활에서 감정이나 행동이 변화하는 순간, 그때 '어떠한 생각이 스쳐 지나갔는지' 탐색하는 훈련을 통해 자동적 사고를 인식할 수 있다.
- **뜨거운 인지(hot cognition)**: 강렬한 정서적 체험을 수반한 인지로, 자동적 사고나 부정적 심상뿐만 아니라 핵심 신념과 연결되어 있다. 뜨거운 인지는 내담자의 동기, 가치감, 자존감 등을 손상시킬 수 있다. 강한 정서적 체험/강렬한 행동이 일어나는 순간, '그때 어떠한 생각이 일어났는지' '그 생각의 의미가 무엇인지' 하향식 질문을 통해 탐색해

가면 핵심 신념과 맞닿을 수 있다.

- **핵심 신념**(core belief): 아주 근원적이고 깊은 수준의 믿음으로 흔히 내담자 자신도 인식하지 못한다. 핵심 신념은 어린 시절 충격적인 경험을 통하여 생존을 위해 형성되었으므로, 그 당시에는 타당한 생각이다. 그러나 성인이 되어서도 모든 영역에 걸쳐서 영향을 미치고, 경직되고, 지나치게 일반화되어 있어서 역기능적이다. 핵심 신념은 주로 자신, 타인, 세상에 대한 주관적인 생각이다.

- **인지적 오류**(cognitive error): Beck(1963; Beck et al., 1979)은 초기 이론에서 정서장애를 가진 사람들의 자동적 사고 및 인지에는 특징적인 논리적 오류가 있음을 주장하였다. 또한 후속 연구에서 인지적 오류가 병리적인 정보처리 방식과 관련이 있음을 발견하였다.

- **자기위안**(self-reassuring): Gilbert(2010)의 자비중심치료는 자기 비난이 뇌 정서조절체계의 위협-방어 시스템을 활성화하므로, 자기위안을 통해 진정-안정 시스템을 활성화하여 정서조절 시스템의 균형을 이루어야 한다고 주장한다. 자기위안을 활성화하는 방법은 다양하다. 이 상담에서는 자기위안을 일상생활에서 실천할 수 있도록 '자기돌봄 리스트'를 작성하도록 도왔다.

- **사례개념화**(case conceptulization): 내담자의 문제에 대해서 이해할 수 있는 지도와 같다. 내담자의 부적응적인 행동을 만드는 데 기여하고 있는 심리적 과정은 어떤 것인지 파악하는 과정이다. 인지행동치료는 단기치료로서 단기간에 내담자에게 효과적이고 효율적인 개입을 위해 사례개념화의 중요성을 강조한다. 사례개념화는 현 문제를 중심으로 ABC를 작성한 뒤, 여러 상황에서 공통적으로 나타나는 것은 유

의미한 어린 시절 정보에 기인한다고 본다. 여기에는 핵심 신념, 중간 신념(태도·가정·규칙), 보상 전략을 포함한다.

상담 의뢰 과정 및 상담 진행 환경

한국상담심리학회의 학술위원회로부터 '초기 상담을 통한 인지행동치료의 사례개념화'에 대해 의뢰받았다. 초기 상담을 3회로 가정할 때 총 3시간이 산정되었고, 상담자와 내담자와의 지역 거리 관계상 한 번의 만남을 통해 초기 상담을 진행하는 것으로 이야기되었다. 따라서 이 상담은 1시간 30분, 10분 휴식 그리고 1시간 30분 총 3시간 상담을 두 번의 만남을 통해 진행한 것이다. 상담자는 개인 상담소가 따로 있지 않으므로 상담자의 연구실에서 상담이 진행되었다. 연구실은 10평 남짓 되고 상담자와 내담자가 마주 앉았으며, 우리 뒤에는 책장이 있고 그 외 책상과 약간의 화초가 즐비해 있다. 연구실은 개업 상담소처럼 아늑하지는 않지만 햇빛이 잘 스며들어 조용하고 편안한 공간이다.

나는 상담 전 학회로부터 전해 받은 '내담자에 대한 간략한 정보와 호소 내용'을 읽으면서 약간 긴장해 있었다. 왜냐하면 상담은 내담자 입장이 우선시되어야 하는데 '인지행동치료적 사례개념화'를 해야 한다는 목적이 있었기 때문에 '만일 내담자의 입장도 고려하지 못하고 목적도 달성하지 못하면 어쩌나?' 걱정하는 마음이 있었다. 그리고 그런 마음을 알아차리면서 내담자를 만났다. 내담자는 의뢰 내용에 비해 표정이 밝은 편이었고 자신의 이야기를 잘하였으며, 나도 내담자에게 집중하면서 마음이 편안해졌다. 내담자는 하고 싶은 이야기가 많아서인지 너무나 많은 정보를 쏟아 놓으면서 웃다가 우는 등의 감정 변화가 빠른 편이었다. 따라서 상담자는 우선 내담자가 무엇을 이야기하고 싶어 하는지 이야기 내용을 반영, 요약 및 명료화, 공감 반응을 하면서 이해하고자 노력하는 등 신뢰 관계 형성에 주안점을 두었다. 그리고 내담자의 이야기를 인지행동치료적 관점에서 이해하려고 노력하는 질문을 하고 인지행동치료로 안내하였다.

원래 한국상담심리학회에서 의뢰받은 것은 사례개념화였지만, 상담 과정에서 내담자의 '핵심 신념과 관련한 감정(뜨거운 인지)'이 건드려진 만큼 상담 개입을 하지 않을 수 없었다. 일반적으로 지속적인 상담이라면, 내담자의 정보를 토대로 사례개념화하고 그 정보를 내담자와 공유한 뒤, 서로 협의하여 상담목표를 설정하고 개입을 한다. 그러나 짧은 단기 만남에서 올라온 핵심 주제를 간과할 수 없었으므로 상담자의 직관적 판단에 따라 상담 개입이 이루어졌음을 고백한다.

3. 상담 내용

첫 번째 상담에서 상담자는 내담자에게 상담 진행 과정 및 상담자의 이론적 배경에 대해 간략히 소개한 뒤 주 호소를 질문하면서 상담의 문을 열었다. 그리고 사례개념화를 위해 주 호소와 관련한 최근 사건을 탐색한 뒤, 촉발사건에 강력하게 영향을 준 과거 정보를 중심적으로 탐색하였다.

〈1회기〉

상담자 1 먼저 오늘 상담방식에 대해서 간략하게 말씀을 드릴게요. 제가 어떤 어려움이 있는지 묻고, 상담을 통해서 어떤 것을 해결하고 싶으신지 물을 것입니다. 그런 다음 ○○○ 씨에게 적합하다면 저의 치료적 접근인 인지행동치료에 대해서 안내하겠습니다. 한 회기 마무리에는 내용에 대해서 같이 요약하고, ○○ 씨의 피드백을 듣도록 하겠습니다. 괜찮으시겠어요? 시작하겠습니다. 어떤 도움을 받고 싶으신지요?

내담자 1   되게 막막했어요. 애랑도 티격태격하고, 그래도 잘 지내고. 또 애 아빠랑 같이 살진 않지만 그래도 좋은 관계를 잘 유지하고 있고, 적절한 돈도 받고 있고, 그런데 이제 그런 내 문제가 뭔지에 들어가다 보니까… 아빠. <u>제가 이렇게 떳떳하거나 당당한 사람이 되어서는 안 될 것 같은</u>(생각: B). 그러다보니까 일상생활 전부는 아닌데 어느 지점에서는 지장을 받는 지점이 있다는 생각이 들어서 상담 이유에 대해서는 그걸 썼어요. 네. 그게 이번 명절 때. 명절 때도, 명절 전에 이제 12월에 보통 할아버지, 할머니 제사를 같이 지내거든요. 친정에서. 근데 그때 연말인가 이제 저는 맨날 제사를 까먹고 엄마한테 연락이 오면 가니까. 연말에 엄마한테 연락을 했더니, <u>추석 때 아빠가 저한테 뭐가 또 기분이 나쁘셨나봐요. 그러니까 오지 말라고 했대요</u>(선행사건: A). 다. 그래서 연락도 안 했다는 거예요. 그래서 그런가 보다. 그런데 그때 이제 언뜻 뭔가 이렇게 좀 또 이거야. <u>또 다시 여기야라는 느낌이 확 왔었어요</u>(결과: C). 설 연휴가 왔는데, 설 연휴 때도 엄마가 "니네 아빠 버릇 좀 고쳐야 하니까 오지 말아라." 이러는 거예요. 명절 때도 오지 말라고.

상담자 2   그것이 무슨 이야기지요? 아버지의 버릇이라는 것이.

내담자 2   네, 아버지는 우리가 명절 때 힘들고 이러면 오지 말라고 하는 거예요. 물론 제가 혼자 아이 낳고 부모님 몰래 아이 낳고 한 4년간 제가 혼자서 애를 키웠어요. 집을 떠나서. 집에서는 공부하러 간 줄로 알고 있었고. 근데 그때는 엄마는 애를 못 낳게 할 것 같았어요. 제가 얘기하면은, 솔직하게 얘기하면은 내가 하고 싶은 대로 내버려 두는 집이 아니다, 이런 생각을 하고 있어서. 그때 애가 생겼을 때, 저도 갈등을 많이 했는데. 이때 아니면 내가 애를 낳을 수 없을 것 같고, 그리고 나한테 이렇게까지 뭐가 왔을 때는 제가 신을 믿진 않지만. 다 준비했는데도 애가 생긴 거예요. 그래서 이렇게 됐을 때는 뭔가 이유가 있지 않을까 그런 생각을 가지고 저는 낳겠다 생각하고 그 애를 낳는 데 굉장히 많은 게 있었어요. 집을 떠나고, 엄마 아빠랑도 떠나고, 나 혼자 사는. 진짜 내가 원하는 뭐 하나를 하는 거였던 거예요. 그때는 그걸 모르고 그냥 되게 무섭고 근데 이걸 저절로 내가 막 하려고 하는 거예요. 무슨 고민을 해도 항상 낳는 거야, 여기를 떠나서 낳는 거야. 이런 생각을 혼자서 하고 있는 거를 발견하면서 그땐 저한테 좀, 하튼 되게 혼란스러웠어요. 혼란스러웠는데도 이성으로 안 되는 뭔가가 저를 끌면서 애를 낳고. 혼자서 엄마, 나 예상했던, 그 전부터 공부하러 외국으로 나간다고 했거든요. 그리고 미국에 친구가 있어 가지고 걔가 그때 뭐 학부도 마치고 이래서 저랑 같이 공부할 수 있는 여건이 됐다 이제는. 그래서 그랬는데. 그렇게 해선 하튼 애를 낳고 이러면서 4년 동안 떨어져 있다가 아빠가 아시게 된 거예요. 호적을 떼 보고. 아, 이게 일이 일어났구나 무슨 일이 저한테 애가 하나 들어와 있고, 호적에 막 이러니까.

상담자 3 호적에 아이만 올려 있는 상태였어요? [내담자 고개 끄덕임]

내담자 3 그러니까 아빠가 놀래서 둘째한테 얘기했는데, 둘째는 제가 애 낳는 순간부터 연락이 됐었어요. 애 낳는 날 신기하게 얘가 저한테 연락을 한 거예요. 언니 외국 간 거 아니지 이러면서 전화를 한 거예요. 걔한테는 솔직하게 얘기해서 오늘 이렇게 됐다 했더니 얘도 충격 먹고 병원 쫓아 와서 보고는 그때부터 얘가 엄마 아빠 몰래 4년을 도와줬어요. 도와주고 그러다가 이제 아빠가 아셨어, 이러더라고요. 그래서 아빠한테 먼저 메일로 넣어 드리고 이제 찾아뵀어요. 사실 아빠는 처음에는, 처음 알았을 때가 놀랬지 막상 보니까 또 아니다 이제 쿨하게 그러셨어요. 심지어는 아빠가 만나는 다방 아줌마 얘기까지 저한테 하셨었어요. 그래서 저는 처음엔 정말 아, 예상 외다 이랬는데. 그다음부터 이제 계속 명절에 저는 집에서 이름은 ▽▽예요. ▽▽는 오지 말라고 그래. (아버님이?) 네, 네. 오지 말라 그래. 애들 다 오지 말라 그래. 이제 이런 게 몇 년 동안 계속 반복된 거예요, 2004년부터. 계속 반복되다가.

상담자 4 아버님이 오지 말라고 한 이유는 뭐라고 생각하시나요?

내담자 4 그러니까 친척들한테 창피하고, 제일 창피한 건 사위들한테 창피한 거예요. 그런데다가 셋째가 제가 가면은, 제가 딱 집에 도착하면은 지 애를 챙기고 막 짐 챙겨서 나가 이러면서 남편이랑 막 끌고 나가 버려요.

상담자 5 셋째가?

내담자 5 네. 그리고 지금은 집에 오지도 않아요. 저랑 연락도 안 하고.

상담자 6 셋째 동생이 언니의 (네네.) 입장을 이해하지 (네네.) 못한다는 말씀이시네요.

내담자 6 네네. 그러니까 아빠가 보기에는 그런 게 내가 뭘 어떻게 하길 바라는 것 같은데, 나도 뭘 어떻게 해야 할지 모르겠는 거예요, 걔한테. 걔는 둘째랑 똑같이 내가 애 낳는 날부터 알았었어요. 그런데 걔는 그때부터 일관되게 무시한 거예요, 연락도 안 하고. 아무것도 안 하고. 그리고 몇 년이 지나서 아빠랑 알게 돼서 집에 갔는데도 그때도 전혀 외려, 저 이제 저. 걔한테 받은 느낌은 너 같은 게 어떻게 우리 집에 와, 이런 거였어요. 그러면서 상종도 하기 싫다는 식의 그런 어떤 메시지를 계속 보내면서 한두 차례 그러니까는 아버지가 저를 오지 말라고 그런 식으로 되고. 그러다가 나중에는, 최근에는 다 오지 말라가 이제 된 것 같아요. 그래서 이번 설 연휴에는 그게 다시 시작된 거는 엄마는 몇 년 별일이 없었으니까, 한 3년 별일이 없었으니까 엄마는 또 이제 마음을 놓고 있다가 막상 12월부터 이러니까는. 엄마도 속상해서 하는 말인데 저는 하아, 이건 끝나지 않는 것 같아요. 나는 계속 이렇게 우리 집에서 죄 지은 사람 [목메이는 소리로], 이게 뭔가 난 계속 저는 저대로 아이를 키우려고, 애 잘못되지 않게 하려고 많이 애쓰고 노력하고(B) 그러고. 아, 계속 열심히 사는데 아빠가 한 번 그럴 때마다 [울먹이는 목소리로] 그냥, 하아, 그냥 내 인생은 여기서 더 나가지 않을 것 같고(B). [휴지를 뽑음] 허으, 뭘 어떻게 하질 못하겠어요. 우리 아버지는 그냥 한 번 화를 확 내면은(A) 제가 그 옆에서 이제 한 번, 한 번 사실 자주 있지도 않은 건데, 그 한 번에 너무, 너무 충격을 받는 거예요. 충격받고 그냥 나도 화가 나니까(C) 어쩔 줄 모르고 그러다가 그냥.

인지행동치료는 내담자의 주 호소를 탐색할 때, 촉발된 선행사건(A)을 중심으로 내담자의 생각(B), 결과(C)로 듣고, 함께 정리할 수 있도록 노력한다. 그러나 일반적으로 내담자들은 선행사건 하나를 있는 그대로

설명하기보다는 그 사건에 대한 자신의 해석이나 그와 관련한 여러 다른 사건들을 시점에 상관없이 설명하는 경우가 많다. 이 상담에서도 내담자는 선행사건에만 머무르지 않고 관련된 과거의 중요 정보들이 매우 빠르게 쏟아져 나오는 상태였다. 따라서 상담자는 경청하고 탐색적인 질문을 통해 촉발사건이 된 이야기의 핵심 내용을 파악하는 데 주력하면서 뒷 마음에서는 그 내용을 ABC로 파악하려고 노력하였다.

상담자 7 아버님이 화를 어떤 식으로 내시는데요?

내담자 7 2013년에 어떤 일이 있었냐면. 추석 때였어요, 그때. 저도 이제 대학원 들어갔으니까. 대학원은 사실 생각지도 않았던 거였어요, 그때. 그러니까 대학 들어갔을 때도 △△대학이니까 일하면서 조금 여유 갖고서 하자 이래서 한 거였는데 막상 공부해 보니까 너무 재밌는 거예요. 공부도 너무 재밌고. 이 길로 가고 싶은 생각도 계속 들고. 그래서 그때도 대학원 들어가서 아빠한테 그 9월에 이제 저는 막 되게 많은 거를 준비한 거예요. 대학원 들어가서 5학기 동안 내가 돈 벌기는 쉽지 않을 것 같고. 그러니까 보증금을 이제 1억 4천짜리 집 전세에 살다가 1억짜리로 옮겨서 4천을 빼고 대학원을 입학을 한 거예요. 애랑 둘이서 살아야 되니까. 애 아빠도 그때 형편이 안 좋아서 많이 못 도와줄 때였어요. 제가 혼자 벌어서 했어야 했는데. 그런 참 왜 그런 게 그때는 그런 결정을 하면서도 내가 무슨 길이 있겠지, 여차하면 식당이라도 나가면 되니까. 집 근처에 되게 큰 마트가 있어서 24시간 마트거든요. 그래서 야간에도 사람을 구하고 그랬었어요. 그래서 못하면 저거라도 해야지 이런 생각을 하면서 저는 그렇게 시작을 한 거예요. 9월에 대학원 시작하고, 9월에 이제 발표 준비 막 하면서 그날 추석 때 집을 갔는데. 친척들이 아침에 다들 모여서 차례 지내고 가요. (으흠.) 가는데 거기도 애들이 저의, 그러니까 고종사촌들이죠. 걔네들이 저하고 한 열 살? 열두 살 정도 터울이 나요. 그런데 걔네들 애들은 다 어린 거예요. 그래서 같이 봐 주고, 맛있는 거라도 사 주라고 하면서 제가 5만 원 이렇게 쥐어 주고 이랬어요. 근데 아버지는 그걸 뭘 오해한 것 같아요. 뭔가. 다 가고 나가서 저한테 니가 인간이냐 소리를 막 지르는 거예요. 그래서 왜 그러시냐고 그랬더니 너는 어른들을 대할 줄도 모르고 되먹지 못했다고 이러면서 막 뭐. 다 기억은 안 나지만 욕을 하면서 소리를 이제 막 지르는 거예요. 그래서 엄마, 저, 우리 아들. 우리 아들도 처음 보고. 제가 이 꼴 안보여 주려고 정말. 아~후~. 그러더라고요. 그래서 무슨 얘긴지는 모르겠다고 제가. 아빠 무슨 얘긴지 모르겠어. 내가 뭘 잘못했는데 그랬는데. 돈을 쥐어 주려면 작은아버지들한테 드려야지 왜 걔한테 주냐고 그러면서 저한테 화를 내는 거예요. 그래서 나 걔네들 돌잔치에도 엄마 아빠가 부르지 않고 연락 안 해 줘서 못 가지 않았냐고. 그래서 돌잔치 때 못 준 거 뭐라도 하나 사 주고 싶어서 한 거라고 그랬더니 아버지가 [목소리 톤을 높여서] 그게 니가 못된 거라고, 되먹지 못한 거라고 그러시는 거예요. 아무것도 몰라요, 무슨 뜻인지. 알고 싶지도 않아요, 이제는 그냥.

상담자 8 아버님이 생각하시기에는 어른들한테 줘야지 아이들한테 직접 줬다는 것 때문에.

내담자 8 그러니까 그 작은아버지들한테 줬어야 했어요. 작은아버지들이 힘든데 작은아버지를 챙겨 주지 왜 거기를 챙겨 주냐는 거예요.

[콧물을 훌쩍이며] 그래서. 그거는 아빠 생각이고, 내가 주고 싶고, 내가 챙기고 싶은 사람한테 내가 챙겨 줄 수 있는 건데 우리 아버지는 그게 아닌 거예요.

상담자 9 그럼 지금 ○○ 씨가 가장 힘든 것이 아버지와의 관계인가요? 아버지와의 관계에서 떳떳하지 못하고 인정받지 못하는 것인가요? **여러 사건 속의 장황한 내담자의 이야기를 요약, 명료화. 자동적 사고는 핵심 신념과 연결될 수 있다.**

내담자 9 네, 안 될 것 같은 거. 언젠가 별안간 되셔요. 와~~ 니 애 잘 키웠더라! 이런 말하세요, 별안간. 왜요? 이러면은 둘이 어디 갔다가 뭘 본 거예요. 애가 한 거를 보고는 혼자 감동받으셔서 거기에 또 혹 좋아 가지고 막 내가 아빠한테 이런 말도 듣다니 하면서 엄청 좋아해요. 기뻐서 또 집에 가서 혼자 울고. 또 한 번 이렇게 뒤집어지면. 근데 그게 저는, 이제 아빠는, 그러니까 아빠는 그러니까 내가 거기에 왜 자꾸 흔들려. 아빠가 그러든 말든. 근데 그냥 지금은 이제 명절 때 오고 가고까지 다시 이제 맨 처음 시작했던 거부터 지금 우리 애가 열일곱이거든요. 17년째 계속 반복하고 있는 거예요. 맨 똑같이 몇 년 터울로. 툭하면 뭐가 또. 그러니까 아 이거는 나는 이 집에서는 이 누울 자리를 보고 누웠어야 하는데 그걸 못 보고 그냥 난 눕지도 못할 자리에서 제가 이상한 짓을 한 그런 사람이 돼 버린 거예요. 그래서. [눈물]

상담자 10 아버님은 어떤 분이신데요.

내담자 10 아버님도 안됐어요. 아버지도 너무 안됐어. [5초 침묵] 아버지는 맘대로 사신 것 같아요, 하고 싶은 대로. 근데 어느 한편으로는 그러지도 못했어요. 왜냐면 [콧물을 훌쩍이며] 할머니가 너무 어려서 아빠를 낳은 거예요. 부잣집에서 서울에 가난한 집에 시집을 왔는데 이 집이 이제 겉으로 보기에는 되게 집도 크고 이랬는데 내실이 하나도 없었던 거예요, 할아버지네 집이. [콧물을 훌쩍이며] 할아버지의 그 할아버지 그 위 할아버지까지 다 망나닌 거예요. 그래서 집안 그거를 다 축내는 그런 분들이셨어요. 그런 집에 와서 아빠를 이제 열여섯에 낳은 거예요.

아버지에 대한 자신의 생각을 말하기보다는 아버지가 자란 환경 속에서 아버지의 입장을 이야기한다.

상담자 11 할머니 열여섯에.

내담자 11 그리고 막내가 아빠하고 열일곱 살 차이예요. 그러니까 아빠도, 아빠도 아빠 얘기 들으면은 희한한 얘기 참 많아요. 할머니가 초등학교, 학교를 안 보내 주더래요, 아홉 살인데. 다른 애들 다 학교 가는데. 그래서 아빠가 그 주민센터 같은 데를 직접 찾아갔대요. 가서 얘기해 가지고 아빠가 이제 학교를 들어갔었고, 국민학교도. 그리고 중학교도 안 넣어 줘요. 전쟁통이라 못 들어가고. 상고를 어떻게 또 알아서 들어가신 거예요. 들어가서 간신히 졸업해서 알바해 가지고, 돈을 벌어 일을 해서 할머니한테 첫 월급을 드렸더니 그걸 들고 시장가서 마작으로 다 날린 거예요. 한 번에 다 날리고는 집에 와서, 야, 니네 아빠한테 얘기하지 마라, 니네 아빠한테 말하면 나 맞아 죽는다. 그러니까 우리 아버지도 들으면 좀 안된 얘기들이 많아요, 고모들이 해 주는 얘기. 그런데 저한테는 되게 많이 바라셨던 것 같아요. 큰딸이고, 기대하고. 되게 딸 넷 중에 저를 제일 예뻐했고. 제가 처음에 갔을 때 아빠가 그렇게 아무렇지 않게 얘기해서 저는 말았어요. 그리고 그다음에 한 몇 년 있다가 아빠가 힘들어하셔서 아빠 내가 너무 잘못했어요. 나도 내 인생 이렇게까지 될 줄 몰랐거든, [울먹이는 목소리로] 그때는. 그냥, 그냥 내가 탈출구가 너무 없는 것 같으니까. 그냥 잠깐 놀려고 만난 사람이었는데 내가 그 사람을 이렇게까지 좋아하게 될 줄 몰랐어. [소리 내서 울면서] 그리고 아빠가 [울먹이는 목소리로] 아무 말씀 안 하셨는데. 그다음부터 그렇게 화를 많이 안 내셨었어요. 그런데 그다음에 [약간 격앙된 목소리로] 그 추석 연휴에 또 별안간 돈 때문에 뭐 돈을 잘못 줬다고. 하우, 그날은 아빠한테 아빠, 아빠는 어떻게 그렇게 평생 그러고 사냐고. 아빠도 아빠 하고 싶은 대로 사시라고. 나 이제 아빠 보기도 싫다고 그러고 우리 애를 데리고 나왔어요. 나와서 역까지 거의 한 10분, 15분 걷는데 내 정말. [소리를 내서 울면서] 엉엉 울면서 걸어갔어요. [훌쩍이는 목소리로] 너무 이게 해소, 해결이 안 된 문제가 너무 길게 계속 이러니까. 최근 몇 년 동안 괜찮은 줄 알았어요.

내담자는 아버지의 기대에 부응하지 못했다는 죄책감과 그것이 자신의 탈출구였다는 입장을 두서없이 이야기하면서 강렬한 감정 변화를 보였다. 이러한 정서적 격양은 뜨거운 인지와 관련되는데 내담자는 쉴 사이 없이 아버지와 관련한 다른 이야기로 넘어가고 있어 감정이 접촉되지 않았다. 따라서 잠시 이야기를 멈추고 감정을 접촉하게 한 뒤 이와 관련한 사고를 탐색하고자 하였다.

상담자 12 잠깐 이야기를 멈추시고, 지금 감정을 한 번 느껴 보세요. [8초 침묵] 지금 어떤 기분이 일어나시나요?

내담자 12 [5초 침묵] 그냥 비참해요. 사는 게.

상담자 13 [6초 침묵] 어떤 생각 때문에 비참한 것 같아요?

비참하다는 것이 감정으로 여겨져서 이와 관련한 자동적 사고를 탐색하였다.

내담자 13 절대 용서받지 못할 것 같아요.

자동적 사고 내 파국적 사고(인지적오류)와 죄책감을 드러내었다.

상담자 14 누구한테.

내담자 14 [훌쩍이며] 아빠한테.

상담자 15 아버지한테… ○○ 님한테 아버지는 어떤 존재인가요?

자동적 사고의 의미는 핵심 신념과 연결될 수 있다.

내담자 15 하아… [14초 침묵] 한때는 제가 그러고 싶은진 몰랐는데. 죽이고 싶을 정도로 싫을 때 있어요. 하아. 아이를 낳고 어느 날 혼자 꿈을 꿨는데, 꿈에 아빠가 가만히 이러고 앉아 있는. 새카만 공간에. 그런데 목이 똑 떨어지더라고요. 너무 충격받아 가지고 그때는. 그때는 그게 무슨 뜻인지도 몰랐고, 그냥 되게 무서웠어요. [코를 훌쩍임] 근데 나중에 공부하고 나서 아, 내가 아빠한테 굉장히 화가 많이 나 있었구나. 근데 아빠한테 화를 내 본 적이 별로 없었어요.

아버지에 대한 심층 감정이 나왔는데 아버지에 대한 기억들이 과거와 최근 것들과 혼재되어 보고되는 것으로 보아 그 감정의 기원이 오래된 것으로 보였다.

상담자 16 어릴 때 아버지는 어떤 존재였나요?

내담자 16 그땐 되게 좋았었어요. 맨날 기다리고. 제일 첫 기억에, 저의 제일 첫 기억에 아빠를 기다리는 기억이에요. 엄마의 얘기로는 그때가

하였으나 내담자는 어머니에 대한 감정을 표현하기보다는 어머니의 입장을 이해하고 설명하는 모습이었다. 비록 어머니에 대한 깊은 감정은 나오지 않았지만, 부모님의 삶을 통해 '결혼에 대해 부정적인 태도'를 형성하게 된 것을 알게 되었다. 중간 신념인 태도를 파악하게 되었다.

내담자 29　만난 것도 그때는 그걸 몰랐어요. 그냥 놀고 싶고, 벌어다 집에 갖다 바치고. 늦게 오면 혼나고 하니까 친구들하고 놀 때도 맘 편히 놀지도 못하고. 아침에도 6시에 일어나서 밥을 안 먹으면 온 집안이 떠내려가요. 개 같은 년들이, 또, 하아 늦장 부린다 하면서 아침부터 집안에 다 떠내려가요. [코를 마시며] 그러니까 집을 나가는 게 저한테는 정말, 하아, 그냥. (탈출구 같은 거였군요.) 탈출구였어요. 그래서 결혼은 아니었어요. 엄마 사는 거 보고 결혼이 내 탈출구는 아니었어요.

상담자 30　근데 어떻게 하다가 만나셨어요?

내담자 30　회사에서 일하다가 알게 됐는데. 음, 처음에는 편지로 뭘 줬어요. 저한테 편지를 써 줬어요. 그래서 편지가 느낌은 이제 내가 좋다는 뜻인 것 같은데 이래도 될지 모르겠는 거예요. 그래서 그거를 가족들한테 보여 줬어요. 엄마랑 동생이라 해서. 다 같이 보고는 어 그래? 재밌다 이 정도로 끝났어요, 여기서.

상담자 31　그 사람은 이미 기혼자였고.

내담자 31　이미 아이도 둘 있었고. (음.) 그랬는데, 그 편지를 그렇게 주고 나서 그다음에 한 달도 안 돼서 사귀게 된 거예요. 그 전에는 계속 차만 마시고, 거래처 같이 가고 이런 일이었는데.

상담자 32　그분이 첫 남자였나요? [끄덕임] 몇 살 때.

내담자 32 스물세 살 때. (스물세 살 때, 음.) 되게 그 전에 제가 그때도 어떤 생각이었냐면 그 전 회사를 나올 때도 저한테 일을 되게 많이 가르쳐 주신 열세 살 위 과장님이 계셨어요. 그분이 저한테 그러니까 집에 바래다 줄 때, 차 안에서 이렇게 하고 있는데 운전대 잡은 손을 이렇게 해서 제 손을 잡더라고요. 그래서, 이건 아니에요. 그래서 이제 제가 손을 뺐어요. 그때는 근데 되게 혼란스러웠어요. 이래도 되는지 내가 저 사람 되게 좋아하는데 그 좋아하는 건 그런 좋아하는 게 아니었어요. 그냥 나한테 되게 잘해 주고 회사에서 나보다 나이 많은 사람이 나를 좋아해 주는 거 그런 거였는데. 되게 그때 느낌 이상했었어요. 그러고 그다음에 전체 회식 갔을 때는 더한 일이 있었어요. 더 이렇게 같이 가자는 식으로 저만 데리고 따로 나와서 얘기를 뭘 하려고 하는 것 같은데. 저는 그게 이제 [손을 치며] 이 일에 대한 뭐였든 뭔가 느낌이 되게 안 좋았던 거예요. 왜냐면 보통 안 그러거든요. 여직원들끼리 있고, 남직원들끼리 있고, 같이 나간다 해도 과장님이 뭘 사 주려나 봐 하면서 나가서 하다못해 아이스크림이라도 사 먹고 들어온다 이런 식이지. 그러지 않거든요. 그래서, 아, 내가 여기에 있다가는 아무래도 안 되겠다 싶어서 그 회사를 이제 나와 버렸어요. 되게 좋은 회사였거든요. 성장 회사였고.

상담자 33 그때는 좀 나를 보호하기 위해서 나오셨군요.

내담자 33 네. 근데 또 이 사람한테 끌리고 이 사람이 또 나한테 관심을 갖는 거 보고 나한테 뭐가 있나. 이런 사람들이 나한테 끌리는 뭐가 있나. 막.

상담자 34 그분의 어떤 면이 끌리시던가요?

내담자 34 잘생겼어요. [웃음] 정말. 친구들하고 얘기하다 보면은 어이없어요. [웃음]

상담자 35 잘생긴 사람한테 끌릴 수 있죠. 잘생기고, 잘해 주고.

내담자 35 친절하고. 그리고 제일 좋았던 건 지금도 마찬가진데 제가 뭘 한다 하면은 그거에 대해서 이렇게 반대하거나 뭘 하지 않아요.

상담자 36 무조건적으로 지지해 주시는 편이네요.

내담자 36 네네. 공부할 때도 그랬어요. 서로의 형편이 어려운 데도 해 보라고 계속 우리가 이렇게 찌질하게 살겠냐고. 뭐라도 한 푼 생기면 보낼 테니까 공부할 수 있는 데까지 해 보라고. 그것도 되게 큰 힘이었어요. 엄마도 그때는 저한테 힘이 되고 있었긴 했지만, 애 아빠가 자기도 죽고 싶을 정도로 힘들 때였는데도 해 보라고. 그렇게 저를 그러니까 저는 그런 지지를 받아 본 적이 별로 없었던 것 같아요. 그런데 동생들은 제가 많았대요. 근데 동생들이 보기에는 제가 가끔 엄마, 아빠가 큰 애로서 대접해 주는 어떤 표현들이 이제 그 애들은 그걸 되게 부러워했던 것 같아요. 근데 저는 아니었던 것 같아요. 매일 혼나고 잘못하고, 뭘 해야 되고, 그런 게 되게 많았어요.

상담자 37 뭘 해야, 내가 뭐를 잘해야지 인정해 주는 그런 거였네요.

내담자 37 네네. 뭘 꼭 해야 했었고.

상담자 38 예를 들어서 어떤?

내담자 38 그런 거죠. 월급을 엄마는. 내가 이제 멈췄어요. 엄마, 나도 돈을 모아야지 엄마한테 다 갖다 주면 내가 독립하거나 이럴 때 어떡하겠어. 한두 달씩 내가 월급을 맘대로 쓰고 엄마를 조금 드리면은 엄마는 이제 하소연이 시작돼요. [깊은 한숨] 그걸 못 견디는 거예요. 그냥 엄마가 그렇게 말하면 다시 돌아가는 거예요. 몇 개월 하다가 다시 돌아가서 다 갖다 드리고. 심지어는 고모들까지 나서서 저를 만날 때마다 얘 ○○야 너 그렇게 살면은 나중에 너 진짜 하나도 없다, 그러지 마라. 니 꺼 챙기면서 살아라. 근데 그게 안 되는, 안 됐어요, 그때는.

상담자 39 어머님이 힘들 때마다 ○○ 씨한테 도움을 요청했군요. 음, 그러니까 고등학교 졸업하고 돈 벌기 시작하면서부터는.

내담자 39 그러고 아빠도 (음.) 때마다 이제 사고를 쳐요. 제가 그 회사를 별안간 딱 나오는 바람에 별안간 퇴직금이 그때 돈으로, 91년도인데 700만 원이었어요. 엄청났어요, 그때. 언니들이 천만 원 가지고 결혼하고 이럴 때였거든요. 적금하고 퇴직금이 합쳐서 700만 원이었는데 그걸 아버지가 새 차를 그때 1500만 원짜리 트럭을 하나 사고 온다고 트럭을 딱 뽑아 와서 15일 만에 음주운전으로 어디를 박은 거예요. 근데 그 차를 폐차해야 된대요. [헛웃으며] 뽑은 지 2주도 안 된 차를. 그래서 그 돈을, 1500을 그대로 빚으로 떠안게 생겼는데 저한테 돈이 있는 걸 엄마는 이제 안 거죠. 허으 다 들어갔어요, 거기에. 다 들어가고 나머지 돈은 그다음 딴 회사 가서 월급 해서 또 다 갚고. 근데도 그때는 저는 병신 같은 건지 그게 화나는 일인지도 몰랐던 거예요. 그냥 내 돈인지도 모르고 시키니까 하는 거고.

상담자 40 내가 안 하면 어떨 것 같았어요?

내담자 40 그냥 엄마가 그렇게 하고 아빠가 그렇게 하는 거에 대해서 거역을 할 수가 없었던 것 같아요. 해도 된다는 거를 생각조차도 못했던 것 같아요. 그때는 [울먹이며] 너무 약했어요. 어리고, 못나고, 바보 같고. 그니까 더 이 사람한테 더 의지했던 것 같아요. 어느 앞에서나 다 참고 계속, 이 사람하고만 내 맘대로 하는 거예요. 내 맘대로 하게 해 주니까. [휴지를 뽑아서 눈물을 닦음]

상담자 41 소리 내서 우서도 돼요.

내담자 41 [10초 동안 소리 내서 움] [소리 내서 울면서] 내 맘대로 하고 싶었어요, 내 맘대로. [11초 소리 내서 움] 내 맘대로 하게 했으면 살살 했을 것 같아요. [15초 동안 소리 내서 움]

상담자 42 비록 그분이 기혼자였지만, [어흑] ○○ 씨가 원하는 거를 다 지지해 주고 그랬다면 정말 그분한테 많이 의지하고 좋아하고 그렇게 됐을 것 같아요…. 음, 그런 자기의 모습이 어떻게 느껴지세요?

내담자 42 [10초 침묵] 지금의 저는 제가 좋아요. 근데 그때는 안 좋았었어요.

상담자 43 그때라 하면 그 (아이 아빠랑 같이 있을 수도 있고.) 만나던.

내담자 43 예. 좋은 거 알면서도 좋다고 표현하지 않았던 것 같아요. 그러고 가끔 뭔가 기분이 그럴 때는 좋은 것도 표현하긴 했지만 마음속에 항상 이러면 안 되는데 끝내야 되는데. 이것 때문에 사소한 문제가 생기면 우리 아빠가 우리한테 하듯이, 저는 이 사람한테 했던 것 같아요.

상담자 44 어떻게 했던 것 같아요?

내담자 44 [휴지를 뽑으며] 화를 내고, 짜증내고. 근데 그것도 다 받아 줘요. 미워하질 않아요. [6초 침묵][코를 품]

상담자 45 그렇게 다 받아 주는.

내담자 45 아이 낳고 (으흠.) 너무 행복했어요. 임신했을 때. 집 나와서

2월부터. 11월에 애를 낳는데 [울면서] 먹고 싶을 때 먹고, 자고 싶을 때 자고 진짜 그게 그렇게 행복한 건지 몰랐어요. 배는 불러 오는데 그게 그렇게 좋으니까 진짜 좋았어요. 음악 좋아해 가지고 음악도 장르 구분 안 하고 수시로 듣고. 집 근처에 호수 있어서 호수 산책 가고. 먹고 싶은 것도 뭐 먹고 싶다고 하면 사다 주고. 저랑 같이 지내진 않았어요. 그때 애 아빠는 그 사람 자기 집 가고, 저는 저 혼자 있는 건데도 가끔 외롭고 있어 줬으면 하는 생각도 들었는데 그것보다는 제가 혼자 있는 게 되게 좋았던 것 같아요. 지금도 기억에 남는 건 밤새 영화 몇 편 보고. 해 뜬 거 창문에 다섯 시인가, 햇빛이 이렇게 올라와요. 환해지는 거 보고 잠들 때 너무 행복했어요.

상담자 46 음… 내가 하고 싶은 것. 실컷 할 수 있었군요.

내담자 46 누가 아무 말 안 하니까 그게 너무 좋았어요.

상담자 47 아버지도 터치하지 않았고.

내담자 47 너무 좋았어요. 애 낳고 나서 4년 정도는 애 아빠가 (하우.) 같이 지냈어요. 평일은. 주말에는 집엘 가고, 평일엔 우리랑 지냈어요.

상담자 48 그쪽 부인도 아는 상황이었어요?

내담자 48 이 사람은 그걸 어떻게 잘 속인 것 같아요. 지금까지도 그렇게 살아요. 우리하고 같이 살진 않지만, 집엘 안. 저는 저랑 헤어지면 집으로 들어가는 줄 알았는데 그게 아닌 거예요. 하여튼 그때는 아이도 아침에 이제 데려다 주고, 제가 어린이집에 데려다 주고. 그게 처음에 3년은 같이 안 보내고 제가 데리고 놀고 키우고. 네 살 돼서 이제 어린이집 오전반 보내고 제가 이제 직장 다시 다닐 준비를 했어요. 그리고 그러면서 네 살, 다섯 살 되던 때 아빠가 알게 돼서 가족한테 얘기하고. 2년 정도를 저는 기다렸죠. 이 사람이 어떻게 해 줄지. 우리 가족은 이제 기다려 주고. 이제 서로 기다려 준 거예요. 근데 이 사람은 그냥 계속 이 상태로 살려고 하는 거예요. 자기 집에는 비밀이고, 나한테만 계속 오픈된 상태에서 우리 가족만 견뎌야 되는 거예요, 이런 관계를. 그러니까 다시 저도 다시 화가 나기 시작했어요. 그리고 2년 기다리고 그다음에 제가 2005년부터 직장 생활 하니까 벌이가 괜찮았어요. 그래서 연봉 4천 넘고 이러니까.

상담자 49 어, 뭘 하는데 많이 버시네요.

내담자 49 제가 그 전에 □□과 나왔었거든요. 그래서 영어로 외국계 물건 팔고 이러는 거라서 해외 영업이었어요. 그런데 그 회사.

상담자 50 고등학교 나와서 직장 다닌다고 그랬는데 (예, 직장 다니고.) □□과를 어떻게.

내담자 50 직장 다니면서 영어를 되게 좋아했었어요. 그때도. 그래서 영어를 혼자서 한 2년 동안 학원을 다니면서 막 팠던 것 같아요. 아침, 저녁으로 막 다니고. 너무 재밌는 거예요.

상담자 51 뭘 하면 열심히 하시네요. (상담자, 내담자 웃음.) (네네.)

내담자 51 애 아빠만 아니었으면 거기도 이렇게 빠져서, (으흠.) 그렇게 말씀해 주시니까.

상담자 52 네, 열정이 있으신 것 같아요.

내담자 52 네.

…(중략)… [밝은 표정으로] (학업과 직장 이야기)

내담자는 당시 부모의 굴레에서 벗어나고 싶은 저항감이 일어난 상태에서 회사에서 만난 남성을 통해 무한한 지지와 사랑을 받으면서 어린 시

절 충족받지 못한 욕구를 충족하게 되자 내연관계로 이어진 것으로 보인다.

상담자 60 지금 이제 ○○ 씨 이야기를 조금 정리를 해 보면, 지금 아이 아빠하고의 관계에서는 불만이 없으신 거네요. 나름 이제 적절한 관계가 합의가 되었고 아이도 이런 상황에 대해서 이해하고 있기 때문에. 그러니까 지금 가족하고는 문제가 없는데, 내가 좀 떳떳하지 못하고 용서받지 못한다고 하는 것이 아버지와의 관계에서만 그런 건가요. 아니면 다른 일반 사람들하고 만날 때도 그런가요? 어떤 상황에서 내가 조금 떳떳하지 못한.

내담자 60 [말을 끊으며] 네. 다른 상황도 있어요. 뭐였냐면 이제 □□에서 동문회를 만들자 이랬는데, □□ 동문회 때 이제 제가 여기 □□ 자격증도 이제 빨리 땄고, 그러고 그런 정보를 많이 나누고. 후배들하고도 친분이 있고 그러니까 그 사람들이 이제 원우회장 자리를 권한 거예요. 그런데 저는 그런 거 하면 안 될 것 같은 생각이 들었어요. 그때 그런 느낌이 나는… 그럴 자격은 없는 것 같다. 이런 뭐 그런 자리는 뭐랄까 도덕적으로 이렇게 흠이 있으면 안 될 것 같은 거예요. 원우회장 자리가 그러지 않아도 될 것 같은 생각도 드는데 또 좀, 조금 더 생각해 보면 남이 내 얘기 하는 거 별로 좋아하지 않는 것 같기도 하고. 또 그거에 또 이렇게 초연한 듯하면서도 한편으로는 그래 결론은 도덕적인 거 이런 부분에 흠이 있으니까 그런 것들은 아니다.

상담자 61 그런 얘기를 실제로 누구한테 밖에서 가족 말고 다른 사람한테 들은 적이 있어요?

내담자 61 네. 제 상황을 오픈했어도 한~번도 없었어요.

상담자 62 음, 주변 사람들한테 이해받았다는 얘기네요.

내담자 62 근데 그게 아직도 안 믿기는 거예요.

상담자 63 무엇 때문에 그런 것 같아요?

내담자 63 그냥 내가 내키는 대로. 내 맘대로 유부남을 좋아한 거 그런 것 같아요.

상담자 64 그거를 나 자신에 대해서 어떻게 받아들이세요?

내담자 64 제가 안 되나 봐요. [5초 침묵] 또 그거를 없애지 못하는 일 같아요. 없애지 않고 그리고 그것도 안 돼요.

상담자 65 근데 이제 어떤 때는 그래 내가 선택한 거지만 이런 상황에 대해서 내가 받아들일 수 있다 이렇게 생각을 하다가, 또 어떤 때는 내가 도덕적으로 결함이 있는 것 같고, 뭔가 떳떳하지 못할 것 같고 이런 생각이 드는 거잖아요. 그것을 촉발하는 상황이나 이런 게 있을 것 같아요. 아니면 내 기분 상태에 따라서 다를 수도 있을 것 같고. 그러니까 어떤 때였던 것 같아요?

내담자 65 내 기분 상태일 수도 있을 것 같아요. 아빠가 그럴 때는 이제 뭔가 잘 지내고 있다가도 아빠나 우리 둘째도 이번에 그런 얘기를 하면서 아빠 얘기를 하면서, 둘째는 아빠 편이에요. 어, 얘는 이제 엄마가 유발하는 게 있다. 저도 알죠. 근데 실제 엄마가 지금 가게를 아직도 하고 계세요. 아빠는 십 원 한 장 이십 년 넘게 안 벌고 계세요. 그러니까 저는 엄마가 안된 거죠.

상담자 66 음, 엄마가 안쓰럽고. (네네.) 엄마만 (네네.) 고생하는 거 같고.

내담자 66 아빠도 안됐다고 생각이 들지만 (으흠.) 어쨌거나 고생은 엄마가 다 하고 있고, 거기에 아빠는. 근데 이제 내 동생은 엄마도 한 유형이 있다고 이렇게 얘기를 하니까는. 동생하고 얘기하면서 어, 언니는 우리 집의 아픈 손가락이잖아. 이 말을 하는데 화가 확 나는 거예요. 아직도? 저는 그 말에 아직도? 언제 그거 끝나? 그러면서 화가 버럭 나더라고요. 남들은 들으면 그냥 어디 몸에 있는 흉터 하나쯤 정도로 그냥 지나가고 그런데 우리 집은 그게 안 되는 거예요. 절대 안 돼요. 거기서는 근본적으로 제가 매번 느끼는 그런 느낌이에요. 아, 여기서는 내가 이걸 헤어 나오지 못하겠다. 이런 거에 대해 기분이 안 좋을 때가 어떨 때냐면, 애 아빠가.

상담자 67 아니, 이제 아까 그 상황에서 잠깐 조금 더 들어가 볼게요. (네네.) 어머니가 이렇게 가게에서 고생하는 거 보면 안됐다 그래서 좀 화가 나는 상황이랑 둘째가 언니는 우리 아픈 손가락이잖아 해서 화 나는 거랑 조금 분리해서 볼게요. (네네.) 엄마를 보면 안됐다 이런 생각이 들어서 어떻게 하시는 거예요?

내담자 67 안됐으니까 엄마가 전화 오면은….

상담자 68 그때 아빠한테 뭔가 화가 나는 거예요? 아까 아빠 얘기하다가 (네네.) 들어가지고요.

내담자는 이런저런 이야기를 빠르게 쏟아 놓고 있는 상황이었기 때문에 상담자는 순간 이야기 맥락을 놓치고 혼란스러웠다.

내담자 68 [말을 끊으며] 아빠한테는 솔직히 화가 안 나요. 조금 나기도 하지만 그냥 엄마 얘기를 들어주는 거를 많이 해요. 엄마가 아빠한테 당하고 나면 저한테 전화를 해요. 그럼 제가 다 들어 드려요. 그러면서 지금은 웃으면서라도 엄마가 그래도 안 헤어지잖아, 그런 아빠랑. [웃음] 이러면 엄마도 빵 터져요. 그래도 좋은 거지? 이러면은 [웃으면서] 알았다 요년아, 이제 엄마도 이러세요.

상담자 69 그런데 아까 동생이 그 언니가 아빠를 촉발하는 게 있다고. (엄마가요, 엄마가.) 엄마가. 음.

내담자 69 엄마가 아빠를 촉발시키는 게 있으니까 엄마.

상담자 70 무엇을, 어떨 때 촉발한다는 거예요.

내담자 70 음, 그러니까 얘가 얘기하는 거는 조금 복잡해요. 그러니까 제가 엄마 아빠 사이에서 보면은 어… 엄마 아빠 사이에서 보면 엄마는 엄마 맘대로 하려고 그래요. 그러니까 아빠가 사실 맘대로 하려고 한다고 하지만 실제는 엄마가 다 맘대로 하고 있는데 자기 맘대로 하고 있는지 몰라요, 우리 엄마는.

상담자 71 예를 들어서 어떤 거죠?

내담자 71 예를 들어서 이런 거죠. 명절 때 지금 오지 말라고 한 것도 아빠 오지 말라고 한 게 아니에요. 오지 말라고 한 게 아니라 애들 다 꼴보기 싫으니까 이번에는 우리끼리 지내 이런 식인데 이 말을 애들을 오지 말라고 해석을 한 거예요. 그러면은 엄마는, 아빠가 그렇게 얘기를 하면은 우리한테.

상담자 72 행동하는 건 어머님이시군요.

어머니를 희생양으로만 보던 시각에서 어머니가 아버지를 촉발하는 면이 있다며 다른 각도에서 보기 시작한다.

내담자 72 그러니까 이제 얘가 명절 때도 전화한 이유가 아빠는 그런 뜻이 아니었을 거라고. 엄마가 그렇게 시키는 거야 언니. 그러니까 언니는 언니 할 도리는 해야 되잖아? 내가 연락하면 와, 이러더라고요.

그래서 그래 알았어 이러고 말았는데 얘가 그러면서 그 말을 끝내고 나서 얘가 근데 아빠가 오지 말라, 오라 이런 말을 언제까지 해야 될까 난 이 말 듣는 게 너무 화가 난다 이랬더니 언닌 어쨌거나 우리 아픈 손가락이야, 우리 집에. 이 말을 딱 하는 거예요. 그 말을 하는데, 아직도? 언제까지?

상담자 73 아직도 (네~.) 이해받지 못한다는 것 때문에 화가 날 때는 어떻게 행동하세요?

대처행동을 탐색한다.

내담자 73 넌 어떻게, 내가 그 솔직히 표현해요. 전에는 그것도 못했어요. 어떻게 내가 언제까지 아픈 손가락이어야 돼 그랬더니 언니 또 화낸다. 대뜸 이래요. 그래서 그러니까 어떤 식이냐면 제가 애를 낳고 그때도 혼자서 다 처음이니까 헤매고 있잖아요. 이런 것도 예상 못했어? 저한테 와서. (둘째가, 음.) 그런 식이에요. 그래서 엄마도 얘한테 그런 말에 상처를 많이 받으니까 애랑은 말을 많이 안 해요. 근데 어쩌다 저도 연락 안 되고 이러면 가끔 얘한테 하나 봐요. 이러면 애한테 했다가 이제 성질만 돋우어져서 저한테 오고. 얘는 얘대로.

상담자 74 둘째는 좀 이성적인가 보네요.

내담자 74 그날도 그러더라고요. 너는 내 입장에서 성질 안 나겠니? 그래서 제가 했는데도, 먹히지도 않을 말이지만 그래 17년이나 △△이가 17년. 지금 열일곱 살이다. 17년이 지나도 내가 아픈 손가락이면 우리 집안에서 나는 죽을 때까지 아픈 손가락이겠네, 이러면서 이제 저도 막 따다다다 [웃으면서] 쐈죠.

상담자 75 그렇게 하고 나면 어떠세요.

내담자 75 하고 나면 저는 좀 시원해져요.

상담자 76 그러니까 화가 나지만 (네~.) 그래도 할 얘기를 다 하고 나면은 (네~.) 그걸로 감정이 (네네.) 좀 해결이 (네~.) 되네요. (네~.) 근데 아까 그 떳떳하지 못하다라는 그런 거를 자꾸 떠올리게 하는 상황이, 아버지가 이제 촉발하는 부분이 있다고 했잖아요. 어떤 때 그런 생각이 자주 일어나는 건가요. (으흠.) 어떤 상황에서 (으흠.) 어떤 때는 내가 비록 그런 상황이라도 언제까지 나를 그렇게 이해하지 못할 거냐 생각하며 할 말을 하고 나면 그냥 나를 받아들일 수가 있잖아요. 그런데 또 어떤 상황에서는 나를 받아들이기가 어렵단 말이지요?

내담자 76 굉장히 비슷한 건데 이거는 또 애 아빠 일인 거예요. 애 아빠가 가게를 새로 냈어요. 근데 법적으로 자기가 파산 상태니까 그 자기 자금.

상담자 77 어떻게 파산 상태죠?

내담자 77 2013년 전으로 해서 사업을 접었는데, 그때 빚이 너무 많았어요. 그래서 파산을 하고, 그리고 그 빚쟁이한테 쫓기는 신세가 된 거예요, 그 당시에. 그러다가 이래저래 어떻게 조금씩 갚으면서 한 몇 년 노점을 하다가 노점이 잘된 거예요. 그래서 가게를 냈는데, 아직도 그 전 빚을 못 갚으니까 자기가 법적으로 뭘 할 수가 없어서 자기 자금을 내 이름으로 해서 가게를 냈는데. 하아, 그 가게에 이제 저한테는, 저한테는 막 오라 그래요. 친구도 그 근처 사니까는 한 번 오라 그래. 그러고서는 막상 친구가 가면은 이제 대개 어색한 거죠. 할머니가 와 있고, 작은애가 와 있고 이런 데서 이제 친구가 못 알아볼 리가 없거든요. 얼굴도 애는 똑같이 생겼고, 굉장히 많이 본 앤데. 못 알아보더라는 거예요, 친구가. 그래서 저 아무개예요, 이랬더니 굉장히 당황하면서 이렇게 챙겨 주더래요. 물건을 이거를 선물로 드린다고 이러면서 이랬는데 얘만 간 게 아니라 혹시나 해서 얘 딸을 데리고 갔는데 딸도 되게 당황하는 거를 느꼈고. 둘이 이제 같이 비슷한 거예요. 얘가 혼자만 느꼈으면 괜찮은데 둘이 같은 거를 느낀 거예요, 그래서. 하우, 이 관계. 이 사람과의 관계 이거는 적정선이 지금이 아닌가 이런 생각도 들고. 그리고 그런 것들이 느껴질 때 조금. 최근에는 그랬었어요. 그 문제가 그랬고, 보통 때는 뭔가 이렇게 책임감 있는 일이 저한테 주어질 때, 저는 그거를 잘 해낼 자신이 있거든요. 사람들하고, 사람들을 이렇게 잘 아니, 안다고 그래야 할까? 많은 조직 안에서 이게 큰일이 잘되게끔 하는 거를 그런 거를 잘해 왔던 것 같아요. 제가 뭐 리더를 하는 게 아니라. (조직하는 거.) 네 네, 여러 사람이 있는 데서 무슨 일을 할 때, 그 일이 잘 되게끔 하는 거. 그런 것들을 좀 찾아서 이렇게 분배하고 나누고 주고 제가 처리하고 이런 것들을. 그래서 제가 임원, 학부 때 임원할 때는 아무 생각 없이 했는데 참 잘했던 것 같아요, 그때도. 네, 그런데 대학원 들어와서는 정말 친한 사람들이 몇 있어요. 네, 그 사람들하고 같이 있는데 그 사람들이 내 사정을 그중에 두셋은 다 아는데도 저한테 그걸 추천했는데도 저는 그런 일 하면 안 될 것 같은 거예요. 안 될 것 같아요.

상담자 78 그래서 거절하셨어요? (네, 거절했어요.) 그러고 나니까 어떠셨어요?

내담자 78 허… [7초 침묵] 여기까진가? (으흠.) 좀. 왜 난 욕심 못 내지? 더 욕심내면 안 되나? 이런 생각도 들고. 여기까진가? 이만큼 오리라고 사실 기대도 안 했거든요. 저는 그냥 맨날 죽고 싶은 생각만 했었어요. 그때 가출하고 나서 다시 집에 왔을 때부터, 빨리 죽고 싶다. 사는 게 별로 그렇게, 별로 그렇게 좋지도 않고 이랬었어요. 그런데 그런 게 직장 다니면서 애 아빠 만나면서 다시 살아났고, 영어 공부하면서 또 살아나고, 애 생겨서 [웃으면서] 그랬던 것 같아요. 그래서 지금은 제가 상담을 음, 되게 좋아하고 그리고 어디까지 할 수 있나 해 보자 이런 마음도 드는데 한편으로는 그렇게 뭐랄까. 내가 바라는 어떤 것들을 요구하는 걸로 충분한 것 같기도 해요. 그거에 이렇게 누가 권해서 그런 일을 한다는 거는 아직은 제가 준비가 안 된 것 같아요. 그게 이제 아직은 이렇게 한 쬐금? 한 1, 2% 남아 있는 그런 것 같아요. 떳떳하지 못함? 근데 그게 사실 그 상담하고 싶은 내용에 적을 때는 되게 큰 거였어요. 뭔지 몰라서 더 컸던 것 같아요.

상담자 79 지금 얘기하다 보니까 어떤 것 같아요?

내담자가 이야기를 쏟아 내면서 상담 초반보다 표정이 많이 밝아졌다. 기분이 좋아지면 사고도 유연해지므로 이를 탐색하였는데, 아버지에 대한 생각의 변화를 보였다(내담자 79).

내담자 79 지금 얘기하다 보니까 우리 아버지가 날 용서하든, 안 하든 전 그게 상관없었던 것 같아요. 그냥 그… 그거는 어려서부터 계속 아빠의 어떤 아빠의 어떤 비난에 제가 또 상처를 받는 거가 아팠던 거지, 실제는 제가 안 되는 지점이에요. 제가 자아를 여기까지만 아직은 아니라고 생각하는 것 같아요.

상담자 80 아직 아니라는 것이 무슨 말이죠?

내담자 80 아직은 용서하지 못하는. 그 1, 2%의 그 당당함이나 이런 거는. 뭔지는 모르겠지만 하여튼 그것까지는 아직은 아닌 것 같아요.

상담자 81 그러니까 아버지가 나를 어떻게 생각하든 그 부분이 나를 크게 좌우하지는 않지만, 다만 이제 어렸을 때의 감정 때문에 아버지가 화를 내면 그 감정에 (네.) 내가 대응하는 거지, 지금 현 상황에 대해서 떳떳하지 못한 (네, 네.) 거에 대한 (네, 네.) 그런 것은 아니라는 거죠.

내담자 81 네네. 얘기하기 전까지는 그런 생각이 안 들었거든요. 그냥 아~.

상담자 82 뭐가 좀 달라진 것 같아요, 얘기하면서.

내담자 82 얘기하면서요? (으흠.) 내가 하고 싶은 것을 내가 하고 살았다는 걸 확인했어요. 내가 하고 싶은 거를 하고 산 거고. 하아.

상담자 83 그런 자신에 대해서 어떻게 느껴져요? 심정적으로.

사고가 유연해지면 자신에 대해 바라보는 시각도 달라지므로 이를 탐색하였는데, 자신을 수용하는 반응을 보였다. 이를 통해 사고의 경직성 – 유연성, 죄책감 정도를 파악할 수 있다.

내담자 83 [4초] 고생하고, 힘들었어요. (그래요.) 많이 힘들고. (만족스럽고, 뿌듯하기도 할 것 같고.) 맞아요. 특히 애가 참 예쁜 말하고 이럴 때도 너무 고마운 거예요. 그리고 이제 슬펐을 때도 우리 부모도 나한테 이래 줬으면. 내가 우리 애한테 하듯이 나도 다 잘하는 건 아니지만. (인정해 줬으면.) 네, 그랬더라면 그래요. 좀 슬퍼요.

상담자 84 인정해 주지 않았을 때 굉장히 화가 나고 슬프고 그러시네요.

내담자 84 비난하지 않고, 내가 하는 거 믿어 주고, 기다려 주고.

상담자 85 그래요. 지금은 기분이 어떠세요?

내담자 85 가슴이 아직은 아파요. [웃음] 아프긴 한데.

상담자 86 그 아픈 가슴에선 뭐라고 말하고 싶은 것 같아요.

내담자 86 [4초] 잘했다고, 애썼다고.

상담자 87 그리고 또요.

내담자 87 하아… [8초 침묵] 아직도 아프긴 해. 내가 계속 갖고 가야 할 어떤 건데.

상담자 88 그 아픔에 대해서 조금 더 얘기해 보시겠어요?

내담자 88 [8초 침묵] 두 분 다 열심히 사셨어요. 그리고 잘해 주신 적도 많아요. 근데 저는 이렇게 안 좋은 쪽에 초점을 많이 맞추는 것 같아요. 그런 점에서 이렇게 힘들어질 때. 힘들고, 아빠가 나한테 안 좋게 대하거나 이럴 때 그렇게 안 좋았던 것만 쫘악 이렇게.

상담자 89 정보가 모아지는 것처럼.

내담자 89 네. 그리고 그게 아니고 다른 것도 많았다는 거를 알면서도 매번 이런 위기가 오면은 아빠가 한 번 또 한다거나 동생이 그렇게 아픈 손가락이라고 한다거나, 아빠(아이 아빠)가 나를, 우리를 또 없는 사람으로 취급한다거나 남들 앞에서 이런 거를 할 때. 또 다 끝난 것 같았던 것들이 다시 오고. 물론 예전처럼 길게 가진 않지만. 그런 것들이 계속 아픈 것 같아요.

상담자 90 그러니까 ○○ 씨가 많이 아프고 하는 것은 아버지가 인정해 주지 않는 거, 그리고 같이 있는 그분이 나를 없는 사람 취급해서 인정해 주지 않은 거 그럴 때 관련되는 아픔이네요. 음.

내담자 90 맞아요. (그래요.) 인정해 주지 않는 게 뭐가 내가 뭘 해서 그런 것들이 아니라 그냥 이 사람은 그냥 내 존재 자체를 딱 자기가 가능할 때만 인정해 주는 그런 거였던 거예요. 이번엔 친구까지 확인하고, 친구도 많이 놀라서 저한테 얘기하고. 아이까지 그럴 때 되게 많이 화가 났었어요.

상담자는 내담자의 이야기를 반영 및 촉진하면서 내담자 스스로 정리하도록 안내한 뒤, 내담자의 촉발사건과 핵심 신념을 명료화함으로써(상담자 90) 내담자의 통찰을 촉진하였다. 내담자는 표현하지 못했던 감정들을 표현하면서 사고가 유연해졌기에 가능한 일이었다.

상담자 91 그럴 것 같아요. **나를 온전히 다 지지해 주고 이해해 주고 믿었던 그분이 또 결정적인 그 상황에서는 계속 ○○ 씨를 숨기고, 아이까지도 숨기니까 그것에 대해서 많이 화가 나고 섭섭하고 그랬을 것 같아요. 그래서 이제 ○○ 씨가 경험하고 있는 것들에 대해, 내가 화가 나고 이럴 때는 아버지와의 관계에서 뭔가 나를 인정해 주지 않을 때, 그럴 때 떳떳하지 못한 것 같고, 근데 또 내가 기분이 좀 괜찮아지면 그런 나 자신에 대해서 받아들일 수 있고. 또 열심히 살게 되고 이러죠?** 인지행동치료에 대해서 잘 아시겠지만, 인지행동치료에서는 생각이 기분과 행동을 변화시킨다고 합니다. 그러나 거꾸로도 마찬가지예요. 기분에 따라서 생각이 달라지기도 하고, 행동도 달라질 수도 있습니다. 그래서 중요한 것은 어떤 상황에서 내가 그렇게 화가 나는지 또 기분이 가라앉는지 한 발 물러나서 생각해 봐야 합니다. 아버지가 집에 오지 말라고 했을 때, 갑자기 화가 났잖아요. 그때 어떤 생각이 들었어요?

내담자가 자신의 문제에 대한 통찰이 있었으므로 핵심 주제를 요약하면

서 자연스럽게 인지행동치료에 대해 교육하고 자신의 문제를 촉발한 선행사건을 중심으로 자동적 사고를 탐색하도록 안내하였다.

내담자 91 또 시작이군. 그건 그거고. 언제 이거 끝나나.

상담자 92 시작이라는 거는… 나를 떳떳하지 못하게 생각한다는 생각이요? 그 생각이 빠르게 지나가면서 아직까지도 나를 받아들이지 못하나, 또 시작이네. 이러한 어떤 생각이 나를 되게 화가 나게 만든다는 거죠. 만약에 그 상황에서 조금 한 발 물러나서 다르게 생각을 한다면 어떻게 해석을 할 수가 있을까요?

대안사고를 찾을 수 있도록 안내한다.

내담자 92 아빠가 요즘 좀 힘든가 보다. 아니면 작은아버지가 뭐라고 했나. 또 아버지는 혼자서도 좀 내적으로 많이 올라오세요. 이제 아빠도 그게 많아서 한 6개월 정도 우울증 치료를 받으셨는데 그때만 좋았었어요. 조금 좋았었고, 최근에 또 시작하신 것 같아요. 그래서 암튼 그렇게 아빠 안에서 막 이렇게 뭐가 그런 게 올라올 때가 많으세요.

상담자 93 아빠의 지금 상황이 안 좋아서 그냥 혼자 있고 싶은가 보다 이렇게 해석을 한다면 어떤 기분이 드나요? (그럼 그렇게 화가 안 나죠.) 어떤 상황에서 굉장히 화가 나거나 슬프거나 이랬을 때 나는 인식하지 못하지만 굉장히 빠르게 습관처럼 지나가는 생각이 있거든요. 그런 생각들을 한 발짝 물러서서 그 상황에 대한 내 해석이 적절한지 살펴보는 것이 중요합니다. 때로는 아빠가 일정 부분 나를 떳떳하게 생각하지 않을 수도 있죠. 그러나 그렇게 생각하지 않을 때도 있잖아요? 근데 그것을 내가 100% 믿어 버린다면 정말 이제 나는 그런 사람이 되고 기분이 더욱 다운이 될 겁니다. 그래서 그렇지 않은 다른 관점에서 그것을 다른 관점에서 바라볼 수 있도록 하면 그 상황에 대해 기분도 그렇고 대처하는 행동도 조금 달라질 수 있지 않을까 싶습니다.

내담자 93 음, 맞아요. 아빠랑은 사실 잘할 때도 많았거든요. 저희 작년 추석엔 아빠가, 아빠는 나중엔 안 좋았다곤 하지만 그때 무슨 일이 있었냐면. 엄마가 이제 친척들 다 가고 나서 별안간 커튼을 빨겠다는 거예요. 그래서 우리 애랑 저는 이제 집에 가서 놀 생각에 그러고 있었는데. 그냥 거기는 분위기가 오래 이렇게 편하게 노는 그런 데가 아닌 거예요. 아빠가 언제 이럴지 모르니까 차례를 지내면 작은 집들도 쏜살같이 다 빠져나가요.

상담자 94 아버님은 어떤 상황에서 불쑥불쑥 화가 나시는 거예요?

내담자 94 그거를 알 수가 없어요. 그거를 제가 한 번 하려다가 2013년에 별안간 돈 때문에 일이 그렇게 터지고 나서는. 상담 공부를 하면서 우리 아버지가 다른 사람들하고도 관계가 잘 안 되고 가족들하고도 안 되고, 본인하고도 안 좋고 이러니까 아빠가 그래도 제가 △△ 낳기 전에 몇 년 동안은 그런 경험이 있어요. 같이 이제 일요일 같은 날 제가 소파에 앉아서 TV 보고 있으면 아빠가 앉아 있거나, 아니면 내가, 아빠가 앉아 있는데 제가 앉았거나. 그럼 이제 우리 아버지, 아빠가 아는 철학 얘기 이런 얘기들을 막 하세요. 사회 상황 막 얘기하시면 제가 또 이렇게 들어요. 이렇게 듣고. 근데 저는 그때도 궁금한 걸 잘 못 물어봤던 것 같아요. 지금도 질문을, 아 난 왜 이렇게 질문이 없을까. 뭔가 이렇게 내가 다 알아야 된다 이런 생각을 하는 건지 모르겠지만 하여튼 아빠가 얘기를 하면 다 듣고 있다가 *끄덕끄덕*하고 이제 그러면 또 제가 한마디 하면은 아빠가 엄청 또 열심히 얘기를 해 주세요. 근데 그때 되게 좋았어요. (으흠.) 그런 경험이 있어서. 그리고 애 낳고.

상담자 95 아버지랑 (네.) 뭔가 대화하는. (네.) 삶에 대해서 (네네.) 대화하는 (네네.) 그런 게 좋았군요.

내담자 95 네네, 그리고 아이 낳고서도 한두 번 정도는 아빠랑 차 마시면서 커피숍에서도 차 마시면서도 한 번 그런 적 있고. 같이 어디 산책하면서 그런 적 있고, 이렇게 한두 번 정도가 있어요.

상담자 96 근데 아버지는 어떤 때 화나고, 섭섭해하시는 것 같아요?

내담자 96 하아, 그게 지금 같아서는 하여튼 뭔가 아빠가 원하는 규칙들이 있어요. 6시에 일어나서.

상담자 97 그게 뭔가요?

내담자 97 6시에 일어나서 밥을 먹어야 된다. 그러지 않으면 게을러진다. 그….

상담자 98 아버지 삶의 규칙들.

내담자 98 네, 그리고 그 돈 그런. 그 문제에서는 윗사람 먼저 챙겨야 한다인지 이런 건지 뭔지 아무튼 그런 거일 것 같아요. 그리고 이번 작년 추석에서는 커튼을 빨고, 그때도 별안간 커튼 얘기하니까 막 넌 일을 그딴 식으로 한다고 엄마한테 또 그래서. 그때는 제가 또 잘했어요. 그때는 아빠는 내가 쉬는 게 힘드니까 쉬었으면 했는데 엄마가 또 커튼을 빨자고 하니까 나를 또 부려 먹는다는 이런 생각을 하실 수도 있어요. 사실은 아니지만 네. 그런 생각을 하면서도 아빠 입장에서는 엄마가 쉬시길 바랐을 수도 있어요. 계속 일했으니까 명절 준비하느라 힘들었는데 엄마는 또 뭘 하잔다 말이지. 그러니까 아빠가 화날 만 해. 저런 걸 계속 하려고 하니까.

상담자 99 나름 아버지의 어떤 규칙에 안 맞으면 (네네.) 화를 내시는 거 (네네.) 네요.

내담자 99 네, 그래서 그때 뭐 하여튼 아빠 우리 괜찮아요. 아빠 좀 쉬세요. 산책하고 밖에 나가서 친구 분들도 만나시고 엄마랑 우리가 할 게요 이랬더니 아빠가 뭘 또 그래 하면서 목소리가 촤악 가라앉아서 다시 편안해지셔서 같이 했어요. [웃으면서] 같이 하는데도 계속 뭐라고 하시고, 그때같이 큰 소리는 아니지만. 아이 참 그래서 계속. [웃음]

상담자 100 쉬고 싶으실 수도 있겠네요.

내담자 100 네, 기분이 나쁘진 않았어요. 그래서 아빠 괜찮아, 이러고 가. 문제는 우리가 우리 둘이 우리 애하고 제가 엉망으로 해 놓고 간 거예요. [웃는 목소리로] 아빠가 다 빼서 다시 하셨대요. [웃음]

상담자 101 아, 그런 걸 할 때 같이 하시는군요. 그래서 아버님이 모처럼 딸이 왔는데.

내담자 101 그러니까 엄마는 저랑, 저를 하면은 그것도 제가 했었거든요. 애 낳기 전에. 동생들은 한 번 하질 않아요. (아.) 저도 걔네처럼 살았으면 좋겠어요. 신경 안 쓰고. 우리 집에선 그렇게 살아요. [웃음]

상담자 102 친정만 가면 (네네.) 집안을 챙기고, 어머니 도와주고.

내담자 102 네네. 엄마도 저를 보면은 그런 식으로 뭔가를. 근데 엄마 딴엔 그게 저한테 표현하는 것 같아요.

상담자 103 큰딸로서 많이 의지하는 것 같네요. (네네.) 믿음직스러운가
봐요.

내담자 103 그런가 봐요. 그냥 우리 애도 같이 하고. 저는 되게 좋았어요,
같이 일을 하는 게. 저는 그런 걸 좋아하거든요, 같이 하는 거를.

상담자 104 아, 사람 냄새나는 거를 (네네네.) 좋아하시는구나.

내담자 104 네네. 아빠는 많이 힘들어하세요, 그런 것들을. 그리고 피하
세요.

상담자 105 혼자만의 공간을 좀 좋아하시고. 그래요. 이제 조금 상담을 정
리하려고 하는데요. (음.) 그래서 지금 이제 여러 가지 이야기를 나
눴는데 ○○ 씨가 생각을 할 때, 이런 부분을 내가 좀 더 이야기를
나누게 되면 좀 마음이 편안하겠다 하는 게 있습니까?

내담자 105 네, 하나 더 있어요. (네네.) 네, 그 작년에 처음 학교 들어가서.

상담자 106 네, 아 그거는 죄송한데 그거는 조금 있다가 (그럴까요?) 네네.
(네, 지금은 가족 안에서는.) 네, 그거는 조금 있다가 다시 얘기하고
요. 지금은 이제까지 한 내용에서 내가 새롭게 이해된 부분이라든가
도움이 될 만한 게 (네.) 있었다면 어떤 건지 좀 정리해 보실 수 있겠
어요?

내담자 106 네, 그 기분이 안 좋아지고 제가 그런 그러니까 당당하지 못하
고 떳떳하지 못하다는 느낌이 들 때 사실 그렇게 훅 무너지는 것처
럼 아프고 힘들거든요. 그런 느낌이 드는 게 단순하게 제 기분 상태
에 따라 그럴 수도 있다는 걸 알게 됐어요. 물론 무슨 일이 있을 수도
있겠지만 (으흠.) 또 되게 사소한 일에 대해서 누군가의 눈초리 뭐
이런 거에 대해서도 잠깐 제가 왜 저러지 저 혼자서 생각이 많아졌

다가 쓱 사라지는 건데 그럴 때 그런 식으로 기분에 따라 살짝 그럴 수 있다는 게 저한테는 되게 도움이 되었어요. 그거는 그냥 제가 아는 거하고 조금 다르게 지나갈 수 있는 것에 제가 필요 이상, 어떤 집중을 하는 그런 거일 수도 있을 것 같고.

상담자 107 기분이 조금 다운될 때 말이죠.

내담자 107 그럴 때는 내가 기분이 안 좋은 상태니까. 또 피곤하니까. 또 애가 저러니까 내가 애한테 신경을 많이 쓰고 있는데 지금 이런 말까지 들으니까 더 그런가 봐 이러면서 나를 더 위로하면서 갈 수 있는 어떤. 네네. (생각하면서) 그럴 수 있을 것 같고. 또 음 내가 하고 싶은 거를 하고 살았다는 거. 그런 거를 다른 지점에서 애를 낳고 애 아빠를 좋아하고 이런 지점에서는 어느 정도 조금 줄기를 잡고 있었는데 오늘 얘기하면서 내가 하고 싶은 거를 하면서부터 아빠가 나를 싫어하기 시작한 건 아닐까 하는 생각이 들어요. 그러니까 막내 고모한테는 그런 얘기를 했대요. 쟤가 너무 싫다, 고등학교 가출했을 때부터 싫다. 사실 그거는 그때 싫은 기분을 표현하신 거였을 것 같고, 그때부터 뭔가 아빠랑 저는 어긋난 것 같아요. 내가 뭔가 하고 싶은 거를 하기 시작하면서부터.

상담자 108 그거는 왜 그렇죠? (그러니까.) 아버지가 어떻게 해석을 한 것 같아요?

내담자 108 아빠는 규칙. 아빠는 어떤 규칙. 내가 원하는 규칙에 따르고 이런 걸 원하면서도 또 한편으로는 제가 뭘 했을 때 물어보지 않고 나 혼자 할 수 있는 것들을 내가 했을 때, 그리고 아니면 잘못했을 때도 그런 적 있었어요.

상담자 109 그러니까 아버지가 내가 원하는 거를 하면서부터 아버지하고 사이가 벌어졌다고 했잖아요. (네네네.) 그건 무슨 말이죠?

내담자 109 그게 바로, 그, 그런 거예요. 내가 원하는 거를 내가 막 하면서 내가 원하는 거를 내가 하고 살았다는 거를 말할 때 제가 그렇게 눈물이 나고 이럴지 몰랐었어요. (으흠.) 근데 내가 원하는 거를 사실은 애 아빠를 통해서 했다고 생각은 했지만 실제는 아니에요. 이미 하고 있었던 거예요. (그렇죠.) 네, 이미 하고 있었던 거예요.

상담자 110 그런데 그것하고 아버지하고 사이가 벌어진 거하고 무슨 관계가 있는 건가요?

내담자 110 아빠는 그때 제가 가출하던 그 시점부터 제가, 제가 원하는 거를 찾기 시작하길 했고. 아빠는 그때부터 뭔가, 뭔가 저하고 조금 그랬을 것 같아요. 쭉 얘기를 하다 보니까는 그게 이제 제가 애를 낳고 온 사건에서 이제 극대화된 거가 아니었을까.

상담자 111 그 얘기는 아빠가 내가 원하는 방식으로 살기 시작을 하면서 이제 내 맘대로 되지 않는다 이래서 좀 거리감이 생겼다는 건 (네네.) 가요? (네.)

내담자 111 그런 거든 뭐든. 또는 아빠가 생각하기에 그렇게 되면 큰일 날 것 같다든가. 내가 하는 거를 보면은 뭔가 걱정을 했거나 어떤 식으로든.

상담자 112 저렇게 가다가는 (네.) 뭔가 이제 좀 아이가 안 좋아질 텐데 걱정을 하면서 (네.) 자꾸 좀 ○○ 씨 하는 거에 대해서 불만이 쌓이기 (네네.) 시작했다는 (네네네.) 거죠.

내담자 112 네네. 그런 거에 대해서 저는 또 아빠가 하는 말에 화만 본 거예요. 화만 본 거고, 실은 그 안에 아빠의 마음이 있거든요. 그런 것들을 매번 제가 기분이 안 좋을 때 더 놓치는 것 같은. 네. 그런 것들이 분명히 있는데 물론 안 좋은 것도 있어요. (그래요, 그렇죠.) 아빠도 막 성질이 날 때도 있으니까. 그런데.

상담자 113 그렇지만 아빠의 속마음은 사실은 ○○ 씨를 걱정하는 마음이었겠네요.

내담자 113 걱정하고, 큰딸이어서 진짜 예뻐했거든요. 어디 가면 저만 데리고 다니고. 한 아홉 살, 열 살까지도 아빠가 저만 데리고 갔어요, 어디 가면은. 애들이 많으니까 그러기도 했겠지만, 그래서 동생들이 제가 아빠를, 아빠한테 예쁨받는다 이런 것들을 그런 데서 애들은 느꼈던 것 같아요. 네.

상담자 114 그러니까 아버지 기대하기로는 우리 큰딸이 그래도 이제 뭐 사회적으로 그 남들이 부러워할 만한 상대하고 잘 (그렇죠.) 선택해서 갔으면 (네네.) 하는데 그런 거에 대한 어떤 실망감 이런 것 때문에 자꾸 화로 표현하셨을 수도 있었겠네요.

내담자 114 네네. 그리고 아빠한테 잘못했다고 아빠 미안해, 내가 잘못했어 이런 말을 한 번 했었지만 (으흠.) 한 번 더 해 드릴 수도 있을 것 같아요. 제 자식이 저같이 살았다면 쩝, (웃으며.) 그래요. 그런 것들이 다시 한 번 정리가 되네요.

상담자 115 그래요. 상담 통해서 다시 이해되는 부분이 있다면 조금 쉬었다가 (네.) 그 부분에 대해서 얘기를 하도록 하겠습니다.

내담자 115 네.

상담 마무리 단계에서 내담자 스스로 상담 내용을 요약하는 것은 문제

를 명료화하고 통찰한 것을 정리하게 할 수 있다. 즉, 내담자 스스로 자신의 문제에 대해 객관화하게 되면서 사고가 유연해지고 정서적으로 안정감을 되찾은 모습이었다.

2회기에서 상담자는 좋은 치료적 관계를 유지하면서, 인지행동치료 방식으로 내담자를 이해하려고 시도하였다. 또한 사례개념화에서 역기능적 인지체계는 항상 일어나는 것이 아니라, 기분이 다운되거나 강렬하게 분노를 느끼는 등 안 좋은 기분일 때 일어난다. 따라서 1회기 상담에 기초하여 내담자가 기분이 다운되는 상황을 구체적으로 탐색하였다.

상담자 1   이제 2회기를 시작하도록 하겠습니다. 잠깐 좀 쉬시면서 또 생각을 정리했으리라 생각이 들고요. 아까 얘기하면서 조금 미흡했던 것, 그리고 새로 이렇게 이야기를 나눌 주제가 있다면 뭘 나눴으면 합니까?

내담자 1   아까 했던 얘기 중에 아빠 얘기를 하면서 쓰읍~ 이제 좀 조금 이렇게 어… 내가 나 하고 싶은 대로 하고 사는 건데 그걸 이제 아빠가 못하게 한 거에 대해서 이렇게 화났거나 그냥 쓰읍~ 너무 못하게 하니까 힘들고 또 실제로 내가 그걸 하고 싶은 건지 몰랐을 때는 되게 슬펐을 거 같아요. 뭔지 모르지만 답답했으니까 근데, 그런 것들은 괜히 아빠의 어떤 버럭 또는 화 이런 거에 이렇게 모두 전가시킨 듯한 (으흠~.) 그런 느낌이 들어요. 선생님이 아까 이렇게 화를 이렇게 구분한다고 이랬을 때 물론 그 화에 부분도 있지만 실제로 아빠가 잘못한 부분보다 크게 아빠한테 이렇게 뭔가를 싫어하고 이런 건 아니었나 이런 생각이 조금 들었고 그 이유는 이제 마지막에 아빠가 규칙이나 그런 것에 화가 좀 많이 나시는 거구나, (으흠~.) 이런 생각이 들고 나니까는 아빠한테는 또 그럴 수밖에 없을 것 같은 생각도 드는 거예요. 그래서 그런 것들이 이제 연결이 되니까, 아 나는 내 하고 싶은 대로 하고 살면서 괜히 아빠 탓 했나 이런 생각도 들고. 네. 나 하고 싶은 거 실컷 하면서 아빠가 화 좀 날 수 있지, 또 이런 그런 여유가 생겼나 봐요. [내담자 웃음] 상담하고 나니까 (으흠.) 받고 나니까 그런 생각도 잠깐 들고 화장실 갔을 때는 에휴, [내담자 한숨] 아빠한테 한번 전화나 해 봐야겠다. 이런 생각도 들고 사실 전화 안 드리거든요 그런데 쓰읍~ 그래 엄마한테 하듯이 왜 아빠한테 내가 안 할까 실제 아빠는 더 기다릴지도 모르는데 이런 생각도 들고. 또 오히려 내가 땡깡 부리면서 아빠가 그런다 이렇게 생각한 것 같기도 하고. 아빤 나한테 안 해 줘 이런 식으로 저는 나이 들고 힘없고 돈도 못 버시는 아빠한테 [내담자 웃음] 그런 생각도 들고 그랬어요. 좀 그렇게 입장이 살짝 바뀐 것 같았어요.

상담자 2   그래요. ○○ 씨가 쭉 이야기를 하면서 마음이 좀 풀리고 이러면서 이제 마음의 여유가 생기니까 아빠의 입장도 보게 된 것 같아요. 아빠의 입장도 보니까 한편으론 좀 이해가 되는 것도 있었을 것 같구요. 그런데 ○○ 씨가 이제 살펴봐야 할 부분은 내가 어떨 때 기분이 다운됐냐 하는 겁니다. 어떤 상황에서 내 기분이 자꾸 다운이 되는지, 어떨 때 그런 것 같아요? 최근에 그런 경험이 있었나요?

뜨거운 인지를 유발한 최근 사건을 중심으로 사고를 탐색한다. ABC로 이해한다.

내담자 2   최근에 음… 아이하고 제일 많은 것 같아요. 아이하고 있을 때 집 앞 PC방에 가고 그러고 뭔가 이렇게 저도 아이한테 요구를 해요.

PC방 가기 전에 공부부터 하고 가라든지 몇 가지가 있거든요. 근데….

상담자 3 예를 들어서 어떤 것들이 있어요?

내담자 3 학원을 운동을 하겠다 그래서 3개월 치를 끊어 줬는데 거의 일주일에 다섯 번 갈 수 있는데 근데 일주일에 두 번밖에 안 가요. 심지어는 관장하고… 관장이 기분이 나쁘다고 어떤 주에는 가지를 않아요. 아예. 그래서 지금은 웃지만 그때는 이제 부르르 저도 올라오는 거예요. 부르르 올라와서는 돈 그렇게 갖다 버리면은 속이 시원하냐부터 시작해서 너 다시는 내가 학원 끊어 주나 봐라 막 이런 얘기를 하는 거죠. 그러면서 뭔가 아이가 내가 기대한 것에 못 미치면 기분이 훅 내려가는 것 같아요. 특히 이제 공부 관련해서. 아이는 공부를 그렇게 열심히 하지 않는 것 같아요. 저는 되게 좋아했던 것 같은데 얘는 아닌 것 같아요. 그래서 그런 게 안 맞을 때 최근에는 그거하고, 그다음에 그 학교에서 부장님하고가 1년 내도록 힘들었어요.

상담자 4 <u>아까 아이하고 관계에서 학원을 끊었으면 끝까지 다 해야 되는데 그거를 이렇게 두 번만 가고 안 갈 때</u>(A: 선행사건) 그때 어떤 생각이 드셨나요? 그런 아이의 모습을 보면.

내담자 4 게으르고, 낭비하고. (B: 자동적 사고)

상담자 5 음… 낭비하는… 게으르고 낭비하는구나.

내담자 5 네. 뭔가 지켜야 할 걸 지키지 않는 것 같고 그래서 뭔가 성실하지 않은 그런 것 같이 느껴져요. (B: 중간 신념)

상담자 6 성실하지 않구나. 그럴 때 기분은 어떠셔요? 그런 아이의 모습을 보면?

자동적 사고 및 중간 신념을 파악하였다.

내담자 6   내가 잘못 키웠구나. 내가 잘못 키웠나….

상담자 7   성실하지 못하다 그럴 때 기분은 어떠셔요?

내담자는 감정/기분 질문에 생각으로 대답하는 경우가 많았다.

내담자 7   저는 그때도 여기가 아픈 것 같아요. 슬쩍 혹 하고 싸~ 하니 뭐가 오면서….

내담자는 감정을 표현하지 못하고 손으로 가슴을 가리키며 신체로 표현하였다.

상담자 8   음… 어디라는 건가요?

내담자 8   여기 여기 가슴.

상담자 9   가슴이 어떠한지.

내담자 9   네네. 가슴 한가운데가 아리듯이 약간 아.

상담자 10   아파요. 그게 뭔 거 같아요? 지금 한 번 손을 이렇게 얹어서 느껴 보세요. 편안하게 있으면서. 심호흡하면서.

감정은 신체에 남아 있으므로 내담자가 감정을 표현하기 어려울 때 신체를 통해 감정을 탐색할 수 있다.

내담자 10   아이고, 너무 익숙해요. 항상 여기 있었던 것 같기도 하고.

상담자 11   음, 그게 뭐 같아요? 어떤 감정인 것 같아요? 잠시 이야기하지 마시고 온전히 한 번 느껴 보세요.

감정과 접촉하도록 안내하였다.

내담자 11   네… 아이가 그때 했던 상황을 한번 해 봐야 될 것 같아요.

상담자 12   네. 떠올려 보세요. 그 장면을. 아이가 어떤 곳에 있었고. 그때 내 모습이 어떠했는지.

내담자 12   [15초 침묵] 화 같아요. 화나는 데 참는 것 같아요.

상담자 13   화가 많이 나셨구나. 음….

내담자 13   어떻게 그럴 수 있어? 이런 거 같은 거예요.

상담자 14   어떻게 그럴 수 있어. 그리고요?

내담자 14   내가 이렇게 힘들게 없는 돈에 너를 어떻게든 해 보려고 했던 돈인데, 그게 어떤 돈인데 그러는 게 무슨 화 같아요. 애는 이렇게 애는 지 맘대로, 애는 자기 마음대로 자기하고 싶은 대로 하는데 저는 그거를 적어도 이건 지켜라 이런 걸 막 또 그러는… 그게….

상담자 15   그러니까 애가 성실하지 못하고 내가 어떻게 해서 번 돈인데 쟤가 낭비를 하나. 그래서 막 화가 나요. 그럴 때 어떻게 하세요? 말로 아이한테 어떻게?

내담자 15   말로 아이한테 뭐 또 안 가니? 그렇게 해서 말을 하죠. 또 안 가? 어? 학원을 또 안 가는 거야? 그 돈이 어떻게… 그 또 안 가? 이번에는 다른 말을 했었는데… 너 다시는 거기 학원 안 끊어 준다. 운동 다시는. 운동한다고 그러면 죽여 버릴 거야. 막 이런 식으로. 승질 나면 얘기를 막 해요. 그렇게 하고 나면….

상담자 16   그렇게 하고 나면 어떠세요?

내담자 16   안 좋아요. 하고 싶지 않은 말을 한 거예요. 그거는. 실제 제 진심이 아니에요.

상담자 17   으흠… 그리고 나서 후회하시는구나. 자책도 하시고….

내담자 17   그렇게 하고 싶지 않아요. 제가 하고 싶은 말은 이런 말이에요. 어 관장님이 싫으니까 네가 안 가고 싶을 수도 있지. 근데 엄마는 야… 돈을 그렇게 내놓고 안 가니까 좀 그래. 뭐, 요 정도라든가… 뭐 좀 더 나가면 음… 돈 갖다 버리는 것 같아서 아까워. 네가 그러려고 그런 건 아니겠지만, 아깝다 야….

상담자 18 그러니까 아이의 입장을 이해해 주면서 감정을 표현하고 싶은 데 그것보다는 좀 버럭 소리 내서 하는 내 모습이 싫으신 거군요. 그런 내 모습을 보면 어떻게 느껴지세요?… 뭐가 떠오르나요?

내담자 18 우리 아빠랑 똑같아요.

상담자 19 내가 아빠랑 똑같구나.

내담자 19 맞아요. 그게 그렇게 싫은 건데 내가 똑같이 하고 있는 거예요. 그것도 내가 제일 좋아하는 애한테.

상담자 20 그래서 많이 후회되시고 그다음엔 어떻게 하세요? 그 감정들을 어떻게 처리하시나요?

감정에 대한 반응·대처 방식(coping)을 탐색하였다. 전통적인 인지행동치료 는 ABC만 찾는다. 그러나 상담자의 경험으로 볼 때, 감정을 어떻게 처리하느 냐(C´: coping)가 문제를 악화/약화시키므로 이를 탐색하는 것이 매우 중요하 다고 생각한다.

내담자 20 그때는 보통 화나면 저는 제 방에 가서 주저앉고 애는 애대로 혼자 그러고 있고 애가 조금 먼저 와서 얘기할 때도 있고, 또 조금 지 나서는 다른 일이 생겨서 애한테 불러서 얘기한다거나 하면서 뭔가 제가 마음속에 딱 남아 있을 때는 꼭 풀어요. 아이한테 네 엄마가 또 병이 도졌다. 미안하다… 그러면서 이제 아까 얘기한 듯이 그런 얘 기를 하긴 하는데….

상담자 21 으흠, 그 순간은 못 참지만, 또 시간이 지나서 마음이 가라앉고 나서는 다시 또 차분하게 (네네네.) 얘기하실 수 있군요. (네네.) 상

담의 힘이. [상담자, 내담자 웃음]

내담자 21 또 그럴 거면서 뭘 왜 그래. 애는 근데 그 표정이 예전 어릴 때
는 막 그랬거든요. 맨날 그러면서! 그러면서 같이 그랬는데 지금은
이제 와서 막 이렇게 만지면서 막 이런 데를 막 긁으면서 또 그럴 거
면서 뭘 그래. (으흠.) 막 [내담자 웃음] 어떻게 이러면서 그니까 애
한테 오히려 제가 그렇게 (음.) 애기처럼 그러기도 하더라고요. 아이
가 이제 이성이 생기니까 어떤 면에서는 되게 좀 편해진 것 같아요.
그 상담의 힘이 되게 큰 작용을 한 것 같아요. (으흠.) 아이도 쓰읍~
자기 얘기도 그렇게 하고 저한테 이렇게 막 이렇게 막 그러다가도
안정이 되면 이렇게 얘기를 해 주고.

상담자 22 전에는 그렇게 화를 내고 그것으로 끝냈었는데 이제는 화를 내
고 나서 내 행동을 좀 되돌아보시는군요

내담자 22 네. 그니까 2007년에 부모교육을 받은 거예요 (아, 그러시구
나.) 그래서 상담 길을 가게 된 거예요. 부모교육 집단상담을 12주를
받았는데 (네.) 사장님은 꼭 근무 시간에 그런데 간다고 뭐라 했는데
저는 이거 안 하면은 회사 그만둔다고 [내담자 웃음] 그러고 이제 갔
어요. 가서 애한테 성질을 냈는데 왜 성질을 냈는지 모르는 거예요.
2주간 과제를 못해 갔어요. 엄청 창피했어요. 그 못해 간 과제를 드
러내는 것도 정말 저한텐 도전이었어요. 가짜 과제라도 할까 이럴
정도였어요. 근데 실제로 2주를 그 선생님이 환갑이셨는데 그때 괜
찮다고, 어렵다고 과제 어려우니까 괜찮다고. (으흠.) 그때도 눈물
났어요. 그때 괜찮다는 말을 태어나서 처음 들은 것 같아요. 괜찮단
말에 그렇게 눈물이 쏟아질지 몰랐어요. 집에 와서도 울고 며칠을

울었던 것 같아요. 괜찮다.

상담자 23 인정을 받은.

내담자 23 네네!! 그러고 그때 그러고 나니까, 아, 내가 뭔지도 모를 이유 때문에 애를 이러는구나 하고 나서 그다음부터는 화를 어떻게든 해 보려고 꽤 노력을 했던 것 같아요.

상담자 24 아까 또 다른 상황을 얘기하려고 했는데 그거는 어떤 상황이었 나요?

핵심 신념은 여러 상황에 걸쳐서 동일하게 나타나므로 뜨거운 인지가 드러나는 다른 상황을 파악하였다. 이를 토대로 인지의 강직성, 일반화 정도를 파악할 수 있다.

내담자 24 [내담자 한숨] 그거는 이제 회사에 이건 좀 딴 얘기예요. 그래 서 이거는 조금, 음, 연결이 있을 거 같아요. 이분은 어… 이제 제가 저는 학교를 처음 가서 학교 상황을 잘 모르는 거예요. 학교 뭐 이렇 게 입력도 잘 모르고 뭐 결제라인도 잘 모르겠고 직장만 일반 회사 만 다니다가 (으흠.) 근데 제가 딱 갔더니 □□ 부서가 ○□ 부고 부 장은 ** 선생님이 부장님이고 중간에 기획하는 선생님이 한 분 계세 요. 근데 이 부장 선생님이 어… 저하고 되게 비슷하신 거예요. ○○과 나오셔서 ○○교사 하시다가 △△대학원을 가서 진로상담 교사가 됐어요. 근데 얘기를 하면 되게 잘 들어주시고 그래서 저는 정말 무슨 어떤 일이 있을 때, 그 셋 다 □□ 부 처음인 거예요. 이분 도 혼자 있다가 여기 들어왔고 기획 선생님도 □□부서에 있었지만 발만 있었다 뿐인 거지. (으흠.) 이제 정년퇴임 하실 때가 다 돼서 여 기도 그렇게 오신 거고 저도 기관에 알바나 이렇게 자원 상담 하다가 정말 처음 왔는데 그니까 뭘 모르는 거예요. 셋 다 다 그래서 뭘 해서 이렇게 물어보면 그 선생님이 다 아니라고 하고 고치라고 하고 뭐 그 사실 기분 나쁘진 않았거든요. 근데 이분이 이제 표현이, 어 선생님은, ○○ 선생님은 그럼 어떻게 생각해요 이래요. 뭘 이거 왜 이렇게 했어? 아! 이거 왜 이렇게 했어요? 이렇게 물어봐요. 그러면은 저는 그게 이제 내 의견이나 뭘 물어보는 뜻이라 생각하고 이제 아 이거 이래서 이렇게 한 건데. 아니지! 첫 마디가 딱 아니지예요. 이제 그 아니지가 귀에서 맴맴맴 아니지이~ 하면서 이제 막 고쳐요. (음….) 점 띄어쓰기 이것만 그 서류 3장을 들고 20분 넘게 설명을 하더라구요(A). …(중략)… (당시 상황을 장황하게 설명) 상사의 지적하는 행동에 대해 내가 적응을 못하는 건가? 이 사람이 나한테 화를 내는 것이 자신에게 복종하라는 것이구나 생각이 들고(B), 내가 이 사람을 못 받아들이는 게 내가 우리 아빠도 이해를 못 하는데 이 사람도 내가 이해를 못 하는 게 아닐까?

상사의 태도에서 아빠의 모습이 연상되었다. '이것도 모르냐?'고 하는 아빠의 말과 비슷하다(촉발자극: A). 걍 기분이 나빠졌다(C).

상담자 25 그분은 형식. 내용보다는 형식적인 거에 대해서 질책을 하신 거네요? (네네.) 그렇게 내용보다 형식적인 거에 대해서 지적을 하셨고 그거에 대해서 이제 나는 이렇게 이렇게 했습니다, 라고 했는데 아니지 (네네! 아니지~.) 아니지 하면서 가르쳐 줬다는.

내담자 25 [말 끊으며] 네네. 근데 그 폭발한 사건은 조금 거기서 더 들어간 거예요. 학생들을 다른 기관에 연계하는 양식인데 칸이 정말 많아요. 앞뒤로. 근데 거기에 중 1이라서 성적이 안 나올 때였어요. (네네.) 그래서 성적이 없고, 신체 질병 유무가 없었어요. 둘 다 선생님들이 확인해 주지 않으신 거고, 질병 유무는 성적은 안 나오는 거고 이게 비어 있다고. 이 두 칸이 비어 있다고. 이거를 이런 서류는 우리 학교에서는 밖에 내보내지 않는다는 거예요. (음.) 교장 선생님도 이런 거는 사인을 안 해 준대요. 그래서 저는 이제 그때까지는 그런 느낌 없이 이 선생님하고는 조금 뭔가 안 맞기는 하지만 저는 그냥 (음.) 되게 좋고 편하고 이런 걸로 생각하고 있었어요. 아휴, 저만 그랬던 것 같아요. 하여튼 그랬는데 이분이 그렇게 얘기해서 아 선생님 다른 학교에서 온 서류에는 빈 거 되게 많아요. 그리고 실제로 이거 두 개 정도는 괜찮아요, 이랬더니 이분이 이제 확 오른 거예요. 그래서 선생님 학교에서 일을 해 봤어 [상담자 기침] 선생님 물 안 드셔도 될까요? [내담자 웃음] (죄송해요.) 아니에요, 가끔 별안간 저도 그럴 때가 있더라고요. (네.) 아니 저 소리가 별안간 이래 가지고 아니 선생님 저는 물어봐서 대답한 거예요. 이랬더니 [내담자 한숨] 그런 거는 무조건 채워야 하는 거야. 학교 일은 그런 게 아니야! 알았어요… 이러면서 가져갔더니 그래도 뭔가 안 풀리신 거예요. 내 방까지 쫓아와 가지고 선생님이 일을 배우려면 똑바로 배워야지 그렇게 해서 무슨 일을 배우겠냐고 이러면서 저한테 막 그러니까 저는 제가 그동안 눈치가 없었나…. 그런 생각이 순간 확 들면서 우리 아빠랑도 우리 아빠도 저한테 너는 그것도 모르냐. 이런 얘기할 때 그런 느낌인 거예요. 그렇게 뭔가 내가 알았어야 됐던 거를 몰라서… 이렇게 막 뭔가를 당하는 (으흠.) 그런 그런 상황이 비슷해서 하여튼 이분은 1년 내도록 힘들어했어요 하여간.

상담자 26 그니까 그분이 이제 따진 거에 대해서 말하자면 지적을 했는데 ○○ 씨가 다른데도 이렇게 하지 않느냐 (네네.) 그 답변을 한 거 있잖아요. (네네, 다른 데는 더 없이도 많이 해요.) 어, 그니까 생각을, 의견을 얘기한 거 (네네네.) 였는데 그 의견을 얘기한 거를 그분이 못 받아들이신 거네요. 이제 그분이 화를 (네네.) 내게 하고.

내담자 26 제 말투에 뭔가, 화나게 하는 뭐가 다른 학교에선 더 이거 빈 것도 많이 와요. 선생님 제가 다른 기관에.

상담자 27 이제 이렇게 지적받는다고 느낄 때 기분이 어땠어요?

내담자 27 그때 딱 든 생각은 별것도 아닌데, 별것도 아닌데 그거 막 이런 생각도 들고 조금 의아하면서도 하… 뭔가 저도 기분이 되게 나빠졌어. 나빠지면서 화도 나고 하… 내가 정말 하… 하여튼 화가 났던 것 같아요. 화 나 화 나… 여러 가지 생각이었거든요.

상담자 28 음… 어떤 생각? 별것도 아닌데….

내담자 28 네~! 일을 모르면서 제가 이 서류를 하기까지는 굉장히 많은 단계가 있는 거예요. 담임 선생님들한테 서류를 보내서 빈칸 어디어디 채워 달라고 하고 그걸 채워서 오면은 이제 그거를 다 옮겨서 만든 다음에 실제로 그거를 그 애들을 인계받을 ○○교, ○○센터가 방학이 좀 있으면 들어가요. 그러니까 애들이 엄청 많이 온단 말이죠. 근데 여기 있는 애들이 좀 다른 데하고 특이한 게 워낙 있는 집 애들이여 가지고 정~말 가기 싫은 거를 억지로 좀 가는 거거든요. 그래서 이제 저기서 무슨 건수가 있으면은 여기는 안 갈 기회가 많은 분들이에요. (으흠.) 그래서 센터 이제 거기 □□ 님한테 사정을 다 얘기하고 요렇게 세 명, 네 명이 가니까 우리 애들이 이렇게 연락

갔을 때 1, 2주 안에 들어갈 수 있는지 그리고 그게 지금 상황이 어렵다면 아예 그러면은 연계를 가을에 할지. 이런 거를 다 상의하고서 지금 서류를 한 거예요. 근데 이분은 이런 걸 하나도 모르는 거죠. 모르는 상태에서 그 두 칸만 가지고 이러니까 제가 [내담자 한숨] 분이 (음….) 그러니까 그런 생각들을 막 하면서 이걸 다 설명하기도 저 사람은 이미 내 말을 들을 준비, 생각이 없는 사람인 거예요. 그냥 이 두 칸만 채우면 되는 거예요. 그런 거에 딱 부딪힐 때 내가 진짜….

상담자 29 내가 그동안 그 많은 노력을 했던 게 충분히 인정되지 않아서 억울한 마음이 드신 거네요.

생각에 대한 의미 탐색: 노력한 것에 대해 인정받고 싶었으나 그러지 못해 억울해하는 감정을 반영하였다.

내담자 29 진짜… 또 거긴 가 봐요. 또 거긴 가 봐요.

상담자 30 내 나름대로는 열심히 준비한 거잖아요. 선생님들한테 연락하고 또 센터하고도 연락을 해서 나름 최선을 다해서 준비를 했는데 뭔가 윗사람한테 지적을 받을 때 뭔가 인정받지 못한 것 같으니까 억울하고, 그래서 이제 반박을 한 것이 내 의견을 한다고 했는데 내가 화가 났으니까 뭔가 좀 달랐겠죠.

내담자 30 네. 다른 데는 이런 거 없이 많이 와요. 저 센터에서 이런 거 많이 봤어요. 이런 말이 그냥 이 사람은 그냥 완전 폭발한 거예요. 이 말 한마디에 그래서 그때 너무 놀랐어요. 그게 우리 아버지의 어떤 버럭 하고 굉장히 연결이 돼 있는 거예요. 이런 것들이 근데 저한테 그런 사람들은 그렇게 많지는 않거든요.

상담자 31 그러면서 이제 그분을 다음에는 안 보게 되는 건가요?

내담자 31 네~ 그러면 이제 전에 하던 거를 안 하는 거죠. 저도 처음에는 인사를 안 했더니 기획 선생님이… 그러면 안 된다고 해서 선생님 제가 선생님들한테 꼭 인사를 해야 되는 건 아니잖아요. 저도 바쁘면 일이 바빠서 못할 수도 있어요 하고 제가 그냥 왔어요. [내담자 웃음] 근데 그다음부터 인사를 하게 됐어요 (아~.) [내담자 웃음] 안 하진 못하겠더라고요. 저도 그날 화가 나서 (어떻게 그래요.) 다음날만 안 하지 [내담자 웃음] (네~ 오래 가진 않았군요.) [상담자, 내담자 웃음] 그런데 (네~.) 그전처럼 제가 마음이 가고 친한 건 아니었던 거예요. (으흠.) 근데 이 선생님이 이제 몇 차례 더 시도를 했어요. 부장 선생님이 저한테. 왜냐하면 이분도 이제 제가 뭐랄까 저는 진짜 있는 그대로예요. 솔직히 잘 속여지지가 않아요. (네~.) 그런 게 또 어떤 면에서는 단점인 것 같아요. 싫은 게 이제 표정이나 이런데서 많이 드러날 테니까, 어 그런데 이분은 그런 거를 잘 아는 것 같아요. 그래서 다시 저한테 많은 것을 시도하셨어요. 매~일 뭐 먹을 걸 갖다 주고.

상담자 32 어~ 그분이 윗분인데 (네~네.) 화해를 시도하셨군요.

내담자 32 [내담자 웃음] 근데 안 되는 거예요. 안 되더라고요. 그래서 그 그것도 아빠랑 비슷한 거예요. (으흠.) 우리 아버지는 이제 제가 그때 그 언젠가 추석 때 아빠가 저한테 승질 내고 울고 이제 안 보자고 하고서는 그다음에 어떤 어떻게 풀어졌냐면 정말 한 3, 4개월을 정말 아빠에 대한 그거를 만나는 사람마다 얘기를 하고 다녔어요. 9월을 그러고서는 근데 1월에 그 사촌 애가 애 돌잔치를 하는 거예요. 사촌 애들이 많아서 그때 돌잔치가 되게 많았어요. 몇 년 사이에 [내담자 웃음](으흠.) 심지어 거기 쌍둥이까지 있어서 쌍둥이 중 하나가 결혼하고 이래 가지고, 근데 [내담자 한숨] 참 애 앞에서는 제가 계속 지는 것 같아요. 우리 애한테 보일 일이 아닌 거예요. 이런 날도 같이 앉고 연락까지 왔는데 안 가고 아빠랑 [내담자 한숨] 아빠를 어쨌건 봐야지 그때는 정말 정말 보고 싶지 않았어요. 그런데 애를 위해서 가자 하고서는 [내담자 한숨] 되게 무겁게 정말 천근만근의 발걸음을 여의도까지 떼면서 갔어요. (으흠.) 연회장에 들어가서 이제 △△아 가서 할아버지께 인사드려 이러고 이제 보내고, 그러고 이제 제가 살 슬슬 눈치를 보는 거죠. 사실은 그때 되게 어린애가 된 것 같은 느낌이 들어요. 초라해지고 또 이렇게 이제 내가 잘못한 것도 아닌데 막 [내담자 한숨] 하여튼 그러면서 이제 들어가는데 이제 우리 애가 할아버지 저 왔어요 하면서 이제 가니까 아빠가 여기에다가 우리 애를 탁 앉히는 거예요 [내담자 한숨] 한 번 쓰다듬고 껴안고 원래 그런 거 잘 안 하시거든요. (으흠.) 예~ 명절 때 가도 잘 안 하세요. 웅 왔어~ 이런 거를 그러시더니 저를 보더니 입이 막 여기에 걸린 거예요. [내담자 한숨] 되게 묘했어요. 그냥.

상담자 33 아버지의 그런 모습을 보니까 (네.) 어떤 마음이 들었어요?

내담자 33 왜 저래요, 뭐야 저거, 왜 그러지 그니까 (나한테 화내고 안 본다며.) 네네~ 되게 이상했어요. 근데 사실 금방 좋아졌어요. 저도 금방 좋아지고 이런 건데 가족이 이런 건데 그냥 성질 좀 낼 수 있지. (으흠.) 그걸 나는 4개월을 끌고 온 거 같아요. 난 4개월 동안 9월에 살아온 거잖아요. 9월만 계속 매일 9월만. [내담자 한숨]

상담자 34 그런 얘기하시면서 지금 마음이 어떠세요?

내담자 34   아, [내담자 한숨] 좀 답답해요.

상담자 35   한 번 화가 나면은 그걸 풀기가 좀 어려우신 거죠?

내담자 35   답답해요. 왜 그거를 그렇게 그 아빠가 탁 웃는데 [내담자 한숨] 막 하여튼 여러 감정이었어요. 그때는 끝내는 좋은 거예요. 그냥 좋은 거예요. (으음~.) 근데 [내담자 한숨] 하.

상담자 36   화도 나고 사랑도 있고 섭섭함도 있고⋯ 그런가요?

내담자 36   그게 이 선생님하고 또 같이 비슷하게 되니까는⋯ 여기서 내 건 뭘까 이 중에서 내가 만든 것도 있을까.

상담자 37   아버지하고 그분하고 조금 다른 점은 있는 것 같아요. 다른 점이라는 게 직장에서 그분하고는 연배, 선배라고 해야 되나요. 선임자와의 관계에서 내가 충분히 인정받지 못해서 이렇게 화가 나는 거는 그다음 날로 풀렸잖아요. 근데 아버지하고 관계에서 인정받지 못했던 4개월간이었어요. (네네~.) 어떤 차이가 있는 것 같아요?

내담자 37   [내담자 한숨] 하~ 아버지한테는 사실 그 사건 말고 다른 화가 더 많이 막 뭔가가 있는 거를 한꺼번에 아빠한테 막 한 거 같아요. 아빠의 그거에 한 거 같아요. 그니까 아빠가 그렇게 하는 거는 되게 저한테 커요. (으흠~.) 네. 저를 저한테 이렇게 하는 거는 되게 의미가 있고 뭔가 저한테 되게 제 제 자신에 대한 어떤 거를 인정 안 하는 그런 것 같기도 하고. 굉장히 큰 느낌이에요 그거는.

상담자 38   음, 그 차인 거 같으네요. (네.) 아버지가 화를 낼 때는 내 존재를 인정하지 않는 것 같고. (네.) 그리고 아까.

내담자 38   다른 뭔가 크고.

상담자 39   그런 느낌이 들어요? (네.) 직장에서 그분은 나에게 그 정도의 의미 있는 사람이 아니기 때문에 (그렇죠~ 네.) 다음날 사라질 수 있는데 (네!) 아버지한테 아버지가 화를 낸다는 건 나에게 많은 의미가 있는 거네요. 그 의미들을 한번 들여다볼 필요는 있을 것 같은데요. 아버지란 존재가 나한테 어떤 의미인지.

내담자 39 [내담자 한숨] [8초 침묵]

상담자 40 아버지하면 떠오른 생각이 뭐가 있어요?

내담자 40 [12초 침묵] [내담자 한숨] 그거 잘 모르겠어요. 네⋯ 아버지가 그날 그때 그니까 애 잘 키웠더라 이 말을 딱 했을 때 진짜 많이 울었거든요. 집에 가서 뭔가를 처음으로 인정해 주셨던 것 같아요 그 말이 그 전까지 그런 얘기를 하신 적이 없었거든요. ⋯ 어떤.

인지행동치료에서는 내담자의 부적응적인 인지체계가 항상 일어나는 것이 아니라 기분이 다운되거나 강렬하게 화가 나는 등 안 좋은 기분일 때 빠르게 자동적으로 작동하여 역기능적인 감정·행동·반응을 초래하는 것으로 본다. 기분 변화에 따른 상황(아들, 직장상사)에서 당시 상황 자체보다는 아버지의 모습이 오버랩되어 감정의 동요가 크게 일어난다. 인지행동치료로 이해하면서 아버지와 관련한 핵심 신념, 그와 관련한 미해결 감정을 먼저 다뤄 줄 필요가 있다.

상담자 41 아이 낳고 나서?

내담자 41 네~. 아이 낳기 전에도 마찬가지예요. 그냥 뭐 그럴 수도 있지, 요런 말이 하나가 있었어요. 한 번.

상담자 42 그니까 그동안 아이 낳기 전부터 그 사람과의 관계를 쭈욱 인정해 주시지 않았다는 얘기지요.

내담자 42 그 사람과의 관계에 대해서 별로 얘기를 안 하셨고⋯ 그리고 처음에 딱 낳았을 때는 그냥 어 뭐 크게 언급도 안 하시고 제가 잘못했다고 하면은 뭐 알았다. 그냥 이러고 넘어가고 이제 그 얘기를 하고 싶지 않아 하셨어요.

상담자 43 계속 인정받지 못한다라는 느낌이 있으셨겠네요.

내담자 43 맞아요. (으흠.) 그 얘기를 제가 저는 이제 아빠한테 얘기하고 잘못했다 이런 얘기를 굉장히 기분 좋을 때 눈치 봐 가면서 어렵게 해야 되는 건, 거에 쉽게가 아니라 왜냐면 그 얘기를 할려면은 이제 아빠가 별로 좋아하지 않는 것처럼 이렇게 알았다 됐다. 요런 식으로 또 아니면 아무 말 안 하고 그냥 간다든가 (회피하셨구나.) 네네, 그러니까 더 이제 저는 저대로 표현을 못하고… 그런데 아이 잘 키웠더라 이 말을 딱 하는데 그 전에 뭐 미혼모들이 아들이, 미혼모가 키운 아들들이 죽이고 뭐 이제 이런 얘기를 막 했을 때는 화도 나고 저만 얘기를 왜 나한테 하나 이랬는데. (으흠.) 그때 그렇게 얘기하시길래 그때 막 제가 그렇게 울었던 게 이제 그게 인정이구나, 아빠가 나한테 잘했다 칭찬해 주고 나를 인정해 주고 그렇게 느껴진 거죠. **내가 아빠의 인정은 저한테 제일 귀한 건가 봐요.** (그렇죠.) [내담자 웃음] 네, 그런 의민가 봐요.

상담자 44 때때로 이제 어린아이의 그 마음이 아직 내 안에 있으니까, 아버지가 인정하지 않을 때 ○○ 씨가 많이 화가 나고 [내담자 눈물] 섭섭하고 그 안에는 또 다른 감정이 있을 거 같아요. 어떤 감정인가요?

내담자 44 아빠가 날 이해해 줬으면 좋겠어요. 아빠가 날 이해해 줬으면 좋겠어요. (으흠. 이해해 줬으면 좋겠고.) 네. 내가 물론 내가 원하는 대로 한 거긴 하지만 내 환경, 아빠라는 환경 아빠도 어쩔 수 없이 그렇게 살았겠지만 엄마라는 환경을 벗어나질 못한 거예요. [내담자 눈물] 그 환경에서 한다고 했는데. [내담자 한숨] 그리고 제가 그런 선택을 할 때 우리 애처럼 저한테 이렇게 다 말할 수 있는 분위기였다면 제가 삐딱 선을 탔더라도 길게 가지 않았을 수 있을 것 같아요. (으음~.) 네. 그런 게 우리 애한테는 제가 큰 믿음이 되거든요. 제가 두려웠던 게 그거예요. 우리 애가 나처럼 살면 어떡하지 그런 생각이었는데 적어도 얘는 나처럼 길게 가지는 않겠구나.

상담자 45 ○○ 님이 아버님한테 얘기를 못하고 지낸 게 얼마나 됐었죠? 그 당시에.

아버지와 관련된 문제에서 자녀 이야기로 이동하게 되면 주제 혹은 경험 회피가 될 수 있으므로 다시 아버지에게로 이야기 초점을 맞추었다.

내담자 45 꽤 됐죠. 애 아빠 얘기는 거의 처음부터 아무것도 할 수 없었고. [내담자 훌쩍임] 그리고 제 이렇게 얘기를 들으시는 분은 아니에요. 네. 아빠 얘기를 제가 많이 듣는 편이었고 그래서 그래도 아빠랑 같이 아빠 얘기하는 걸 듣다 보면 제 얘기를 조금씩은 할 수 있고 하니까 그런데 그게 제가 좀 더 용기를 냈을 수도 있었어요. 네. 그거를 우리 아버지는 저는 어릴 때 저로만 계속 있었던 것 같아요. 사실 저는 컸고 어른이고 이제는 얘기해도 되는데 그 변화를 잘못 따라갔던 것 같아요.

상담자 46 두려웠겠죠. (네네네.) 그 아무래도 사회적인 시선도 있고 또 부모로부터 인정받지 못한다고 하는 것은 상당하게 힘든. (네.) 충격이고 두려움이었을 것 같아요. 그래서 말할 용기도 없었겠고 아버지가 화를 내면 그걸 감당할 자신도 없었겠죠. (네, 자신 없어요.) 그 당시에 이제 그게 아마 최선이었겠지만 이제는 상담 공부도 하시고 또 아이하고도 좀 터놓고 얘기할 수 있고 그러니까 지금은 이제 내 이야기를 아버지한테 조금 조금씩 하실 수 있는 상태가 된 거죠. 그리고 아버님도 그동안 이렇게 사는 모습을 보니까, 음, 아버님 기대하고는 다르지만 이제 큰딸의 삶을 인정하시기 시작한 부분이고요.

내담자 46 네, 네, 항상은 아니더라도 저한테는 의미가 있어요. 그렇게 한두 번 해 주신 말씀이 (그렇죠.) 네네, 그리고 실은 제가 상담하면서 내담자들한테는 좋은 면을 더 많이 보게 하면서 제가 우리 아버지한테만큼은 그게 잘 안 됐거든요. 네. 계속 그쪽에서 그게 정말 편하려고 괜히 아빠를 그렇게 하나라는 생각도 들고. 네. 제가 컸다는 거 이제 어른이고 컸고 사실 그렇게 두렵진 않거든요. 지금은 어릴 땐 많이 무섭고 (아버지에 대해서) 네네. 근데 지금 아닌데 그게 아닌데 자꾸 잊어버리는 것 같아요. (으흠.) 자꾸 잊어버리고 그 두려움을 만나면 그냥 뭔가 이렇게 훅 가는 거 같아요. 뭔가….

상담자 47 그 상태는 자꾸 어릴 때 (네네.)로 확 가 버리는 거겠죠. 쉽게.

내담자 47 네네. 그런 거 같아요. 그러니까 자꾸 아빠도 이유가 있겠지 하는. 남한테는 다 되는 그게 아빠한테만큼은 그게 잘 안 되는 것 같아요.

현재 아버지와의 관계에서 내연관계에 대해 인정받지 못하고 화를 낼 때 '인정, 기대에 부응해야 한다.'는 핵심 신념·중간 신념이 활성화되면서 과거의 감정이 일어나게 되면 객관적으로 보기 힘들다는 것을 통찰하게 했다.

상담자 48 그때 그것을 알아차리는 게 중요한 것 같아요. 아버지가 화를 낼 때 내가 또 어린 시절에 조그마했던 그 아버지가 화를 낼 때 감당하지 못했던 그 아이 모습으로 가는구나, 라는 걸 알아차리고 조금 물러서서 제3자의 입장으로 이렇게 그 상황을 받아들이면, 그니까 보도록 노력을 하면, 조금 다른 시각으로 볼 수 있을 것 같아요. 근데 이제 우리 감정이라는 게 워낙 습관적으로 되잖아요. 그래서 섬세하게 내 안에 있는 그 반응들을 알아차리는 것부터 시작이 되는 것 같아요. 그래야지 내 생각을 검토할 수 있는 거죠.

제3자의 입장으로 바라보기: 타인의 관점을 취함으로써 내담자가 유연한 사고를 가지게 하고, 대안적 행동을 가능하게 한다.

내담자 48 **두려움. 두려운 것 같아요. 내담자는 비로소 깊이 있는 감정을 표현하게 되었다.** 용기를 내지 못했던 그런 것들은 두려움이었던 것 같아요. 그리고 그 두려움의 실체는 사실 잘 모르면서 그냥 되게 무서워했던 것 같아요. 근데 실제 아버지는 저한테 손도 안 댔었거든요. 동생도 때리고 엄마도 때리고 이랬지만 저한테는 한 번도 그러신 적이 없어요.

상담자 49 그렇지만 간접적으로 보고 들은 것이 내 안에 나도 모르게 녹아 있었겠죠.

내담자 49 [내담자 훌쩍임] 엄마 편에서 같이 싸워 본 적도 있었는데, 오히려 제가 더 많이 다치기만 했었어요. 그때 그래서 한 번 그니까 그렇게 뭐든 한 번씩은 해 봤지만 뭔가 이렇게 안 돼. 아니구나. 아니구나만 했던 것 같아요.

상담자 50 시도는 했지만 달라지지 않았기 때문에 이제 그런 방법들을 포기를 했고….

내담자 50 네네. 그리고 그냥 무서워했던 거 같아요.

상담자 51 지금 기분이 어떠신가요?

내담자 51 조금 아쉬워요… 아쉽고.

상담자 52 어떤 부분이 아쉬운 거 같아요?

내담자 52 아빠는 저한테 많이 신호를 보냈어요. 내가 약하다. 힘들다. 이런 신호를 보낸 건데 저는 계속 예전의 어린애 눈으로만 봤던 거 같아 그런 마음으로만 읽혀졌던 것 같아요. 그런 표현들이 그리고 어느 한편 이렇게 하나만 봐도 되게 여러 개가 느껴지는…. 다른 관계하고는 달리 아빠한테는 그냥 뭐가 이렇게, 이렇게 반쯤은 어는 그게 된 것 같아요. 뭐가 잘 이렇게 안 되는 내가 나로서 작동이 안 되고 뭔가 어디가 이렇게, 이렇게 막힌 듯이 어정쩡하게 아빠랑은 항상 이렇게 반쯤 얼어 있는 이렇게 지내 온 것 같아요.

상담자 53 충분히 그럴 수 있을 것 같아요. 어린 시절에 그런 폭력을 목격했던 기억이 강하게 남는다면 내 몸이 먼저 반응을 할 수 있으니까요. 그럴 때 내 몸을 진정시킬 수 있는 방법이 뭐가 있을까요?

내담자 53 [5초 침묵] 음, 호흡은.

상담자 54 만약에 ○○ 씨하고 친한 분이, 아니면 상담하는 내담자가 지금 폭력을 썼던 아버지 앞에서 비록 자기가 직접 경험하지는 않았지만 어린 시절에 간접적으로 경험했던 그 공포 때문에 아버지한테 뭔가 반응하지 못하고 얼어 있는 그런 내담자가 있다면 내가 그 내담자한테 혹은 내담자라기보다는 친구가 있다면 그 친구한테 다가가서 어떻게 해 주면 그 얼어 있는 상황을 녹여 줄 수 있을까요?

심상재구성 기법을 사용하였다. 인지행동치료의 스키마치료에서는 내담자가 어린 시절의 상황을 떠올리고 지금의 성인이 된(Adult mode) 내가 어린 시절의 나(Child mode)에게 해 줄 수 있는 말을 할 수 있도록 돕는 과정이 포함되어 있다. 여기에서는 실제 직업이 상담자인 내담자에게 자기돌봄이 가능하도록 하기 위해 이 기법을 사용하였다. 특히 상담자는 '내담자' 혹은 '친구'에게 해 줄 수 있는 말을 생각해 볼 수 있도록 안내하였다. 왜냐하면 내담자는 오랜 시간 동안 공포/두려움을 자기 자신을 비난하는 방식으로 처리해 왔기 때문에(자기 비난은 어린 시절 학대/폭력의 공포로부터 자신을 보호하기 위한 안전행동이다, Gilbert & Procter, 2006), 바로 자기 자신에게 돌보는 말이나 행동을 하기는 어렵다. 그러나 내담자는 상담자로서 힘이 있으므로 이를 상기시켜 주어 상담자로서 또는 친구로서 공포에 떠는 자신을 돌보도록 진행하였다.

내담자 54 지금, 지금의 내가 아직도 무섭긴 하지만, 그래도 나는 이제 그때의 어린 내가 아니니까 지금의 내가 힘이 되어줄 수 있을 것 같아요. 애한테 위로해 주고.

상담자 55 뭐라고 위로해 주면 그 애가 두려운 상황에서 경직한 몸이 좀 풀릴까요?

내담자 55 무섭지… 무섭지… 그래도 괜찮아. 괜찮아. 괜찮아. 아빠는 지금 뭐가 안 좋으셔서 그래. 조금 지나면 나아질 거야 괜찮아.

상담자 56 네 잘못이 아니야.

내담자 56 너 때문에 그런 거 아니야.

상담자 57 너 때문에 그런 게 아니야. [내담자 눈물] 그걸 자신한테 얘기해 줄 수 있겠어요? 다시 한 번 해 보세요. 지금 친구가 아닌 ○○ 씨 어렸을 때 내가 앞에 있어요. 아빠 때문에 너무나 공포스러워 하고 두려워서 몸이 얼었어요. 이제 어떻게 해 주시겠어요?

초기기억의 재구성: 어린 내담자가 대처할 수 없었던 과거의 상황에서 현재 성인이 된 내담자가 과거의 무력한 자신을 보호하고 위로할 수 있는 과정을 포함한다. Adult mode의 내가 Child mode의 나에게 말하기이다.

내담자 57 [내담자 심호흡] ○○아 무섭지. 너무 오랫동안 널 혼자 둔 것 같아. 이렇게 어는 걸 내가 몰랐어. [내담자 흐느낌] 미안해. 그리고 괜찮아. 지금 이렇게 만났잖아. 잊지 않고 기억할게. 니가 이렇게 무서웠다는 걸. [1분 이상 내담자 울음] 어… 내가 이렇게 무서웠는지 몰랐어요. [1분 정도 다시 울음] 선생님. 고맙습니다. 내 감정을 이렇게 진실되게 만날 때는 정말 예상치 못해요. 항상.

상담자 58 [침묵] 지금 몸은 어떤 것 같아요?

내담자 58 어… 안 아파요. 신기해요. [내담자 호흡]

상담자 59 그런 기억들이 한 번씩 떠오를 때 가슴이 답답하고 아파올 수 있을 것 같아요. 그래서 그럴 때마다 이제 어릴 때 기억이 나도 모르게 현재의 상황과는 다른데도 불구하고 자꾸 매치가 되는 거잖아요. 그랬을 때 자꾸 자기를 돌봐 주는 연습이 필요한 것 같아요.

내담자 59 네. 선생님. 남한테는 계속 그렇게 하라고 그러고 저한테는 못하고 있었어요. 이렇게 무서운 내가 있는지 오늘 분명히 알았어요.

상담자 60 그래서 나한테 그럴 때 어떻게 해 줄 수 있는지 그 리스트를 좀 작성하는 게 필요할 것 같아요. 지금 한번 찾아볼까요?

내담자 60 네네.

상담자 61 자, 이거는 이제 아까 상담 요약지로 이렇게 쓴 거였는데요. 한 번 여기다 써 보세요. 아니, 지금 다른 데다 드릴게요(빈 A4 용지). 자, 우선은 상황적인 거를 먼저 인식을 해야 될 것 같은데요. 어떤 상황에서 내가 그렇게 화가 나는지, 우리가 상황을 A라고 하면 어떤 상황에서 그런지.

이 상담은 원래 사례개념화를 위한 것이어서 '자동적 사고 기록지'를 준비하지 않았고, 상담 요약지만 준비된 상태였다. 그러나 내담자에게 상담 개입이 이루어진 만큼 역기능적 인지체계가 활성화되는 상황을 인식시켜 주기 위해 A4 용지에 ABC 작업을 진행하였다. 인지행동치료의 궁극적인 목표는 자가 치료사(self therapist)가 되는 것이므로 심리교육이 중요하기 때문이다.

내담자 61 뭔가 내가 한 거를 고치라고 하거나 잘못됐다고 할 때인 것 같아요. 네. 잘못됐다고 할 때 제가 한 일에 대해서 잘못됐다고 할 때 제가 한 일에 대해서 잘못됐다고 할 때.

상담자 62 △△와 관계에서? 그럴 때 드는 생각을요. 여기다 쓸까요. 어떤 생각이 들어요?

내담자 62 전 그 **께는 뭐 그까짓 거 가지고. 음, 저는 되게 사소하게 여겼던 것 같아요. 그러니까 그 사람의 화를 더 돋웠던 것 같아요. 왜냐면 그분은 그게 중요하다고 생각하는 건데, 근데 저는 그거를 사소하게 보니까.

상담자 63 네. 아버지하고 관련해서는 어떤가요? 그니까 어떤 때 이렇게 내가 화가 나는지, 기분이 다운되는지.

현재는 **와의 관계가 중요하게 인식되지 않아 아버지와의 관계로 넘어

갔다.

내담자 63 내가 뭐 잘못됐다고. 저한테 이제 네가 인간이냐고 인정하지 않을 때.

상담자 64 그럴 때 이제 드는 생각은?

내담자 64 [내담자 한숨] 정말 제가 뭔가 못난 사람 같아 뭐가 잘못되거나 진짜 그런 사람 같아요.

상담자 65 내가 잘못되거나 그런 생각도 들고.

내담자 65 내가 못났나, 이상한가.

상담자 66 아까는 이제 얘기하시기를 내가 열심히 준비했는데 나를 인정해 주지 않는구나.

내담자 66 알아주지 않는구나. 이런 생각이 드는 것 같아요.

상담자 67 그럴 때 어떤 결과가 일어나요? 감정적으로는?

내담자 67 화가 나고….

상담자 68 감정적으로는 화가 나고 이제 신체 반응이랄까. [내담자가 가슴을 손으로 가리킴] 지금 여기 가슴이.

내담자 68 네. 가슴이 아프고, 네 가슴 여기가 싸하듯이.

상담자 69 네. 아프고. 그때 이제 행동적으로는 어떻게 해요?

내담자 69 [내담자 한숨] 화도 내지만 사실 좀 얼어요.

상담자 70 얼기도 하고. (네.) 얼기도 하고 한편으로는 이제 조금 이제 아까 반응을 한 것을 보면 조금 반박을.

내담자 70 네, 반박을 하죠. 화를 내죠, 같이.

상담자 71 반박하면서 화를 내거나 (네네.) 아니면 이제 때로는 의견을 얘기하는 거죠. (네.) 그래서 이렇게 반박하고 화를 내는 건 오래 안 가는 것 같으네요. (네네.) 그쵸, 근데 이렇게 얼고 이런 이럴 때는 (네네.) 이제 그게 아버지와의 관계에서 특히 그런 거죠. (그쵸.) 그거를 한번 써 볼까요? 아버지와의 관계에서, 아니, 거기 A로 쓰세요. 아버지와의 관계에서 어떤 때에 내가 화가 나는지 알기 어려우면 C부터 먼저 써 보세요. (네네.) 어떤 때 가슴이 싸하고 화가 나는지.

내담자 71 예상치 못했을 때 소리를 지르거나 이럴 때.

상담자 72 소리를 예상치 못할 때 소리를 지르는. (네네.) 음, 그때 화가 나죠. 음.

내담자 72 네. 이거예요. 이거 예상치 못한 그니까 누가 보기에도 화날 만한 상황이면 준비를 하는데…. 정말 뜬금없이 별안간 그럴 때 이 선생님도 약간 그런 거였거든요. 저는 그 말이 그렇고 그런 말이라고는 생각을 못했는데. (갑자기요?) 네네.

상담자 73 이때도 비슷하게 예상치 못한.

내담자 73 네네, 이건 거 같아요.

상담자 74 그럴 때 이제 감정을 먼저 쓰세요. 화나는 (네, 화나고.) 조금은 두려움인 거 같아요.

내담자 74 네네네. 그리고 사실 처음에는 뭐지 하는 어는 느낌이었거든요. (음.) 근데 그게 이거인지는. (음.) 몰랐던 것 같아요.

상담자 75 어, 뭐지 하다 얼다가 그다음에 이제 화가 나는 거였죠.

내담자 75 네. 그러니까 두려움까지 연결이 안 됐던 것 같아요 .

상담자 76 화 밑에 두려움이 있었던 것 같아요. (네.) 그 두려움이라면 얼고 몸이 (네.) 음, 그때는 이제 행동적으로는 어떡해.

내담자 76 그냥 최근에는 아빠한테 같이 화내고 대들기도 했지만 대부분은 그냥.

상담자 77 반응을 못 하겠죠. 네네. 그럴 것 같아요. 네. 그때 드는 생각은 뭐예요?

내담자 77 뭔가 내가 잘못한 것 같아요.

상담자 78 음, 뭔가 내가 잘못했나.

내담자 78 네. 내가 먼저 잘못했나. 나부터 먼저 물어보게 돼요.

상담자 79 으흠, 내가 먼저 잘못했나. (네네.) 사실은 그게 내 잘못은 아닌데 이렇게 두려움에 얼고 이랬을 때는 그다음에는 이 감정을 어떻게 처리했던 것 같아요? 화는 잘 처리하는데, 이 두려움은.

내담자 79 몰랐던 것 같아요. 이 두려움 자체를 지금 모르고 있었던 것 같아요.

상담자 80 두려움 자체를 이렇게 잘 화로만 내니까 내 안에 두려움, 공포스러움, 이런 것을 인식하기 어려웠을 것 같아요. (네.) 그래서 누군가 이렇게 공포스러워 하거나 힘들어할 때는 어떻게 해 주겠어요?

대안행동 찾기: 내담자가 압도되는 감정을 느끼는 상황에서 할 수 있는 대안적인 행동을 찾는 것을 통해 이후 역기능적 인지체계가 활성화될 때 다르게 반응할 수 있는 힘을 기를 수 있다.

내담자 80 옆에 같이 이렇게 같이 있어 주면서. (음.) 괜찮다고 위로해 주고 싶어요.

상담자 81 네. 그거를 써 주세요. (네.)

내담자 81 [25초 내담자 작성 중]

상담자 82 뭐라고 썼죠?

내담자 82 옆에 있으면서 토닥여 주고 위로해 주고 싶어요.

상담자 83 네. 그리고 또 어떻게 해 주면 그렇게 두려움에 떠는 아이가 미소 지을 수 있을까요? 편안해지고.

내담자 83 꼭 안아 주고 싶어요. (으흠.) 맛있는 것도 사 주고 싶어요.

상담자 84 좋은 곳으로 데려가고.

내담자 84 목욕 같은 것도 좋을 것 같아요.

상담자 85 음, 그래요.

내담자 85 음악도 듣고, 또 친한 친구 향수.

상담자 86 음, 향수를 뿌린다~, 좋은 아이디어네요.

내담자 86 초를 켜는 것도 좋을 것 같아요.

상담자 87 또 어떻게 하면 그 아이가 미소 짓고 따뜻해지고 편안해지고 이럴 것 같아요?

내담자 87 만약 그 순간이라면 꼭 안고 토닥여 주는 게. (가장 큰 힘이.) 네, 제일 좋을 것 같아요. 꼭 안아 주고 토닥여 주고.

상담자 88 그래요. (네.) 그랬을 때 자기 자신에 대해 어떻게 느끼게 될 것 같아요? 내가 안심이 되고, 편안해지면 나 자신에 대해.

작성된 자기돌봄 리스트
- 옆에 있으면서 토닥여 주고, 위로해 주고 싶다. 너 때문이 아니라고 괜찮다고, 조금 지나면 괜찮다고 위로해 주고 싶다.
- 꼭 안아 주고 싶다.
- 맛있는 것을 사 주고, 좋은 곳으로 데려간다.
- 목욕한다.
- 음악을 듣는다.
- 친한 친구를 만난다.
- 향수를 뿌려 본다.
- 향초를 켠다.

내담자 88 되게 좋아질 것 같아요. 내가 좋아지고. 괜찮고.

상담자 89 그래요. 내가 좋고 괜찮을 때는 뭘 합니까? 내가 어떻게 돼요? 사람들이 보면은 어떻게 달라져 있다고 해요?

내담자 89 자신감 있고, 거침이 없는 것 같아요.

상담자 90 거침이 없는 그게 있는 것 같아요. 하려면 열정적으로 하고, 용기도 있죠.

내담자 90 용기 있고 거침없고, 그리고 사람들이 참 좋아져요. [내담자 웃음]

상담자 91 그래요. 생각도 달라지죠. (네네.) 그러니까 내가 두려움에 떠는 나를 잘 보살펴서 편안해지면 나 자신도 좋아지고 사람들도 좋아지면서 생각들도 달라지죠. 세상 살맛도 나고 (네.) 거침없이 뭔가 도전하게 되고 (네.) 그런 ○○ 씨가 그렇게 되는 것 같아요. [내담자 웃음] 그 마음을 잘 간직하는 게 중요할 것 같아요. 그리고 또 내가 어떤 상황에서 많이 이렇게 공포스러워하는지. ○○ 씨는 대부분 화로 나는 것 같아요. (네네.) 화가 나면 작아져서 '어 내가 뭘 잘못했나, 뭔가 지적받아서 나한테 뭔가 문제 있나?' 생각하다가도 다른 한편으로는 어른의 마음이 드니까. '어, 난 잘못한 거 없는데'라고 생각하면 이제 맞서서 싸울 힘이 생기게 되는 것 같아요. 그래서 화를 내고 싸우다가도 화난 감정 아래에 좀 두려움, 공포가 아직 있기 때문에. (네.) 순간 얼어 버리고 그게 이제 화로서. (네.) 화난 행동으로 화난 어투로 나오게 되는 것 같아요. (네.) 이제는 그럼 마음을 알아차리는 순간 상처받은 나 자신을 돌보고 보살필 수 있는 시간을 잠시라도 갖는 게 필요할 것 같아요.

내담자 91 이런 것들이 땡기고 이럴 때가 있었는데 이게 그거하고 연결되는지 몰랐어요. 네. 최근에 그 대학원 들어와서 3년 사이에 거의 15키로가 쪘거든요. (아, 그래요.) 네. 그래서 그냥 내가 돈도 못 벌고 찌질하게 사니까 우울한가 보다 그냥 이렇게만 생각을 했는데 뭔가 이런 순간들이 조금씩 더 무게를 더했던 것 같아요. 제가 살면서 힘들다고 느끼는 거니까 실제로도 힘들었으니까요. (그렇죠.) 네. 근데 그 힘든 건 내가 이미 인식을 하고 있는 건데 거기에 이제 이런 두려움이랄까, 화랄까 이런 것들이 같이 뭔가 이렇게 많이 큰 분위기를, 기분의 분위기를 만들었던 것 같아요.

상담자 92 그렇죠. 현실에 주어져 있는 어떤 여건, 뭐 공부도 해야 되고. (돈도 벌어야 되고.) 또 사회생활도 해야 되고. (네, 애도 키워야 되고.) 아이도 키워야 되고 사실 이게 뭐 녹녹한 환경은 아니지 않습니까. 이제 그런 어떤 현실적으로 힘들어하는 이런 부분이 있지만 그래서 이제 감정이 한 번 일어나면 어린 시절의 그런 감정이랑 연동이 되면서 더 커져서 좀 버거워했던 부분이 있었던 것 같아요.

내담자 92 네네네. 실제로 정말 내가 왜 이걸 이렇게 먹고 있는지 모르겠는 거예요. 배가 고프지도 않아요. 근데 막 먹고 있는 날 발견할 때마다 진짜 황당한데. (으흠.) 그게 멈춰지지 않는 거예요. 그래서 아, 이건 아닌데 하면서.

상담자 93 지금 생각하면 왜 그랬던 것 같아요?

내담자 93 뭔가 뭔가를 피해서 막 도망가거나 또는 뭔가를 뭔가를 이제 하고 싶은 거를 못하든가 아니면 뭔가 지금 얘기로 보면은, 아빠가 그랬던 게 뭔가 내가 원하는 인정을 받지 못하니까. 다른 데서 먹는 걸로 (채우려고.) 네네, 그랬던 것 같아요.

상담자 94 좀 그런 마음을 이해하고 나니까 자신에 대해서 어떻게 느껴지시나요?

내담자 94 어… 그냥 또 뭔가를 할 수 있겠다, 이러고 또 또 좋아져요. 네. 제가. (희망이 생기고.) 네네. 제가 거울 보면서 제가 예쁘다, 좋단 생각을 별로 해 본 적이 없거든요. 근데 재작년인가 한 번 처음 그런 생각이. (예쁘세요~.) 네. 처음 그런 생각을 한 거예요. 항상 근데 그때 최고의 몸무게를 찍었을 때거든요. (음.) [내담자 웃음] 아 이제 뭔가 많은 부분에서 제가 제 자신을 좀 더 좋게 느껴지고 있구나, 좋게 생각하는구나 이런 걸 느꼈는데 이렇게 **이랄까 우리 애랄까 아빠랄까 이런 이런 일들은 다른 애들은 에이 힘들겠다 이렇게 넘어가요. 그냥 뭐 또 승질이 났었나보지, 니네 부장이 그날 뭐 있었나 보지, 남들은 정말 예상치 못한 얘기를 하는 거예요. 저는 그 사건에 정말 집중해서 이러고 있는데.

상담자 95 블랙홀처럼 빠지는데.

내담자 95 얘는 야 **이 ××한테 당했나 보지 이런다든가. 난 왜 그런 생각을 못했을까. 근데 그게 오늘 이렇게 이렇게 이 두려움이라는 이거 하나에 참 이렇게 별안간 연결이 되는 것 같아요. 얼어 있는 저 질문 잘 못하고 이렇게 예상치 못한 상황에 뭔가 빵 터졌을 때. (으흠.) 그런 거요. 그런 거 이제 많이 아, 이해가 좀 되고 그리고 이 어린 내가 되게 슬프고 이렇게 그런 저였던 것 같았는데 그 전에는, 근데 지금은 아 무섭고 주저주저하는 그런 나구나 그런 게 오늘 확실히 보고 나니까 오히려 더 나아진 것 같아요. 네네, 뭔지 알아서 실체를 알

게 된 것 같아요. [내담자 웃음]

상담자 96 밝아 보이세요.

내담자 96 아, 쑥스러워요.

상담자 97 아니, 뭐 워낙 스스로 잘 정리를 하시니까. (네.) 그만큼 탄력성
이 좋으신 거죠. (네.) 그동안 공부도 많이 하셨고. (네.) 이런 일들이
또 살면서 없어지진 않잖아요. (네.) 계속 반복이 되겠지만 전하고
좀 다르게 대응하는 부분이 있지 않을까 싶네요.

내담자 97 네네, 그럴 것 같아요. 그리고 내가 두려워한다는 거를. 그 순간
에 좀 깨달을 수 있으면 좋겠어요.

상담자 98 으흠, 그런 다음에 자기 돌보는 행동을 꼭 해 주셔야 돼요. (네.)
그래야지 생각도 좀 유연해지고. (네.) 나를 돌보고 내가 좀 스스로
에 대해서 만족스러우면 다른 사람이 어떻게 한들 크게 또 영향받지
않을 수가 있거든요. (네.) 근데 자꾸 내가 작아져 있으면 사소한 말
에 더 이렇게 주의가 가고 그러면 거기에 이제 혹 빨려 가지고. (맞
아요.) 옛날 감정까지 같이 딸려 가니까. (네.) 그때는 이제 지금의,
뭔가 편안했을 때 내가 또 용기 있었을 때 그런 내 모습이 어디든지
어디로 사라져요.

내담자 98 맞아요. 정말 터널 시야가 되어 있는 나를 보면서 어쩌지를 못
하는 거죠. (네, 그래요.) 그거 정말 정말 갑갑했거든요. 이거 아닌
거 아는데, 어떻게 나와야 될지 모르겠어서.

상담자 99 우리는 순간순간 그럴 수 있다는 걸 아시면 된 것 같아요. (네
네, 맞아요.) 늘 그렇게 다 유연하게 살 수는 없잖아요. 나한테 취약
한 부분이 있을 수 있으니까. 아, 내가 어떤 자극에 많이 취약하지?

그때 어떤 감정에 막 이끌려 가지? 그래서 내가 어떻게 되지? 이런 것을 내가 이해하는 것만으로도 충분히 그 상황을 잘 대처할 수 있을 것 같아요.

내담자 99 네. 작년에 ** 님은 제 1년의 숙제였거든요. [내담자 웃음] 네. 근데 저는 그냥 아빠랑 비슷하게 뭉뚱그려서 아, 난 또 그건가 봐. 이러면서 혼자서 막 이랬는데 막상 이렇게 딱 구분이 되고 보니까 이제야 이제 그 친구 말처럼. 그래 **이 그날 무슨 일이 있었나 보지. 이제 정말로 이해가 되요. [내담자 웃음] 그런 말이 아무리 얘기를 해도 그게 되지가 않는 거예요. 왜 그 사람이 사실 알 수도 없는 일인데 왜 그랬는지 그때 저는 만나는 사람마다 맨날 그 얘기를 하고 앉아 있는 거예요. [내담자 한숨] 하, 정말 작년에는 그분이 저한테 되게 큰 숙제였어요. 그리고 어느 순간 지나서부터는. 너야 너야 이거 뭔지 좀 알아보자고. 이게 더 상담을 받고 싶다는 생각을 하게 된 계기였던 것 같기도 해요.

상담자 100 그래요. 오늘 이렇게 먼 길을 온 계기기도 하고. [내담자 웃음] 그래요.

내담자 100 너무 좋네요.

상담자 101 네. 오늘 상담 내용을 조금 요약을 해 볼까요? (네.) 그래서 아까 전에 상담했던 내용 중에 기억나는 (네.) 것 중에서 배운 것이나 (네.) 도움된 것. (네.) 어, 그리고 지금 상담한 내용 중에서 알게 된 것을 되새길 수 있도록 여기에다 한번 적어 보시겠어요?

내담자 101 네.

상담자 102 지금 바로 했으니까 이걸 먼저 적고.

내담자 102 [2분 48초 내담자 작성] 네.

내담자가 상담 후에도 상담 내용을 리마인드할 수 있게 상담 요약지에 기록하게 한다.

상담자 103 어떤 건지 말로 해 보시겠어요?

내담자 103 네. 첫 회기에서 기분에 따라 내 생각이 달라지거나 바뀔 수 있다. 그다음에 내 삶은 내가 원하고 바라는 대로 이루어졌고, 앞으로도 그럴 것이다. 이거는 매번 깨달으면서 잘 잊어버리는 것 같아요. 그리고 두려워하는 어린 나를 잘 위로했고, 돌봐 주고 싶다. 막연하고 터널 같은 곳에 갇혀 있을 때 두려워하고 얼어 있는 내 자신을 잊어버리지 않고 싶다. 기억해 내자. 아버지의 인정이 내가 바라던 큰 의미 있는 것이었다는 걸 이번에 알게 된 것 같고. 하지만 아버지는 상황에 따라 그러시지 못할 수도 있고, 그러지 못했을 때 그것이 내 잘못이나 내 탓은 아니다. 네. 이런 것들이요.

상담자 104 그게 좀 정리가 되고 (음, 그게 큰 거예요.) 여기에 이제 두려울 때 나를 돌보는 행동들을 같이 기억해서 같이 실천할 수 있었으면 좋겠어요.

내담자 104 네. 저를 돌보는 건 사실 요즘 시작했거든요. 몸을 너무 돌보지 않아서 이제 많이 망가져서 올 방학에 1년을 학교에서 보내고 나니까, 아, 내 삶이 어떻게 가겠구나 하는 게 이제 예측이 되고 그동안의 불안이 이제 조금 상담에서 막 이제 6년간 무직의 생활에 어떤 그런 게 벗어지고 나니까 좀 이제 어떤 계획도 생기고 좀 여유가 생긴 것 같아요. 그래서 벌써 1월 말부터 운동도 시작하고 (어, 그러시구나.) 식습관도 고치려고 그것도 이런 것도 그분들이 해 준 식단 때문에, 그분들이 해 준 식단 때문에 짐이 많은 거였거든요.

상담자 105 별로 살이 안 쪄 보이는데 그렇게. [상담자, 내담자 웃음]

내담자 105 많이 쪄서 이제 체지방률이 굉장히 중요한데 그게 좀 높더라고요. (아, 그렇구나.) 이제 막 하기 시작한 요 삼 준데, 사실 그게 그 상담이 이제 '아 ** 님이 ** 씨가 됐데요.' 이러면서, 그게 되게 큰 계기 같아요. 사실 그날부터 뭐지 나 어떻게 얘기하지 사실 불안하기도 하고 무슨 말을 하지 막 날 어떻게 보실까 막 이런 생각을 하면서 뭔가 이렇게 탁 쪼여졌던 것 같아요. 막 풀어졌던 게 그러면서 제 몸을 돌보기 시작했는데 막상 정말 결과가 이리로 갈지 몰랐어요. 너무 좋아요. [내담자 웃음]

상담자 106 네. 이걸로 이제 상담을 마무리할게요. (네네.) 그래서 얘기는 들으셨겠지만 ○○ 씨랑 저랑 상담한 내용의 일부분이 공개적으로 발표가 될 수 있거든요. 그 부분에 대해서는 어떻게 생각하세요?

내담자 106 다른 분들도 저랑 뭐 제가 유부남을 좋아했던 건 모르겠지만 (으흠.) 아버지와의 어떤 관계에서 그런 거는 많은 도움이 될 것 같아요. 사실 저도 그런 사례 발표에서 많은 도움을 받았거든요

상담자 107 네네. 그래서 원래 이제 우리가 계속적인 상담을 한다면 제가 ○○ 씨의 현재 어려움하고 옛날의 힘들었던 그런 어떤 과거사하고 관련해서 어떤 생각들 때문에 어떤 믿음 때문에 어떤 가정 때문에 지금 더 힘들어하고, 기분 혹은 상황에 따라서 내 해석이 달라지면서 힘들어하는지 이것을 이렇게 이해하는 틀을 우리가 사례개념화라고 하잖아요. 그것을 같이 공유하는 시간을 가질 수 있을 것 같아요. 그러나 오늘로 상담이 종료가 되기 때문에 그 부분까지는 지금 충분히

나누기는 어려울 것 같고요. (네.) 그것은 3월 발표할 때 아마 같이 공유가 될 수 있을 것 같아요. (네네.) 아시겠지만 그때 발표되는 사례 개념화는 하나의 가설이기 때문에 충분히 지속적인 상담을 통해서 여러 가지 수정될 수 있는 부분은 많이 있을 것 같습니다. 그리고 인지행동치료는 주로 환자군 대상으로 접근하는 방식입니다. ○○ 씨가 특정 장애를 가지고 있는 거는 아니기 때문에 제가 인지행동치료적인 접근을 한다고 했지만 많은 부분이 전형적인 인지행동치료에서의 접근 방식과는 조금 달랐던 부분이 있습니다. (네네.) 그 부분은 학회에서 보시고 이해하시면 (네네.) 될 것 같아요.

내담자 107 네네. 감사합니다.

4. 인지행동치료의 사례개념화

　역기능적 인지체계는 항상 일어나는 것이 아니라, 일상생활에서 내담자의 핵심 신념이 자극될 때 매우 **빠르게** 자동적으로 인지체계가 활성화되면서 강렬한 기분으로 경험된다(〈표 1〉). 일반적으로 역기능적 생각은 빠르게 지나가므로 알아차리기 어렵고(자동적 사고 등), 그 생각과 관련한 강렬한 감정만 흔적으로 남아 있다. 따라서 강렬한 감정을 충분히 듣고 그때 무슨 생각이 일어났는지를 탐색하거나 갈등 상황을 중심으로 ABC를 탐색해 갈 수 있다.

　내담자의 경우, 아버지가 명절에 오지 말라고 화를 낼 때, '나름 애쓰고 사는데 인정하지 않는 것(생각)'에 억울하고 '과거에 사람 같지도 않던 사람(어린 시절 폭력을 행사하던 父)이 나를 혼내?'라는 생각에 반발심이 들어 화를 내고(1차 감정) 관계를 단절한다(행동). 그러나 화를 낸 후에는, 내연관계에 대해 '떳떳하지 못하다'(자동적 사고), '아버지의 기대에 부응하지 못했다'(중간 신념), '자신을 인정하지 않는 것'(핵심 신념)이라는 생각에 몰두하게 된다.

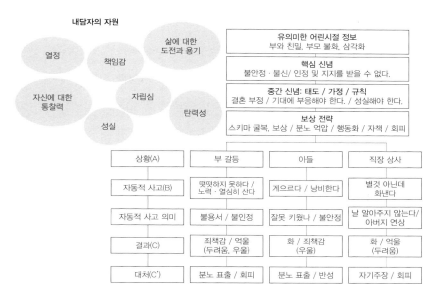

내담자의 자원

상황(A)	부 갈등	아들	직장 상사
자동적 사고(B)	떳떳하지 못하다 / 노력 · 열심히 산다	게으르다 / 낭비한다	별것 아닌데 화낸다
자동적 사고 의미	불용서 / 불인정	잘못 키웠나 / 불안정	날 알아주지 않는다/ 아버지 연상
결과(C)	죄책감 / 억울 (두려움, 우울)	화 / 죄책감 (우울)	화 / 억울 (두려움)
대처(C')	분노 표출 / 회피	분노 표출 / 반성	자기주장 / 회피

〈표 1〉 내담자가 역기능적일 때 사례개념화

이러한 생각의 의미는 '못난 사람, 잘못된 사람'이란 생각으로 흘러가면서 자책하게 되어 각각 죄책감, 수치심, 두려움, 우울을 경험하고 있다(2차 감정: 악순환 연결고리).

따라서 상담자는 2회기에서 내담자의 역기능적 인지체계가 촉발되는 상황을, '기분이 다운되는 상황'을 중심으로 아버지와의 관계를 탐색하였다. 그 결과, 이러한 생각의 기원은 어린 시절 아버지의 폭력과 부모의 불화 속에서 두려움에 떨면서도 장녀로서 어머니를 보살피는 등 '뭔가를 해야 인정받고 관심받았던 경험'에서 비롯하는 것으로 보인다. 따라서 내담자는 아버지와의 관계, 아들과의 관계, 내연남과의 관계, 직장 상사와의 관계에서든 **'자신의 존재를 인정하지 않을 때'** 취약한 인지체계가 활성화하는 것으로 이해된다. 특히 내담자는 아직 아버지에 대한 감정이 해결되지 않은 상태에서, 다른 한편에서 '아버지에 대해 좋았던 첫 기억' '첫째 딸로서 관심을 받았던 사랑 경험' 그리고 (아마도 상담 공부 후) '아버지의 삶을 돌아보며 이해하려는 마음'이 작용하기 때문에 아버지와의 얽힌 관계(복합감정)에서 벗어나기 힘들어하는 것 같다. 그러나 늘 이러한 역기능적 인지체계가 활성화되는 것은 아니다. 내담자가 가진 고유의 내적 자원과 지속적으로 자신을 계발하고 성장하고자 하는 힘이 활성화 할 때는 여러 사회, 직업적 영역에서 적응적으로 잘 지낸다. 즉, 내담자는 어린 시절 부모의 불화로 위축되어 지내다가 고등학생이 되자 부모의 삼각관계로부터 벗어나고 싶어 했고 자신의 삶을 살고자 아버지의 엄격한 규준에 저항하여 집을 나왔다.

내담자는 집을 나온 이후에, 자신의 월급을 부모님에게 보내 주는 등오랜 시간 동안 어머니를 보살피고 책임을 다하는 장녀 역할을 지속하면서도 자신만의 삶을 독립적으로 꾸려 나갔다. 그러던 중 자신을 사랑하고지지해 주던 내연남과 만나서 아이를 출산하게 되었고, 자녀를 키우고 직장을 다니면서 자기계발을 게을리 하지 않아 대학교, 대학원을 스스로 졸업하였다. 다시 말해 내담자는 청소년기에 들어서면서 자율성에 대한 욕구가 커지고 힘이 생기자, 삼각관계로 얽혀 있는 부모의 집으로부터 독립한 것이다. 성인이 되어 자신의 가치에 따라 세상에 도전하면서 아이의 엄마로서, 직장인으로서 학업까지 병행하면서 성실하고 책임감 있게 살아온 것으로 이해된다. 이처럼 내담자는 삶에 대한 도전과 용기, 성장하고자하는 욕구, 가치를 지향하는 열정과 성실성, 자립심 그리고 자신에 대한통찰력과 탄력성 등의 강점이 있어서 역기능적 인지체계가 활성화되지않을 때에는 보다 적응적으로 잘 지낼 수 있다.

나는 내담자뿐만 아니라 우리 자신의 어린 시절과 자라오면서 받은 상처가 역기능적 인지체계를 활성화시키기도 하지만, 그러한 상처나 역경을 극복하기 위해 만들어진 동기나 신념, 태도 그리고 행동 전략이 다른 축에서는 강점으로 작용하기도 한다고 생각한다. 내담자의 경우, 엄마와 달리 자신의 삶을 살고자 했던 자율성 동기, 부모의 갈등을 조율하고, 어머니를 보살피며 부모의 기대에 부응하고 인정받으려고 노력했던 경험이, 또 다른 축에서는 성인이 되어 조직의 갈등을 조율하고 아들과 내담자를 보살피며, 성실하고 책임을 다하는 강점으로 작용했으리라 생각된다. 궁극적으로 인지행동치료자는 내담자가 어떤 단서에 취약하여 역기능적 인지체계가 활성화되고, 이에 습관적으로 반응하여 부적응 행동·정서를 초래하는지를 볼 수 있도록 도와야 한다. 그러기 위한 첫 출발은 치료자가 내담자의 경험을 있는 그대로 공감적으로 이해하고 타당화해 주는 것이다. 그때 비로소 내담자는 자신의 경험을 인정하고 수용하게 되면서 눌려 있던 다른 축의 강점들이 활성화되고 작동된다. 그럼 내담자는 자신·타인·상황에 대해 이전과 다른 관점에서 바라볼 수 있게 되고, 궁극적으로는 건강하고 적응적인 방식의 행동을 선택하여 정서적으로 안녕감을 유지할 수 있게 된다.

5. 논평 1

권정혜(고려대학교 심리학과 교수)

인지행동치료의 가장 중심적인 작업은 내담자의 현재 문제와 관련 있는 핵심 신념을 찾아내서 이것을 유연하게 바꾸어 주는 일이다. 이 사례에서 치료자는 단 두 회기라는 아주 짧은 시간 동안에 신뢰에 바탕을 둔 협력적 치료관계를 이루고, 내담자의 기본 가정·핵심 신념을 찾아내고 검토하는 치료적 초점을 유지하고, 핵심 신념 변화의 기초를 쌓았다는 점에서 매우 성공적인 작업을 해낸 것으로 보인다. 이 과정이 어떻게 일어났는지, 이 과정을 촉진한 치료자의 개입이 어떤 것이었는지, 앞으로 어떤 과정을 통해 이 작업이 좀 더 공고화될 수 있는지를 살펴보고자 한다.

첫째, 본 치료자는 소크라테스식 질문과 명료화와 요약을 통해 내담자의 문제가 지금-현재의 특정 상황에서 어떻게 펼쳐지는지 그 과정을 아주 구체적으로 세밀하게 들여다보도록 돕고 있다(1회기 상담자 22, 상담자 67, 상담자 91, 2회기 상담자 49 등). 이런 치료적 작업을 통해 내담자는 자신의 경험에서 거리를 두고 벗어나서 자신의 반응과 그 반응으로 이끄는 과정을 살펴볼 수 있었다. 즉, 내담자로 하여금 자신의 경험에서 탈중심화하도록 도와주었는데, 이를 통해 현실과 자신이 구성한 현실을 구별하게 해 주며, 자신이 현실을 구성하는 데 기여하고 있다는 점을 깨닫게 해 주었다(1회기 내담자 89, 내담자 106, 2회기 내담자 52 등).

또한 치료자는 여러 구체적인 상황에서 내담자의 생각과 감정을 더 깊이 탐색하도록 도움으로써 내담자의 주요한 대인관계에 "나는 못나고 인정받을 만하지 못하다." "내 자신을 떳떳하고 당당한 사람으로 보기 위해서는 다른 사람의 인정이 필요하다."는 신념이 반복적으로 작용하고 있다는 것을 깨닫게 해 주었다(1회기 상담자 37, 내담자 40). 또한 이런 핵심 신념이 아버지에게, 내연남에게, 또 직장 상사에게 말할 수 없는 섭섭함과 분노를 느끼게 하고 동시에 자신을 비난하고 당당하게 맞서지 못하게 만드는 악순환을 만들어 낸다는 것을 파악하게 해 주었다. 2회기라는 짧은 치료 과정을 통해 내담자가 "아버지의 인정이 내가 바라던 큰 의미였다는 걸 알게 된 것 같고, 아버지는 상황에 따라 그러시지 못할 수 있고, 그러지 못했을 때 그것이 내 잘못이나 내 탓은 아니다(2회기 내담자 104)."라는 자기의 경험을 바라보는 새로운 관점을 얻게 된 것은 큰 치료 성과라고 볼 수 있다.

둘째, 이 사례에서 내담자는 그동안 쌓인 감정이 많아서인지 감정이 실린 이야기들을 한꺼번에 쏟아 놓기도 하고 감정에 매몰된 모습을 보이기도 하였다. 그러나 치료자는 내담자의 이야기를 차분하게 따라가면서 공감적으로 반영하고, 탐색적인 질문을 통해 혼란스러운 감정 이면에 있는 생각과 그 생각의 기원들을 살펴보게 해 주었다. 이 사례에서 인지행동치료자로서 치료자의 역량이 돋보이는 부분은 문제 상황에서 이야기 전개에 매몰되지 않고 내담자로 하여금 자신의 감정을 탐색하고 표현하게 할 뿐 아니라(1회기 상담자 12, 상담자 41, 상담자 59, 2회기 상담자 11 등) 그런 감정을 느끼게 만든 해석 과정에 내담자의 주의를 돌리고 있다는 점이다(1회기 상담자 13, 상담자 16, 상담자 42 등). 이와 같이 인지행동치료에서 내담자의 뜨거운 인지와 핵심 신념에 접근하기 위해서는 내담자의 정서를 지금-여기에서 다루고 공감해 주는 것이 아주 중요하다.

셋째, 모든 심리치료에서 그렇듯이 인지행동치료에서도 치료적 관계는 치료가 일어나는 매개체이다. 본 치료자는 2회기라는 짧은 치료 회기 동안에 변화를 이끌어 내기 위해 내담자와의 협력적 관계가 중요하다는 것을 잘 인식하고 있었고, 이를 위해 회기 초반에 회기에 대한 구조화와 함께 치료 작업에 대한 계획을 설명해 줌으로써 내담자의 협력을 이끌어 내려고 노력했다. 물론 이런 구조화 과정뿐 아니라 치료자가 내담자의 감정을 정확하게 반영하고 공감해 주고 내담자로 하여금 본인의 경험을 더 깊이 있게 탐색하게 해 줌으로써 치료자의 전문성을 발휘하였고 치료에 대한 신뢰와 긍정적인 기대를 조성했을 것으로 보인다.

넷째, 치료자는 내담자의 핵심 신념이 다양한 대인관계에 어떻게 나타나는지 살펴보고 내담자의 이야기를 계속 핵심 신념과 관련시킴으로써 치료적 초점을 유지하려고 노력하였다. 이 사례에서 내담자의 핵심 신념이 아버지와의 관계뿐만 아니라, 내연남과의 관계, 아들과의 관계, 직장상사와의 관계에서도 작용하고 있음을 보게 해 주었다. 1회기에서 아버지의 인정을 갈구하던 내담자는 아버지에게 죄스럽다가도 자신이 원하는 것을 할 때 아버지가 자신을 받아들여 주지 않았다는 사실을 직면하고 자신이 떳떳한 사람으로 살아가게 해 줄 사람은 결코 아버지가 아니고 자기 자신이라는 것을 깨닫게 된다. 2회기에서 내담자는 어린 시절 아버지의 폭력으로 두려워하던 자신의 모습을 체험적으로 경험하면서, 아버지에 대한 분노 이면에 두려움과 슬픔에 억눌려 있었던 자신을 처음으로 인식하게 되었다. 이러한 깨달음은 내담자로 하여금 자신의 잘못을 지적하는 사람들에게 "…아빠랑 비슷하게 뭉뚱그려서 아 난 또 그런가 봐."로 가지 않고, 상황을 보다 객관적으로 파악하고 대응하게 해 줄 것으로 보인다.

다섯째, 변화가 지속되기 위해서는 내담자로 하여금 기존의 핵심 신념에 대한 반증적인 경험을 하고, 동시에 대안적인 핵심 신념, 즉 새로운 경험을 담을 그릇을 가지고 문제 상황에 다시 들어가서 자신의 반응이 어떻게 달라졌는지 경험하는 것이 필요하다. 치료자는 "전하고 좀 다르게 대응하는 부분이 있지 않을까(2회기 상담자 97)" 기대하였지만, 초단기 치료 기간으로 치료가 이 단계까지 나아가기는 힘들었다. 아마도 회기가 좀 더 길었다면 두 번의 회기를 통해 얻은 좀 더 유연한 핵심 신념, 즉 '내가 괜찮은 사람이라고 느끼기 위해 반드시 다른 사람의 인정이 필요한 것은 아니다.' '나 있는 그대로도 떳떳하고 당당할 수 있다.'를 가지고 다른 사람들을 대하는 새로운 경험을 얻게 해 줄 수 있었을 것이다. 인지행동치료에서 대안적인 핵심 신념을 좀 더 명시적으로 다룸으로써 경험을 담는 그릇을 제공해 주고 이를 통해 새로운 경험을 축적함으로써 대안적인 핵심 신념이 더욱 강화되게 할 수 있었을 것이다. 이 치료에서는 2회기라는 짧은 치료 시간이라는 제한으로 이 과정이 충분히 이루어지지 못한 것이 아쉬운 점으로 남는다.

논평 2

민병배(마음사랑인지행동치료센터 소장)

연속 2회기라는 짧은 시간에 많은 치료적 작업이 깊이 있게 이루어진 것으로 보인다. 어느 누구도 2회기 만에 이 정도의 작업을 진행하기는 쉽지 않았으리라 생각된다. 내담자의 진솔함과 용기에 진심 어린 박수를 보내고 싶고, 그녀의 가치 중심적 삶에 대한 열망과 통찰력으로 인해 치료의 효과가 배가되었음이 분명해 보인다. 치료자는 시종일관 차분하게 내담자의 경험 세계를 때로는 공감적으로 탐색하고 때로는 공감적으로 반영하면서도, 동시에 독자들에게 인지행동적 개념화 방식과 개입 방식을 보여 주기 위해서 세심하게 치료를 진행하였는데, 이렇게 이중의 과제를 달성하느라 애쓴 흔적이 축어록 곳곳에서 배어난다.

112한 명의 내담자, 네 명의 상담자

1회기

치료자 편에서 볼 때, 치료의 첫 시간은 주로 내담자의 주 호소를 탐색하고 경청하면서 사례개념화를 시작하는 시간이자 동시에 내담자와 신뢰관계를 형성해 가는 시간으로서, 이 두 작업이 씨줄과 날줄처럼 잘 어우러져야 첫 시간이라는 아름다운 옷감이 만들어진다. 치료자는 첫 시간에 주 호소 파악과 관계 형성이라는, 서로 다른 차원의 두 작업을 동시에 잘 수행했을 뿐 아니라, 첫 시간임에도 핵심 기억에 대한 체험적 작업을 깊이 있게 진행하는 모습을 보여 주고 있다. 치료자가 치료관계에서 수용적이고 공감적인 태도를 보여 줄 때 내담자는 치료자를 신뢰하면서 더 깊은 얘기를 할 수 있게 되고, 이는 또 다시 치료자를 더 깊은 공감으로 이끌게 되는 선순환이 일어난 것으로 보인다.

치료자는 치료를 시작하면서 첫 시간에 이루어질 대화의 의제를 제안하고 있다(상담자 1). 이는 내담자에게 첫 시간에 대한 구조화를 제공하고, 치료자와 내담자 모두에게 대화의 목표와 방향성을 분명하게 인식하게 하는 역할을 하였을 것으로 보인다. 특히 '마지막에 내담자의 피드백을 듣도록 하겠다.'는 말에서는 피드백을 통한 내담자의 적극적 참여를 존중하는 치료자의 협력적인 동반자적 태도가 느껴진다.

내담자의 아버지는 자신 몰래 내연관계의 남자와 아이를 낳고 살아온 딸을 인정하지 않았고, 부끄러워하였으며, 비난하였다(핵심 인지의 기원). 아버지의 목소리를 마치 자신의 목소리인 것처럼 받아들인 내담자는 스스로를 "용서받을 수 없는 딸, 창피한 딸, 떳떳하지 못한 딸, 자격이 없는 딸"(핵심 인지)이라고 비난하며 죄책감과 수치심(감정)을 느끼고 있다. 이러한 생각과 감정은 '자신을 감춤, 죄인처럼 행동함, 회피, 당당하게 나서지 못함, 주로 자책으로 이루어지는 반추' 등의 **행동**으로 이어지면서, 다시금 그녀의 핵심 **인지**를 강화하고 있다(현재의 중요 문제를 중심으로 한 간략한 인지행동적 사례개념화).

치료자는 내담자의 현재 어려움을 구체적으로 경청하면서도 다른 한편으로 내담자에게 탐색적인 질문을 던지고 있는데(상담자 9, 상담자 10, 상담자 14, 상담자 15 등), 치료자의 공감적 태도가 엿보이는 이러한 질문들을 통해 내담자는 자신의 경험 세계를 더 깊이 들여다보게 된다. 이 과정에서 내담자는 자신 속에서 아버지에게 이해받고 싶은 마음, 잘잘못을 떠나 친정에서만큼은 위로받고 싶은 마음을 발견하게 되고, "아빠, 내가 너무 잘못했어요. 나도 내 인생 이렇게 될 줄 몰랐거든. 내가 탈출구가 없는 것 같으니까 잠깐 놀려고 만난 사람이었는데 내가 그 사람을 이렇게까지 좋아하게 될 줄 몰랐어."(내담자 11)라며 오열한다. 이 순간에 자신의 '어찌할 수 없었던(not responsible)' 과거 행동에 대한 **타당화**(validation)가 이루어지고 있는 것으로 보인다. 또한 아버지와 관련된 과거 기억을 탐색하는 과정에서, 여태껏 주로 아버지의 기대에 부응하지 못했다는 죄책감을 느껴온 내담자는 아버지가 어머니를 폭행하는 장면을 목격하는 과정에서 느꼈던 분노를 새롭게 다시 체험하게 된다. 이러한 체험적 작업을 통해 내담자의 죄책감은 자기 연민(내담자 83)으로 바뀌고, 자기 비난의 사고는 자기 격려의 사고내용(내담자 86)으로 바뀌며, 이는 다시 부모에 대한 용서와 함께 부모에 대한 긍정적 기억의 회복(내담자 88)으로 이어지는 것을 보게 된다.

물론 이와 같은 한 번의 치료 작업으로 내담자의 핵심 인지가 다 변화되지는 않을 것이다. 내담자의 핵심 인지는 그녀가 취약함을 보이는 어떤 사건들(예, 인정받지 못함)에 의해서 앞으로도 반복적으로 촉발될 것이고, 치료 시간 내에서 또는 치료 시간 바깥에서 이에 대한 반복적인 치료 작업이 이루어져야 할 것이다. 그에 따라 내담자의 감정 반응의 빈도, 지속 시간, 강도는 점차 약화되어 갈 텐데, 치료자와 내담자는 이를 잘 확인하고 정리하며 회기를 마무리하고 있다(내담자 89~내담자 90).

2회기

인지치료에서 가장 중요한 작업 중 하나는 내담자가 어떤 감정을 느낄 때 그 감정 반응을 잘 들여다보도록 하는 것이다. 치료자는 2회기를 시작하면서, 내담자가 자녀와의 관계에서 분노를 느끼는 상황을 중심으로 자신의 경험을 관찰할 수 있도록 세심하게 안내하고 있다. 내담자는 자녀가 학원에 가는 것을 소홀히 할 때(자극, 내담자 3) "아이가 게으르고 시간을 낭비한다."거나(내담자 4) "내가 아이를 잘못 키웠구나."라고 **생각**하고(내담자 6), 분노와 죄책감을 느낀다(감정, 내담자 12). 또한 자신의 1차적인 분노 반응(자극)에 대해서 "내 모습이 싫다. 우리 아빠랑 똑같다."고 **생각**하고(내담자 18), 죄책감을 느끼고(감정), 혼자서 후회 혹은 자책을 하거나 아이에게 사과하는(행동) 2차적 반응을 보인다. 이렇게 치료 시간 내에서 경험의 과정을 관찰하면서 자신의 경험을 중심으로 인지 모델을 이해해 갈 때, 내담자는 스스로 자신의 감정 반응을 관찰하며 조절하는 인지치료자가 되는 법을 배워 가게 된다(심리교육적 접근법).

2회기 후반부에서는 아버지와의 과거 기억을 중심으로 다시 한 번 체험적 작업이 이루어지고 있다. 특히 화내는 아버지 앞에서 공포로 얼어붙어 있던 어린 시절의 경험이 처음으로 되살아나면서, 내담자는 그동안 묻혀 있던 자신의 진실한 감정을 처음으로 접촉하게 되고, 자신에 대한 연민을 느끼며 '내 잘못이 아니다.'라는 사고의 극적인 전환이 이루어진다. 심상 재구성의 마무리 단계에서, 아직 자기돌봄이 어려울 수 있는 내담자에게 스스로 자신을 위로하도록 하지 않고, 얼어붙은 친구에게 다가가서 위로의 말을 건네도록 지시한 치료자의 세심함이 돋보인다.

상담 내용을 최종적으로 요약해 보라는 치료자의 요구(상담자 103)에 따라, 내담자는 짧지만 의미 있었던 상담 과정과 결과를 요약하고 있다. 내담자의 요약을 다시 한 번 읽다 보면 변화의 진정성이 느껴진다(내담자 105). 앞으로 내담자가 살아가면서 변화가 희미해질 때마다 이 치료의 시간들을 다시금 기억해 낼 수 있기를 바란다.

제2장

참나상담

—— 김경민(참나상담대학원 교수)

1. 상담자 소개

나는 경남 진해에서 변두리인 냉천이라는 동네에서 3녀 2남의 둘째인 장남으로 태어났다. 이곳은 산과 들과 바다가 공존해 있었기 때문에 모든 것이 놀이의 대상이었다. 아버지는 교사였고 어머니는 집안일을 하면서 농사를 지었다. 아버지는 우리를 마음 깊이 사랑하지만 표현은 많지 않았으며, 어머니와 할머니는 나에게 절대적인 신뢰와 믿음을 주었다. 이런 믿음이 나를 살리는 힘이 되어서 나를 지금 여기까지 오게 한다.

나는 어려서부터 민중의 지팡이인 경찰이 꿈이었다. 이러한 꿈은 대가족이었던 우리 집에서 할머니와 할아버지의 갈등이 일어나는 것을 보면서 그런 갈등을 해결하는 해결사가 되면 우리 집이 평화롭지 않을까 하는 어린 마음의 발로에서 기인되었다고 보인다. 변화는 대학 재수하던 시절 일어났는데, 어머니가 불교에 심취하면서 보통 귀신이 붙었다고 말하는 병에 걸리면서 나의 진로는 심리학으로 바뀌었다. 인간의 마음에 무엇이 이렇게 사람을 갑자기 변하게 하는가가 내 심리학 공부의 화두였다.

친구들에게 수소문한 결과 경북 경산에 있는 영남대학교 심리학과 교수들의 열의가 굉장하다는 말을 듣고 입학하게 되었다. 1학년 때에 장현갑 교수를 찾아가서 상담자가 되기 위해서 무슨 공부를 해야 하느냐고 질문했다. 장 교수의 대답은 도를 닦아야 한다는 것이었다. 그 말을 듣고 이것이라면 할 수 있겠다는 어떤 느낌이 있었다. 이미 중·고등학교 때부터 태권도와 중국 무협지를 통해서 마음 수련에 대해서 익히 실습하고 관심이 많았다. 그때부터 동양의 고전들, 노장사상과 불교의 선 관련 책들을 중심으로 읽기 시작하면서 오쇼 라즈니쉬 책도 보면서 마음 공부에 대한 기초를 닦아 나갔다. 그러면서 홍성화 교수에게 서양의 정신치료자인 Jung, Rogers, Dewald를 공부하면서 심리치료의 재미를 붙여나갔다. 학부 3학년에는 학생상담센터에서 홍성화 교수에게 한 학기 상담을 받기도 하였다.

그러다가 동 대학원에 다니면서 경북의대 사례 모임에서 이동식 선생을 만나면서, 아! 저 선생님한테 공부하면 뭔가 길이 있겠다 싶어 대학원을 수료하고 선생님이 계신 동북의원을 찾아가서 공부하겠다고 하니 흔쾌히 허락하여 정신치료학회에서 공부를 시작하게 되었다. 그때가 1987년 5월 17일인 걸로 기억나는데, 동양의 고전 대승기신론소를 공부하였다. 이동식 선생에게 교육분석도 받고 연찬회와 특별반 모임에 열심히 나가기 시작했다. 같은 해 5월 초에 한국심리상담연구소 김인자 교수를 찾아가서 이 연구소에서 상담연구원으로 근무하기 시작했다. 그 시기 한국에서 상담하는 분들은 거의 다 이 연구소를 거치거나 연계해서 상담을 하고 있어서 연구소 생활은 한국 상담계의 현황을 파악하는 데 많은 도움이 되었고, 이 연구소에서 여러 선생들에게 많은 도움을 받았다. 여기에서 집단상담을 경험하게 되면서 집단상담에 매력을 느끼기 시작한다.

이 연구소에 있으면서 조계사의 달마청년회와 명동의 명상센터에서 실시하는 명상 공부는 꾸준히 다녔다. 그러다가 서강대학교 학생상담센터 전임상담원으로 자리를 옮기면서 본격적으로 대학생들에게 개인상담과 집단상담을 하게 된다. 집단상담은 가톨릭대학교의 윤호균 교수, 한국인성계발연구원의 이상훈 선생, 한알상담의 유동수 선생에게 많은 가르침을 받았다. 이런 상담 대가들에게 배울 수 있었다는 것에 뭐라 말로 표현할 수 없는 감사함으로 살고 있다.

1994년도 동서심리상담연구소를 경남 마산에서 개소하여 전국적으로 활동하다가, 현재는 충북 영동 참나명상마을과 서울 서초동에서 개인상담과 슈퍼비전, 집단상담, 참나탐구 명상을 실시하고 있다. 1996년 초에는 한울공부 김준원 선생을 만나 기수련 공부를 몇 년간 하였고, 1996년 여름부터는 창원대학교 김병채 교수를 만나서 인도의 침묵의 성자 라마나 마하리쉬 공부를 시작한 것이 오늘날까지 오고 있다. 1998년 1월에는 인도의 라마나 아쉬람을 찾아가서 명상을 본격적으로 시작하였다. 20년 동안 1월이면 집단원들을 모집해서 명상과 집단상담을 인도에서 진행하고 있다. 2008년부터는 충북 영동에서 참나상담대학원을 개설하여 참나상담을 친구들과 같이 공부하고 있으며, 2012년부터는 참나상담학회를 결성하여 회원들과 참나상담 공부를 위해 매월 월례회와 학술세미나를 실시하고 있으며 방학에는 청소년을 위한 영적 진로 캠프도 진행하였다.

2. 상담자의 이론적 접근: 참나상담

참나상담은 제4심리학인 초월영성상담이다. 참나상담은 내담자를 참나로 살게 하는 공부이다. 참나는 자유롭고 자연스럽고 걸림이 없는 상태를 말한다. 참나상담은 핵심감정 공부와 참나탐구 수행을 기본으로 한다. 핵심감정 공부는 한국정신치료학회의 이동식 선생이 평생 작업한 치료적 접근이고 동양의 도를 바탕으로 서양의 정신치료를 융합한 것이다. 핵심감정을 이동식 선생은 "쌀가마니의 어디를 찔러도 쌀이 나온다."고 표현했으며 "일거수일투족에 다 배어 나온다."고 말했다. 이렇게 핵심감정은 한 사람의 생각과 감정과 행동을 지배하고 있다. 핵심감정 공부에서 중요한 것은 상담자가 자신의 핵심감정을 철저히 보고 놓여나는 작업을 한다는 것이다. 그렇게 함으로써 상담자는 내담자를 상담할 때에 역전이에서 자유로워질 수 있다. 상담자 자신을 충분히 보고 경험하고 수용한 만큼 내담자를 있는 그대로 만날 수 있다. 핵심감정상담은 상담자에게 초점이 맞추어져 있다.

참나탐구는 인도의 침묵의 성자 라마나 마하리쉬가 깨달음을 원하는 수행자들에게 전수한 영적 가르침이다. 이 수행에서는 "이미 그대는 자유롭다."라고 말한다. 수행은 깨달음을 위해서 하는 것이 아니고 깨닫지 못했다는 것을 자각하는 것이라고 라마나는 가르치고 있다.

참나상담은 상담심리학과 영적 수행을 병행해서 공부한다. 참나로 살고 싶은 것이 인간의 본성인데 핵심감정이 참나로 사는 걸림돌이 된다. 이 걸림돌인 핵심감정을 해결하면 참나는 스스로 드러난다. 그리고 핵심감정은 나를 힘들게 하는 면도 있으면서 지금까지 나를 살게 하는 원동력이기도 하다. 핵심감정에서 놓여나면 핵심감정을 통해서 나의 강점, 즉 나의 달란트를 발견해서 내가 진하게 체험했기 때문에 내가 가장 잘 알 수 있고 함께 그것을 나눌 수도 있을 것이다. 그래서 이것이 나의 삶을 더욱 성장시키고 풍요롭게도 한다.

핵심감정은 현재에 살아 있는 과거의 미해결 감정을 다룬다. 내담자는 마음이 현재에 살지 못하고 과거에 집착하거나 미래에 가 있어 현실을 충분히 살지 못한다.

핵심감정은 무의식의 뿌리이다. 이것을 해결해야만 가장 근원적인 부분이 해소된다. 상담 공부를 오래 해도 이 핵심감정이 해결되지 않으면 역전이가 계속해서 걸림돌로 작용하여 자유롭게 상담을 하지 못한다. 핵심감정은 주로 정서적으로 가장 가까운 대상인 부모와의 관계 속에서 형성된다. 그래서 핵심감정 공부를 간단하게 말하면 살부(殺父), 살모(殺母)라고 표현한다. 이 말은 정서적으로 부모로부터 분리되어야 한다고 말한다.

핵심감정은 무의식의 뿌리라 엄마의 자궁에서부터 내가 왔을 때 엄마가 어떤 반응과 느낌을 갖게 되었는지, 내가 부모에게 원하고 바라는 아이였는지, 부모가 어떻게 해서 만나서 결혼을 하게 되었는지, 나를 임신했을 때에 엄마의 정서는 어떠하였는지, 나는 부모가 기대하는 아들, 딸이기를 원하는지, 나를 임신했을 때에 부모들의 관계는 어떠했는지 등을 탐색해서 발견한다.

참나상담의 전체적인 흐름은 상담 초기에 핵심감정을 발견하여 내담자의 핵심감정이 어떻게 해서 형성되었는지를 이해하고 이 핵심감정이 내담자의 삶 전반에 걸쳐서 어떻게 나타나고 있는지를 충분히 경험함으로써 이 감정으로 인하여 내가 현재 갈등하고 힘들어하고 있다는 것을 자각하게 한다.

그런 다음 이 핵심감정을 녹이는 작업을 실시하는데, 현재 삶 속에서 나를 불편해하고 나를 자유롭게 하지 못하는 부분을 찾아서 이런 과거의 감정경험을 충분히 체험함으로써 과거의 미해결 감정을 해소하고 놓여나는 작업을 한다. 그리고 현재의 이런 갈등이 핵심감정과 연결되어 있음을 자각하게 하여 지금 여기의 삶으로 돌아오게 하는 것이다. 그러면서 지금 여기에서 살아 있는 과거의 미해결 감정을 다루면서 서서히 놓여나는 과정을 거치면서 상담 후반부에는 참나탐구 수행을 병행하면서 지금 여기에 살게 한다.

참나상담에서는 내담자의 현재 감정을 충분히 다룬다. 내담자가 지금 어떤 어려움과 갈등을 겪고 있는 것이 과거의 미해결된 감정으로 인하여 현재에도 영향을 미치고 있는 핵심감정이기 때문이다. 내담자의 현재 갈등을 충분히 듣고 상담을 통해서 무엇을 얻고 싶은지를 분명하게 하는 것이 여기에 제시되는 2회 상담에서 중요한 과업이라 생각되었다. 내담자는 자신이 당당해지고 싶다는 것에 초점이 맞추어졌다. 여기에 제시되는 상담이 바로 핵심감정과 연결되어 있다는 것이 상담 과정을 통해서 잘 드러나는 사례였다고 본다.

상담 초기에는 핵심감정을 발견하는 데 초점을 맞추어서 실시하였다. 그것을 파악하고 난 다음에는 부모로부터 정서적 분리에 초점을 맞추어서 부모의 결혼과 부모의 성격 등을 파악함으로써 각자가 가지고 있는 삶의 무게가 있다는 것을 알게 하여 그것이 내담자의 핵심감정으로 인하여 본인도 모르게 무의식적으로 반응한다는 것을 자각하게 하였다. 그리고 그것을 실제 삶 속에서 지속적으로 공부해 나갈 수 있도록 지도하고 교육시키는 것이 이 2회 상담에서는 중요하다고 보았다.

상담 의뢰 과정

한국상담심리학회로부터 상담 접근별 공개 사례 발표용으로 내담자를 의뢰받게 되었다. 내담자는 충북 영동으로 기차를 타고 내려서 택시를 타고 참나명상마을 골짜기로 찾아왔다. 사례연구위원회로부터 세 시간까지 상담이 가능하다는 이야기를 듣고 다시 내려오게 하는 것이 시간적으로나 거리상으로 무리하게 보여서 2회 상담만 하기로 하였다. 오전 11시에 시작하여 50분 상담을 마치고 가까운 곳에서 점심을 먹고 다음 시간을 실시하였다.

3. 상담 내용

〈1회기〉

상담자 1   음… 그럼 뭐 어떤 걸 상담하고 싶어요?

내담자 1   제가 상담 신청했을 때 어떤 게 힘들었냐면요. (네.) 명절 전에 (네.) 제가 음… 부모님께 속이고 혼자서 아이를 낳아서, 낳아서 키우다가 (네.) 네 (네.) 살쯤 부모님께 알리고 (네.) 그러고 애 아빠랑은 애가 한 일곱 살쯤에 헤어지고. (네.) 근데 애 아빠는 아이는 계속 연락하고 (네.) 생활비도 좀 지원해 주고 그래요. 그래서… 애 아빠는 연락되는데 부모님은 그런 것도 또 싫어하는 거예요. (음.) 깔끔하지 않다. (네.) 관계가. 그래서 그런 것들 땜에 갈등이 좀 있어 왔지만 그래도 애 아빠랑 헤어지고 나서는 (네.) 친정에 명절에 가고 이러는 거를 (네.) 이렇게, 친척들도 좋아하고 그랬거든요. (네.) 근데 이번… 그니까 12월에 할머니, 할아버지 제사가 있어요. 근데 그때 엄마가 항상 연락을 하거든요? (네.) 그때 와라. 와서 음식도 만들고 해라, 이럼 이제 우리 애랑 가서 저는 음식 만들고 우리 애는 친척도 없으니까 애 아빠는 자기네 식구들한텐 다 숨기고 (네.) 있는 거예요. (네.) 우리 애를. 저도 그렇고. 그니까 애는 친가가 없고 그냥 여기가 오로지 가족인 거예요. (네.) 자기 친척이고. 그래서 명절 전에, 그니까 추석, 아, 저 뭐지? 연말에 제사 때 와서 애는 이제 친척들하고 이렇게 같이 놀고 저는 그게 되게 좋았거든요. (예….) 그러고 그랬는데 그때 연락이 없었어요. 그래서 어… 지나서 연말에 엄마랑 연락하다가 "그때 왜 연락 안 했어?" 이랬더니 "니네 아빠가 오지 말래더라. 아무도, 그래서 아무도 오지 말랬어." 이러는 거예요. (네.) 근데 제 밑으로 있는 여동생들은 다들 이제 제사 때 잘 안 와요. (네.) 저만 가고 (네.) 그랬는데 아빠가 그때 뭐가 안 좋으셨나 봐요. 또. (음.) 그니까 저에 대해서 이게 뭐가 안 되시는 것 같아요. (음.) 바라시는 게 많은데 (네.) 그걸 제가 이제 잘 맞추지도 못할 뿐더러. 그래서 그때는 이제 그런가 보다 했는데 설 연휴 왔는데 설 연휴 전에도, 이번 설 연휴에도 오지 말래는 거예요. (네.) 근데 그 말 듣는데 제가 화가 훅 올라오는 거예요. (네.) 아니, 아직도야? 이게? 우리 애가 이제 열일곱 살인데 (네.) 아직도 이게 안 끝난 거야? (네.) [웃음] 이러면서 이제 제가… 이제 막 성질이 이제 훅 올라서 (네.) "알았어. 그럼. 우리 애하고 같이 놀러갈게. 그냥." 그랬더니 "그래, 그런 게 낫겠다." 엄마도 이러시는 거예요. (네.) 그래서 끊고서는 동생한테 전화를 했더니 바로 밑에 동생이 뭐 "언니도 엄마 말만 듣지 말고 (음.) 그냥 설 연휴 끝에 내가 올라 오면은 그때 내가 전화하면 그냥 와. (음.) 와서 아빠한테 그냥 세배만 드리고 가 버리면 되잖아." (네.) 이제 이러는 거예요. 아빠랑 오래 있으면 이제 막 말다툼도 자주 하게 되고 (네.) 큰 소리도 듣게 되고 하니까 얘도 이제 빨리 튈 생각에 예의만 차리고 튈 생각에 (네.) 이제 얘는 이렇게 얘기를 하는 거예요. 그래서 제가, 저는 이제 나름 또 둘째랑은 말이 통하고 친하다 생각이 들어서 (음.) 근데 이게 몇 년인데 아직도 이러냐. (음.) 아빠가 나 이럴 때 보면 기분 좀 이상해진다고. (네.) 집도 진짜 가기도 싫은데 솔직히… 애 때문에 챙기는 거고. (음.) 그리고 부모니까 그러는 건데 참 이럴 때마다 내가 열 받는다 이랬더니 (네.) 동생이 "언니는 우리 아픈 손가락이잖아." 이러는데 그 말에 또 저도 또 열 받는 거예요. [목소리 높아지며 웃음] (네.) 아니, (음.) 아직도 아픈 손가락이야? (음.) 저하고, 제가 생각하는 저하고 가족이 생각하는 저하고 차이가 계~속 나는 거예요. (네.) 그러구 그게 헤어 나오지 못할 것 같아요. 여기는 안 변하는 사람들 같은 거예요. (네.) 제가 뭐, 이제 헤어지고 어, 애도 잘 크고 있고 저도 이제 새로운 사람도 만날 수 있으면 (네.) 이제 만날 수도 있을 것 같고 많은 게 저는 달라졌는데 이런 얘기들을 아무리 해도 거기는 변함이 없어요. (네.) 그냥 너는 유부남 좋아해서 애 놓고 뭐 이렇게 사는 애. (음.) 여기서 그래서 우리한테 엄청난 상처를 준 애. (음.) 여기서 변하지를 않는 거예요. 그래서 그때 이제 신청할 때 정말… 어… 떳떳하고 싶고 뭔가 당당해지고 싶은데 (네.) 그런 것들이 저 혼자 있을 때는 어떨 때는 되는 것 같아요. 항상

음) **윗사람하고 관계만 힘든 게 아니고** (그런 것 같애요.) **내가 힘들어하는 것을** (표현하기가) **표현하기가** (그런 것 같애요.) **음… 그래요… 그지? 아버지… 성격은 어때요?**

내담자는 아버지와의 힘들어했던 경험이 나이 많은 남자들과의 관계에서도 나타나는 것이 아닌가 하고 생각하는데, 남자 윗사람만 어려워하는 게 아니라 자기의 마음을 표현하는 것이 힘들다는 것을 구체화한다. 이렇게 해서 아버지로 인하여 나의 모든 것이 그렇게 되었다고 내담자가 인식하는 것을 확장하는 계기가 될 수 있다. 아버지에 대해서 많이 어려워하고 표현하기 힘들어 해서 아버지에 대해서 일단 초점을 두고 탐색하기로 한다.

내담자 6 우리 아버진… 되게 좋을 때도 많아요. (음.) 되게 다 이해해 주시는 것 같고 (음.) 이럴 때도 있어요. 제가 애 놓고 혼자 키우다가 이제 처음 집에 갔을 때 그전에 사정을, 어떻게 됐냐면 (네.) 둘째는 제 상황을 다 알고 있었어요. 근데 애가 생겼을 때.

상담자 7 둘째만 알고?

내담자 7 둘째, 셋째도 알아요. (아, 둘째, 셋째.) 근데 셋째는 알았는데 아는 날부터 지금까지 연락을 안 해요. 저한테. (아….) 걔는 연락을 (음.) 안 하고 둘째는 저랑 계속 연락하고… 같이 밥도 먹고… 둘째가 이제 그래서 애 낳았을 때도 병원에 와서 (음.) 봐 주고 나중에 애 클 때도 계속. 이제 4년 동안 제가 부모님은 외국에 가 있는 줄 알고 있었어요. 그때 2001년에 공부, 영어 공부하던 거 마치고 미국에 있는 친구하고 (네.) 같이 대학원 가자 이러면서 서류 막 준비하고 있는 도중에 애가 생긴 거예요. 근데… 한 6주 됐을 때… 낳아야겠다

싶더라고요. (음.) 이렇게 안 낳으면 저는 (음.) 애가 없을 것 같은 거예요. 저는 결혼도 별로 생각이 없었고 (아, 그래요?) 그냥 애 아빠는 사실 처음에는… 그니까… 그냥 저를 다 받아 주고 좋아하고 (음.) 예뻐하니까 그게 되게 좋았던 것 같아요. (네.) 그러고… 그냥 사실 제 속마음은 좀 놀다가 [웃음] (음.) 스물 셋이었으니까 좀 놀다가 또 다른 사람 만날 수도 있고 이런 거였어요. (그렇지.) 근데 그게 안 되는 사람이었던 거예요. 제가. [웃음] 그냥 이 사람 만나고서 계속 이 사람인 거예요. (음.) 그러다가 안 되겠다 떨어졌다가 헤어졌다가 또 다시 만나고 다른 회사 가서도 일하다가 또 다시 또 오게 되고. 그니까 그때는 그냥 좋았던 것 같아요. 진짜 다른 걸로 표현할 수가 없어요. (네.) 너무 좋았어요. (네.) 사람이. 좋았고… 그러고… 그거를 이제 한 10년쯤 되니까는 아니구나… 이 사람은 내가 아니구나 하는 게 (음.) 이제 느껴지는 거예요. 말로는 아니라고 좀만 기다려라 하지만 아니라는 게 느껴지니까 10년 전쯤부터 이제 알고서는 그래, 내가 4년 공부할 거니까 4년 끝날 쯤에는 그때는 모든 정리를 해야될 거다…. (네.) 그러고 그 4년 끝날 때쯤에 (음.) 그렇게 이제 외국 갈 서류를 막 하고 있었던 거예요. 하아. 근데 3월에 생리를 안 해서 이상하다 해서 병원 가 봤더니… 6주라는, 4주라는 거예요. (네.) 그래서 4주 때 놀랬고… 그래서 그래도 조심해야 된다고. 조심하라고 의사는 이러고. 그래서 그때는 그전에 이미 2월 말에 아버지가 또 집에 한바탕 난리를 쳐 가지고 제가 못살겠다 하면서 인제 죽겠다고 3층에서 뛰어내리겠다고 하니까 그제야 이제 저를 나가게 해 줬어요. (예….) 그때까지 저는 동생 둘은 결혼하고 넷째하고 저하고 엄마, 아빠가 살았는데 아버지가 집에서 이렇게 편하게 해 주시는 분은 아니에요. 새벽 6시만 되면 안 일어났다고 인제 막 아침부터 (음.) 막 온 집안을 욕하며 소리 지르며 다녀요. 그 시간에 일어나서 밥을 먹어야 되는 거예요. (새벽 6시 돼서?) 예. (음.) 그래서 그때도 아버지가 이제 때 되면 화내고 이제 집안 살림 부수고 막 이럴 때였어요. 그때도. 근데 그런 것들이 집에 오는 게 너무 싫고. 근데 되게 희한한 거는 가끔 한 번씩 아버지랑 굉장히 좋아요. (음.) 그러면 아빠랑 거실 소파에 앉아서 얘기를 하는 거예요. 저는 그 얘기를 이렇게 들어요. 들으면 사실 반도 못 알아들어요. 무슨 얘긴지. [웃음] (음.) 못 알아듣는데도 아빠가 저렇게 막 얘기를 하고 하면은… 아빠도 무슨 사정이 있겠지, 아빠가 말하는 걸 난 언젠가 또 알아듣겠지 뭐 이런 생각을 하면서 이제 계속 들었던 것 같아요. 그리고 가끔 한 번씩 궁금한 걸 물어보긴 하는데… 잘 안 물어봐요. [웃음] (음.) 예. 물어볼 수가 없는 것 같아요. (네.) 그냥… 그냥 이러고 좀 모르는 게 있지만 (음.) 묻지 못했던 것 같아요. 하여튼 그래서 그때 2월에 이제 아빠가 이미 또 이제 한바탕 난리를 쳐서 제가 나와 있었어요. 그때. (네.) 그때 그니까 저는 떠나기도 할 거고 이제 그래, 이제 다 끝이야 하면서 뭔가를 이제 탈출했던 것 같은데 탈출했는데, 탈출했는데 애가 생긴 거예요. [웃음] (음….) 정말 아이러니했어요. (음.) 그때. 4주라고 했을 때 (네.) 어이가 없는 거예요. 그래서… 2주 고민한 것 같아요. (음.) 2주 동안… 2주 동안 그냥.

상담자 8   어떻게 고민했어요?

이런 질문은 참나상담에서는 내담자의 고민 정도를 탐색하면서도 태아가 경험했을 정도를 알아보는 중요한 단서가 된다. 태아를 떼려고 고민을 2주 동안 한 것과 두세 달 고민하면 태아의 정서 상태가 다르다는 것을 인식할 수 있다.

내담자 8   애를 떼고⋯ 띠자. (음.) 나르자. 진짜 마지막 기회다. (음.) 이거는 다 준비돼 있고 물리적으로 떨어져 있으면 이 사람도 어쩔 수 없을 거야. 나도 어쩔 수 없고. 그런 것들이었어요. 근데⋯ 애가 이렇게 다 준비하고 했는데도 생길 정도면 얘는 뭐 나한테 의미 있는 건 아닐까? (음.) 이런 생각도 들었고⋯ 그리고 내가 이 사람하고 이렇게 어⋯ 정리하려고 하는데⋯ 정리하더라도 애를 선물로 준 건가? 막 이런 생각도 들고⋯ 하여튼 되게 다른 생각이, 이상한, (네.) 이렇게 제가 그동안 하지 않았던 (네.) 그런 생각을 굉장히 많이 하면서⋯ 내가 애를 키워 보고 이런 거는 못 해 볼 것 같은 거예요. 저는 결혼은 하고 싶지 않았거든요.

상담자 9   **결혼은 왜 안 하고 싶었어요?**

상담자는 내담자의 이 신념이 내담자를 이렇게 살도록 선택한 가장 결정적 요인이라고 보고 이 부분을 탐색하기 시작한다.

내담자 9   엄마, 아빠 사는 거 보면 너무 지겹고. (음.) 작은아버지들도 다 비슷하게 살고. (네.) 주변에 그렇게 행복한 사람이 없었어요. (음.) 결혼해서. 근데 나중에 생각해 보니까 우리 둘째가 행복하게 살았었고. (그래요?) 제일 친한 친구가 행복하게 살았었어요. (음.) 둘이. (그런 사람도 있네?) 네! [목소리 커지면서 웃음] 있었는데도 저는 그거는 나한테는 해당되지 않는다, (음.) 이런 식으로 (음.) 생각했던 것 같아요. 그러구 그래서 이제 애를, 애를 낳아서⋯ 키우면은⋯ 나

같지 않게 (음.) 애는 되게 잘 키우고 싶은, 그러구 그거에 또 처음 있는 게 뭐냐면 아빠 없이 [웃음] (음.) 그니까 지금 생각하면 너무 웃기고 (음.) 황당한데요. [웃음] 아빠가 없었으면 했던 거예요. (음.) 제가 그렇게 생각한 거는 뭐였냐면 그때 생각은 아빠가 없었으면 좋겠다까지 깨닫지도 못했어요. (예….) 그때는 뭐냐면 아빠 없이 키우면은 좀 나을 거야. (음.) 이런 거요. 심지어는 저는 외려 내가 고아였으면 좋겠다 이런 생각도 한 적 있었어요.

상담자 10 그런 생각은 뭐, 언제 했어요?

이런 탐색을 통하여 내담자가 이런 생각을 언제, 어떻게, 어느 정도, 얼마 동안 경험하고 갈등했는지를 재경험하게 하고 이런 생각이 지금의 갈등이 되고 있는 부분에 어떻게 영향을 미치고 있는지를 깨닫게 된다.

내담자 10 그냥 어렸을 때, 한 사춘기 때부터 계속 그랬던 것 같애요. (음.) 이렇게 사느니 고아로 사는 게 훨씬 낫지. (네.) 부모 없이 (사춘기?) 예. (사춘기 때면 몇 살?) 사춘기 때가 열여섯 살. (열여섯 살?) 예예. (고1 때?) 예. 고1 때 제가 가출했었거든요. (어….) 한 번. 죽으려고 가출했다가 (음.) 죽지는 못하고. (음.) 무섭기도 했고… 엄마가 보고 싶어 가지고 (음.) 엄마도 안됐고. 그래서 학교에서 배회하고 돌아다니는 거를 친구가 일러 가지고 (네.) 이제 엄마, 아빠가, 엄마가 데리러 온 적이 있었어요. (음.) 근데 아빠가 그때부터 저를 많이 싫어했던 것 같애요. (음.) 아빠가 그니까 고모들한테도 그런 얘기를 했고. 나는 재가 고등학교 때 개 가출했을 때부터 그렇게 싫었다, (음.) 이런 얘기를 이제 했다는 거예요.

상담자 11 이때는 뭐가 그렇게 힘들었어요? 가출할 만큼.

내담자 11　그냥 매~일 싸워요. (아~~.) 매~일 싸우고 때리고. (네.) 이
　　　　제 엄마는 이러고 있고.

상담자 12　전쟁터네? 그러니까?

내담자 12　비참했어요. 사는 게. (음.) 너무 비참하고… 그때는 죽고 싶다
　　　　빨리. (네.) 이런 집에서 사는 게 죽는 게 낫다. [울먹이며] 근데 그런
　　　　얘기할 수가 없어요. (그래?) 엄마가 살고 있으니까. (음.) 엄마랑 엄
　　　　마, 빨리 도망가자고…. (음.) 엄마가 저를 여상을 집어넣은 거예요.
　　　　(네.) 상고 나와서 니가 취직하면 그때 돈 벌어서 같이 나가 살자…
　　　　이러고는 안 나가더라고요. [웃음] (어….) 나가지도 않고 (네.) 내가
　　　　월급 갖다 주니까 안 나가는 거예요. [울음] (음.)

상담자 13　참… [5초 침묵] 살라고 가출했네. 그러니까 그지? 그 상황에서
　　　　계속 있으면은….

내담자 13　[훌쩍이는 소리] [11초 침묵] 죽으려고 가출했었는데. 그때.
　　　　(음.) 근데 엄마 생각도 나고… (음.) 무섭고… 죽는 것도 무섭고… 그
　　　　래서… 그러고 나서 하여튼 그때부터 이렇게 집이 좋지 않고. (네.)
　　　　학교가 원래 일곱 시까진데 ○○에서 ○○까지 새벽에 다섯 시 반
　　　　이면 나가요. 눈만 뜨면 나가는 거예요. (음.) 그러고 학교에서 끝나
　　　　면 집에 가기 싫으니까 돌아다니다 들어가고. (네.) 그게 늦어지니까
　　　　아빠가 걱정돼서 (네.) 큰딸이니까. 아빠가 또 저를 되게 이뻐했거든
　　　　요. (네.) 걱정돼서 그러는 건데 저는 이제 그런 게 싫은 거죠. 그런
　　　　걸 깨닫지도 못하고. (음.) 맘속으로 '당신 때문에 내가 오기 싫다구!'
　　　　이런 건데… 그때는 그런 것도 모르고 그냥 싫은 거예요. (음.) 그냥
　　　　싫고 오기도 싫고, 밉고. [훌쩍이며] 괜히 엄마만. 만만한 엄마만

(음.) 이제, 엄마한테만 성질내고 미안하니까 막 살림 도와드리고.

상담자 14 **그럼 그전에는 어땠어요?** (어릴 때요?) 고등학교 전에는?

내담자 14 아빠에 대해서는 잘 모르겠어요. 그때는 제일 심한 게 그때였던 것 같애요. 왜냐하면 제가 어릴, 기억은 (열여섯 살 때?) 예. 어릴 때 기억은 아빠가 그리고 제가 열세 살… 제가 일찍 들어가서 열세 살에 중1이었어요. (음.) 그니까 저를 출생신고 할려고 보니까 벌써 둘째가 들어섰더래요. (음.) 그래서 얘를 빨리 학교를 보내야지 애를 키울 수 있겠구나 싶어서 엄마가 저를, 제가 ○월 ○○일생인데… (음.) 그 전년, 그니까 3월로 신고를 하고 2월까지만 입학하는 애들을 막 보건소에 얘기를 해서 저를 넣은 거예요. (음.) 그래서 한 살 일찍 들어갔어요. (네.) 그래서 그때는 어릴 때는 아빠가 되게 예뻐했어요. 기억, 첫 제 생애 첫 기억도 아빠를 기다리는 거예요. (아….) 엄마 얘기로는 그때 두 돌 좀 지나서라는데 (네.) 이렇게 여기 같애요. 이렇게. 이렇게 문 조그만 미닫이문 있고 앞에 툇마루 조그맣게 있는 방인데 여기서 제가 기다리는 거예요. 아빠를. 아빠가 시멘트 봉투에다가 먹을 거 뭘 사 오세요. (음.) 뭐, 포도… 무슨 그 센베 과자 이런 거. (네.) 이런 걸 사 오시거든요? 그러면 제가 거기서 기다리는 거예요. 아빠를. 그리고 초등학교 때도 아빠 기다리는 게 많았던 것 같아요. (네.) [11초 침묵]

상담자 15 아빠를 기다린다카는 것은 아빠에 대해 그만큼 (좋아했어요.) 어… **그래 좋아하다가 어떻게 이래 됐지?**

내담자 15 그리고 열세 살에 아빠가 사우디를 간 거예요. (음.) 사우디에 가서 한 1년 반? 정도 있다 오신 것 같애요. (음.) 열세 살 아니고 열네 살일 수도 있어요. 왜냐하면 고등학교 때 왔었던, 고등학교 들어가기 전에 왔던 것 같아요. (음.) 그래서 여상 간다니까 엄마랑 또 막 싸우고 이랬어요. 왜 여상 보내냐고… 그래서 그때부터 이제 진짜 싸움의 그거를 제가 알기 시작한 것 같아요. 그전에 어릴 때 얘기는 엄마한테만 들어서 (네.) 느낌만이고 (음.) 그리고 이제 엄마가 우리 업고 인제 동네 배회하고 이런 것만 기억이 나고. (네.) 실제 두 분의 싸움은 딱 그때. 사우디 다녀오셔서 (음.) 이제 중3 때부터 시작이었던 것 같아요. (음.)

상담자 16 **싸울 때 어땠습니까?** 그걸 보고 있으면. ○○ 선생은?

내담자 16 우선은 막 가슴 떨려요. 덜덜덜덜덜덜. (음.) 심장도 막 뛰고… 하아… [5초 침묵] 그냥 여기저기 피해 다녔던 것 같아요. (음.) 피해 다니고….

상담자 17 동생들은? (같이요. 동생들이랑.) 어떻게 싸웁니까?

내담자 17 처음엔 말로 해요. (음.) 말로 시작을 해요. 말로 하다가 이제 소리가 커지고. 엄마가 이제 대꾸를 안 하고 있으면 안 하는 대로 또 뭐라고 하고. 그러다 또 뭐가 확 치받치면은 던지고. (음.) 그러다가 엄마가 참다 참다 한마디 하면은 이제 막 때리고… 저랑 둘째랑… 커서는 막 소리도 질렀던 것 같아요. 아빠한테. (음.) 고만 좀 하라고. (음.) 제발 고만 좀 하라고.

상담자 18 **커서는 몇 살 때부터 이제 그렇게 표현했어요?**

내담자 18 제가, 둘째가 먼저 시작을 했어요. 걔가… 제가 고등학교 들어가서도 저는 그게 안 됐던 것 같은데. 그 집은 고등학교 들어갈 때 집이 좀 달라진 게 아빠가 사우디 갔다 와서 고때 가진 돈으로 가게를

140 한 명의 내담자, 네 명의 상담자

하나 연 거예요. (네.) 근데 그 가게가 저쪽 1층에 있고, 이제 한, 한 50미터 거리에 우리는 2층에, 4층 건물에 2층에 살았어요. (네.) 근데 여기는 우리가 자고 아빠는 가게에서 주무세요. 엄마는 우리랑 자고 일어나서 아침에 새벽 같이 가서 거기 이제 해 주고 오시는데 (네.) 밤에 보면 엄마가 이제 얻어맞아 있는 거죠. (아….) 그전에 사우디에서 갔다 왔을 때는 거기서는 못 했지만 (음.) 여기서는 그런 거 보면은 이제 아빠 이제 보면서 아빠 좀 고만 좀 하라고. (음.) 둘째가 한마디 하고 그럼 이제 제가 먼저 한 적은 없어요. 더 거들고. (음.) 옆에서… 아빠는 그때 또 좀 미안하다고 해요. (하고 난 다음에?) 네. 엄마한테도 그래요. (음.) 미안하다고 하고… 근데 제가 20대 들어서부터는 미안하다도 안 했던 것 같애요. (음.) 안 그러고 그러더니 요즘은 또 엄마한테 미안하다고 한대요. (음….) 가끔. 그니까 엄마도 미칠려고 해요. 미안하다고 하고 또 엄마가 그래, 우리 얼마나 살겠냐 이제. 그러지 말고 잘 살아보자 이러면은 (음.) "그래, 알았어." 이러고는 또 이제 한 번 뺑 돌면은 또 난리, 뒤집어지고 막 화내고 성질내고. 지금도 약간 이제 이건 없지만 (네.) 이 버럭버럭은 어쩔 수가 없는 것 같애요. (음.)

상담자 19 그럼 엄마 아버지는 어떻게 만난 거예요?

참나상담에서는 부모가 처음부터 어떻게 만나서 결혼했는지가 중요한 부분이다. 그 부분을 탐색하다 보면 부모의 전체 역동이 파악되고 내담자의 핵심감정도 어떻게 형성되었는지 보다 분명하게 드러난다.

내담자 19 음… 엄마, 아빠는… 음… 우리 엄마가 조금 기구해요. [웃음] (엄마가?) 네. (어떻게 기구해요?) 엄마가, 엄마가… 일곱 살인가? 어떤 사람이 와서 내가 아버지다 하면서 엄마를 데려갔다는 거예요. 그래서 친엄마랑 찢어진 거예요. (그래?) 어떻게 된 거냐면 외할아버지랑 외할머니가 둘이 이제 그 마을에서 같이 서로 좋아하는 사이였던 거예요. (네.) 그때 외할머니가 되게 좀 지체가 높았나 봐요. 외할아버지는 선원이었고. (네.) 외항선원이어서 이제 몇 달에 한 번씩, 뭐 몇 년에 한 번씩 이렇게 들어오는 분이고. 그런데 둘이 사귀었는데 여기는 애가 들어섰고, 여기는 떠난 거예요. (네.) 그래서 애를 낳아서 결혼해서 이제 키운 거죠. (음.) 이분이 따로 결혼해서. (네.) 잘 키우고 있는 거를 외할아버지가 나중에 알고는 (네.) 내 딸이다 하고서는 이제 와서 별안간 데려간 거예요. 데리고 가서는 2년을 키우는데 (네.) 새엄마가 그렇게 때리더래요. 밑으로 이미 남동생이 둘이나 있고 (음.) 셋째를 배고 있었더래요. (음.) 그때. 하도 때리니깐 할아버지가 아, 이러다 애가 죽겠다 싶어서 아홉 살에 동네에 있는 할머니가 우리 딸이 서울에 간호산데, (네.) 간호 장곤데 남편도 군인이다. 그래서 둘이 일을 하니까 거기서 애들 좀 봐 주고 이렇게 학교도 보내 준다니까 거기로 보내면 어떻겠냐 이러니까 할아버지가 혹해서 (네.) 이제 보낸 거예요. (음.) 거기로. 보낸 집이 여기저기 서울을 떠돌다가 들어간 집이 바로 세 들어간 집이 우리 아버지 집이었어요. (음….) 우리 아버지 집에 엄마가 세 들어간 거예요. [웃음] (몇 살 때?) 열아홉 살이었대요. (그때가 열아홉 살?) 예. 열아홉 살에 세 들어갔고 아버지가 엄마… 엄마를 이렇게 사실 엄마 말을 들어 보면 엄마는 당한 거예요. 성폭행 당한 거예요. (음.) 그냥 엄마는 별 관심이 없었대요. 아빠가. (음.) 잘생겼지만 그래도 이 집안 자체가 워낙 분위기가 안 좋고 할아버지도 아버지랑 비슷한, 더 심했대요. 할아버지는 매일 밥상이 날아갔대요. 이렇게. (아~.) 마당으로 밥상이 날아가고. (할아버지도?) 그래서 엄마가 아유, 여기는 빨리 이사 나갔으면 좋겠다, 이러고 있는데 (음.) 그때 이사 못 나가고 계속 이렇게 돈을 이제 그, 그니까 언니 남편이 형부가 무슨 일이 있었던 것 같애요. 그래서 못 나가고 여기서 이제 근근이 갖은 돈으로 막 간신히 살 때였어요. (네.) 그럴 때 이제 엄마 말로는 별안간 어느 날 당했다는 거예요. (음.) 그러고 나서 엄마도 뭐, 딴 사람들 선 들어오고 이래도 관계 맺고 한 번은 관계 맺은 사람한테 어떻게 벗어나냐 이런 생각이 되게 컸던 것 같애요. 그래서 못 벗어나고 끝내는 이제 나중에 그 언니네는 이사 나가고 (네.) 엄마는 아빠랑 동거하고 그러다 제 위로 하나 낳았었는데 (네.) 걔가 한 달도 안 돼서 죽었대요. (아~.) 예. 그래서 엄마가 그게 되게 저기 했었나 봐요. (네.) 그래서 저 낳았을 때는 되게 신경을 되게 많이 썼다 하더라고요. 그래서 걔 낳고 애 죽고 저 뱄을 때 4개월에 결혼했어요. (음.) 4개월에… 그죠. 2월에, 1월에 (네.) 결혼하시고, 결혼했고 7월에 낳았으니까 3개월인가, 4개월에 결혼하신 거죠. (음.) 예. 그렇게 결혼했어요. 그때 엄마가 아빠랑 헤어지려고 ○○로 다시 내려가서 (네.) 도망갔는데 아빠가 또 쫓아가서 할아버지한테 막 사정하고 해서 그렇게까지 결혼했는데 외할아버지는 반대해서 오지도 않았었어요. (음.) 결혼식에. 그니까 아버지는 그런 것도 분했던 거예요. 나를 인정 안 하고. (음….) 이런 것들이 그래서. 평생 엄마를 때리고 하는 데에는 사실 그런 것도 없지 않아 있어요. (음.) 외가에서 누가 왔다만 가면은 그날은 이

제2장 참나상담　**143**

제 (싸움이) 네. 그래서 얘기하지 말라는데 제가 눈치가 없어요. 눈치가 없고 이제 그러니까 아빠랑 또 친하고. 아빠가 이뻐하고 이러면 이제 아빠가 물어보면 아빠한테 이제 (다 이야기하네.) 그니까 엄마가 이제 저만 때리는 거예요. 엄마는. (음.) 혼내면 저만 때리고. (음.)

상담자 20 결국에는 내 때문에 분란이 일어났다. 이기네. 그지?

여기에서 상담자는 내담자의 엄마가 아빠와의 결혼을 피하려고 도망갔다는 사실과 내담자가 임신된 것을 알았을 때에 오는 심정이 어떨지가 공감이 되면서―너만 아니었으면 결혼하지 않았을 건데―내담자의 핵심감정이 이렇게 형성되었겠다는 느낌을 받는다.

내담자 20 자주는 아니지만 그럴 때가 있었어요. 그런데다가 심지어는 우리 그니까 지금 넷인데 넷째 이전에 애가 또 있었어요. 근데 걔가 이제 저는 저 땜에 죽었다고 생각하고 있었던 거예요. 그동안 엄마가 제 기억에는… 걔가, 걔가 농약을 먹었어요. 한 살인데 시골에서 농약을 먹었는데 제 기억엔 걔가 농약을 먹었다는 어떤 사실하고 엄마가 날, 마당을 난 도망다니면서 엄마가 막 빗자루로 날 때리는 거하고 (네.) 그리고 그날 해 지는 이렇게, 이, 되게 비슷해요. (음.) 이렇게 저쪽에 해가 져요. 그리고 이 마당, 요기 이렇게 마루에, 넓은 마루에 이렇게 앉아서 동생 둘하고 기다리는 거예요. 엄마가 걔를 데리고 이제 병원에 갔거든요. 근데 걔가 살아서 오게 해 달라고. 우리 셋이서 이제 막 기도하는 거예요. (네.) 저~~ 끝까지 논이에요. 평평한 논. 그걸 보면서 막 울면서 막 기도하고… 끝내는 이제 안 되고. 그다음 기억은 그 밤에 이제 엄마가 애를 이렇게 안고서는 이제 엉엉엉엉엉엉 하면서 이제 이러고 울고 있는 거. 요런 기억이 딱 내가 죽었다 이런 거였어요. 저한테는.

상담자 21 왜 내가 죽였다고?

내담자 21 그, 이제 엄마는 니가 죽였다고 그러면서 (아~.) 날 때렸던 것 같은 거예요. [웃음] 근데 이제 요고는 다른 데서 이렇게 작업하면서 아, 아니구나. 그리고 다행히 둘째가 기억을 하고 있었어요. 이 스토리를 되게 잘 기억하고 (음.) 있었어요. 애가 농약을. (음.)

상담자 22 그때 ○○ 선생은 몇 살이었는데?

내담자 22 그때 제가요… 아홉 살이요. (아홉 살. 아~.) 예. 남매가 그 애가 농약을 먹긴 했어요. 그 짚, 나무 이렇게 쌓아 놓은 데 올려놓은 거를 먹긴 했는데 (네.) 엄마가 바로 발견해서 이제 토하게 하고 (한 살 때 어떻게 그거를 먹을 수 있지?) 그니까 걸어 다니면서 했는데 이게 떨어졌나 봐요. (음.) 그니까 우리도 아무도 몰랐고 그냥 애가 그걸 먹은 거예요. 그래서 엄마가 애를 그렇게 하고 마당에 우리 이제 다 이런 마당에 그냥 다 놀고 있었고. (음.) 같이 집 마당에서.

상담자 23 그때 집이 어디였어요? (시골이었어요.) 시골 어디? (○○.) ○○? ○○도 ○○?

내담자 23 네네. ○○도 ○○군 ○○면. 주소도 기억… [웃음] 학교를 일찍 들여 보내서 주소를 막 외우게 한 거예요. 엄마가. (아~.) [폭소] 그래서 걔가 이제 그거를 동생 말로는 이게 해서 다 토하게 해서 애가 이제 멀쩡해진 거예요. 토하게 해서 물 먹이고 해서 멀쩡해진 애기를 오후에 그 요 마당에 쎄멘으로 된 우물가가 있었는데 (음.) 거기에 양은대야에 물 받아서 애를 앉혀 놓은 거죠. 시원하게 놀라고.

그랬는데 애가 거기서 놀면서 이렇게 힘을 줘서 뒤로 이렇게 나자빠지면서 머리를 쎄멘 바닥에 세게 부딪힌 거예요. (어이구.) 그니까 동생도 그걸 어떻게 그렇게 잘 기억하는지 모르겠어요. 저는 밖으로 나돌아, 놀러 다니느라 모른 것 같고. (네.) 제가 맞은 거는 농약 먹고 나서 애가 멀쩡해진 다음엔 맞고, 죽은 거는 애가 그다음에 (음.) 이제 그렇게 해서 이제 뇌진탕으로 사실은 죽은 건데 저는 이제 농약 먹고 제가 죽인 거다 이렇게 생각하고 엄마는 왜 날 때렸을까? 이렇게 이상했었는데… 그거는 그래서 해소가 됐어요. 많이. [웃음] (음.) 하여튼 엄마, 아빠가… 두 분이… 굉장히 힘든데도 안 헤어지더라고요. (음.) 엄마는 항상 그게 저 때문이래요. 저하고 우리 때문이라고. 니네들… 니네들 키우려면은 너네들, (음.) 우리가 헤어지면, 너네는 어떻게 사냐. 맨날 우리 때문에 (음.) 엄마가 헤어지지 못했다고.

상담자 24 그런 말 들으면 어때요?

내담자 24 하아… [깊은 한숨] 갑갑해요. 갑갑하고… 좀 화나요. 자기가 헤어지기 싫으니까 (네.) 이런 게 이제 지금은 되는데 그때는 그런 생각은 못 하고 어쩌지를 못 하겠는 거예요. 어쩌지를 못 하겠는… 그니간 막 월급 타서 (음.) 제가 우리 애 임신하기 전까지 십 몇 년, 십삼 년을 엄마, 아빠한테 갖다 바친 거예요. (음.) 돈 한 푼도 못 모으고 임신해서 그때 보험금, 보험해 놓은 거 그거 다 해약해서 그 돈 가지고 나와서 혼자 키운 거예요. (음.) 그런 생각하면 나중엔 그런 게 되게 원망스럽더라고요. 애 키우는데. 어떻게….

상담자 25 그러니까 거기에서도 어떻게 보면 아빠 없이 애를 키우고 싶다 그러면은 그지? **내 같이 그런 것을 경험 안 할 거다.**

내담자 25 그런 것 같애요.

상담자 26 그게 그지? (네네네네.) ○○ 선생한테는 모르게 그지?

내담자 26 애한테는 이렇게 살게 하고 (음.) 싶지 않았어요.

상담자 27 **아빠로 인해서 결국에는 우리 집이 그렇게** (네네.) **그게 있었네.**

내담자 27 네. 아빠가 원인이다, 그런 게 그때는 좀 컸어요. (네.) 예. 아빠가 너무, 근데 싫은 걸 표현을 못 하겠는 거예요. (음.) 어디다 친구한테도 (음.) 말을 못 했어요. (음.) 그냥 "우리 아빠가 때려, 엄마를 때려." 이 정도는. 그것도 막 엄청난 용기를 내서 얘기하는 거예요. (음.) "우리 집도 그래." 뭐 이제 친구들이 그러면은 아, 다 그러는구나. 그래도 내 문제는 해결이 안 되는 거예요. (그렇지.) 예. 그냥 아빠들이 때린다는 거는 다 비슷한 거구나 이러니까 더 내가 결혼에 대한 것만 (음.) 어, 나는 아니구나 이거… 나는 이쪽으로는 아니구나. 그런 거였어요.

상담자 28 **결혼은 아니구나.**

내담자 28 네. 결혼은 아니구나.

상담자 29 **그러면은 어렸을 때 그러면은… 어… 엄마는… 우리 ○○ 선생한테 어떻게 해 줬어요? 엄마가 내한테 화풀이를 좀 많이 한 것 같은데….**

내담자 29 많이 맞았어요. 저도. (음.) 예. 근데 저도 또 만만치 않아서 많이 도망 다녔어요. [웃음] (음.) 맞기도 하고 도망 다니기도 하고. (네.) 음… 그냥 하여튼 엄마도 대게 무서웠던 것 같애요. (음.) 한 열세 살까지는 엄마도 무서웠는데 아빠가 외국 나가면서 엄마, 저도 그때 생리를 시작했거든요. (네.) 그러면서 뭔가 되게 제가… 막 달라졌어요.

상담자 30 어떻게?

내담자 30 그니까 그때 생리를 딱 시작하고… (음.) 아… 대게 조용해졌던 것 같애요. 그전에는 정말 아, 나도 그때 검사했으면 ADHD 나오지 않았을까? [웃음] (음.) 진짜 막, 생각 없이 막 사는 그런 애였거든요? (음.) 철부지.

상담자 31 그때만 하더라도 굉장히 활달했네?

내담자 31 네네. (음.) 활달하고 동네 친구 막, 남자애들 여자애들 안 가리고 막, 맨~~ 놀러 다니고. (네.) 동생들 안 돌보고. [웃음] 그러니까 맨날 엄마한테 뚜드려 맞는 거예요. (음.) 뭐 이거 하라고 그랬는데 안 하고 나가 놀고 오고. (음.) 나가 놀고 막 똥통에 빠져 오고. 다쳐 오고. [웃음] 사실 그때 무섭기는 했지만 뭐, 엄마에 대한 어떤 원망이나 이런 건 사실 없어요. (음.) 예. 근데 딱 사춘기 그때 생리 딱 하고 나서부터… (음.) 뭐가 되게 차분해지고 이렇게… 되게 조용해졌던 것 같애요. 친구들도 그때는 거의 없었어요. 그냥 한두 명? (음.) 그러고. (네.)

상담자 32 생리가 그러면은 ○○ 선생한테 (열두 살 겨울에 시작했어요.) 많은 어떤 전환점이 됐네. 그지?

내담자 32 네. 그때 꿈도 저는 생리 시작하기 전에 무슨 꿈도 꿨어요. (음.) 그 꿈을 이제 얘기했더니 옆집 아줌마가 야, 너, 제가 또 집에서는 □□예요. 이름이. "애, □□야, 너 생리하겠다." 이러면서 (아, 그래요?) 그 얘기를 해 주시더라고요. 지금도 (네.) 신기해요. (음.) 어떻게 그분은 그걸 아는지. 근데 진짜 시작한 거예요. 그래서 되게 놀랬던 것 같애요. 그 생리하는 것도 그렇고. 진짜 이렇게 봤을 때 되게 놀랬고… 하여튼… 이상했어요. 그러고 딱 이렇게 바뀌었어요. 뭐가 (음.) 제가 확 바뀌었어요. 그러고 안 나가고. (네.) 밖에 나가 놀지 않고 집에서 이제 엄마 일 도와주고 아빠도 안 계시니까 이제 엄마 올 때 부엌으로 마늘 까고, 뭐 접고 (음.) 이러면은 그거 같이 해 드리고 밥 해 놓고… 이런 거 했던 것 같애요. 그러면서 이제 집에서 조금 차분하게 지냈던 것 같애요.

상담자 33 그러면 ○○ 선생한테 생리가 그때 어떤 거였어요?

내담자 33 여자? (여자?) 예. 제가 여자가 됐다. (아~.) 이런 거? 그러고 여성스러운 거?

상담자 34 그기 뭐… 여자가 되었다카는 게 어떻게 받아들였어요?

내담자 34 모르겠어요. 뭔가 새로운 또 과제 같은 느낌도 들고 또… (어떤 과제?) 엄마보다는, 엄마하고는 다른? (음.) 엄마는 막 혼내고… (음.) 하여튼… 엄마는… 모르겠어요, 엄마하고는 뭔가 다르게, 다른 이런 거였던 것 같애요. 나는 예쁘고, (음.) 여자답고, 차분하고 뭐 이런 것들. 그런 것들이 소설책인가? 이런 데서 많이 느껴졌던 것 같애요. 좋은 책들.

상담자 35 엄마하고 다르게? (네. 엄마하고 다르게.) **살겠다?**

내담자 35 엄마하고 다르게가 컸어요. [16초 침묵]

상담자 36 흐음… 그래, 이제 뭐 첫 세션은 그지? (네.) 좀 정리를 해야 될 것 같은데 (네.) 이번 상담에서 쭈욱… 어떤 것들이 좀 이야기가 됐습니까?

내담자 36 [11초 침묵]

상담자 37 상담을 그지? 흐음… 도움받고 싶은 그게 좀 그지? 상담목표가 분명해져야 될 것 같은데.

내담자 37 엄마, 아빠 얘기를 하다 보니까 (네.) 아빠뿐이 아니라 (네.) 엄마도 제가 표현하지 (네.) 못하게 하는 (네.) 요인이 좀 컸던 것 같애요. (음.) 예. 그때 어릴 때는 몰라도 어릴 때도 사실 이제 뭐, 꾸러기고 하니까, 맨날 맞고 이러니까 내가 원하는 걸 하기보단 맨날 혼나는 (네.) 그런 게 좀 컸고, 조용해지면서 더 말을 안 했던 것 같애요. 원하는 걸 표현한다든가 이러기보다는 빨리 엄마가 힘드니까 내가 뭘 해 드려야지 (음.) 뭐 이렇게 좀… 더 이해하는 쪽으로… 그니까 내 거보다는 엄마를 더 이해하는 쪽으로 (네.) 그러니까 더 표현을 못 했지 않았을까 그런 생각도 좀 들어요. (엄마를 이해하는 쪽으로.) 네. 싫어하면서, 그니까 엄마하고 같이 살고 싶지 않으면서도 엄마는 불행하거든요. 저는 불행하고 싶지 않았었거든요.

상담자 38 엄마가 불행하다? 그거를 언제부터 알았어요? 엄마가 불행하다.

내담자 38 [5초 침묵] 아빠가 돌아와서 그때 (아, 그때.) 네. 그때, 그때… 새벽같이 가서 아침 차려 주고… (음.) 저녁 때 와 보면 얻어맞아서 또 와서 우리 또 해 주고 있고….

상담자 39 엄마의 삶도 그지? 참… 보통 사람하고는 참 많이 다르다. 그지.

내담자 39 지금도 노예… 지금도 못 헤어나세요. [목소리 작아지며]

상담자 40 아빠한테 노예다?

내담자 40 네. 우리 아버지는 거의 20년 동안 지금 10원 한 장 안 벌어요.

그리고 엄마 혼자 벌어서 멕이고. (그래요?) 아휴…. [한숨]

상담자 41   엄마가 노예다. 참….

내담자 41   [12초 침묵]

상담자 42   오늘 일단 그지? (네.) 첫 시간에는 요만침 (네.) 그지? 하입시다.

상담자 1 음….

내담자 1 [40초 침묵]

상담자 2 지금은 어떤 마음이 듭니까?

내담자 2 [13초 침묵] 정말 아무 생각 없는 것 같애요. [웃음] (그래요?) 예. 근데 아까 차 타고 올 때 그, 생리 시작했을 때 그거 의미… 그게… 그게 저는 그때는 그냥 생리는 내가 생각해서 온 것도 아니고 그냥 때 돼서 온 거고 이런 거였는데 (네.) 근데 그때 제가 여자가 됐구나, 여자다 이런 것들이 좀 달랐던 것 같애요. 그거가. (음.) 예. 조금 와 닿았어요. 엄마하고 (달라야.) 엄마랑 똑같은 여자가 되는 건데 (음.) 사실 맘속으로는 아, 그래. 여자들의 어떤 이렇게 뭐 그런 거요. (음.) 그 일반적인 여자들. 이렇게 고분고분하고 뭐, 말 잘 듣고 차분하고 이런 여자들의 어떤 그런 것들을… (음.) 그니까… 원했…는지도 모르면서도 그냥 그걸 그냥 이렇게 가진 것 같애요. 내가 그렇게 되려고. (음.) 예… 그게 제 선택이란 생각을 안 했는데 그전에는. 그 여자, 생리의 의미, 여자가 된다. 그런 것들에는 굳이 그렇게 안 해도 되는 건데 (음.) 그렇게 제가 선택… 내가 그거를… 그렇게 이제 그러고 살았거든요? 진짜? (네.) 참고 말도 잘 엄마가 시키는 대로 하고….

상담자 3 근데 아까 이야기하다가 보니까는 (네.) **그 밑에는 엄마하고 다르게 살고 싶다. 그게** (네. 네.) **의미가 있던데 보니까.**

대화의 초점을 엄마에게 맞추면서 엄마와 어떻게 다르게 살고 싶었는지

구체화한다.

내담자 3 그래서 그런 것들이 엄마랑 다르게 살고 싶다를… (네.) 잘 이렇게… 그거는 내 마음속에 있는 거지, (네.) 그걸 드러내지는 않았던 것 같아요. (음.) 그건… [목소리 작아지며] 엄마처럼 불행해지고 싶지 않다. (음.) 행복해지고 싶다. (음.) 행복해지려면… [6초 침묵] 엄마처럼 살면 안 된다…. [작은 목소리로]

상담자 4 **행복해지려면은 어떻게 살아야 행복해지는 겁니까?**

내담자 4 행복해지려면, 그때 행복해지려면… 엄마는 잘 꾸미지도 않았어요. (네.) 예. 그러지도 않았고…. [8초 침묵] 아빠랑 잘 싸웠던 것 같아요. 그니까… 잘 참으시는데도….

상담자 5 참다가 이제 그지? (네.) 또 뭐, 툭툭 튀어져 나오면은 (네.) 그게 이제 또, 그게 계기가 되어서 그지? 점차 점차 더 심해지지.

내담자 5 그러니까 그것들을… 그냥 저는 막 이해할려고만 했던 것 같아요. (음.) 엄마도 그럴 수밖에 없지. 이런 거에선. 그니까 저는 헤어 나올 구멍이 없는 거예요. (음.) 아, 엄마는, 엄마처럼 되고 싶지는 않은데 엄말 보면은 나도 저렇게 살 것 같고 어차피 똑같이 결혼하고 그런다면은… 그니까, (음.) 그때 알게 모르게 내 맘속에 그냥 애나 하나 [웃음] 애나 하나 있었으면 [웃음] (그런 생각이.) 맞아요. 그거였어요. 그런 거였던 것 같아요. 애나… 키우면 딱 좋겠다. (결혼하지 않고?) 그죠. 결혼은 생각도 없었으니까. 애나 하나 있었으면 좋겠다…. [6초 침묵] 참….

상담자 6 **그 생각대로 됐네? 어떻게 보면은. 그지?**

내담자가 무의식적으로 선택한 부분을 상담자가 그대로 수용하면서 구체화한다.

내담자 6   어이가 없네… 참….

상담자 7   어이가 없어요?

내담자 7   [웃음] 예. 남 탓 실컷 하다가 이게 다 내가 원하던 거구나. [웃음]

상담자 8   **그래. 그지? (네.) 내 밑바닥에 그지? 내 같이 그런 식으로 고통을 당하면서 그지? 살게 하고 싶지는 않다.**

내담자 8   그러고 싶지 않았어요. (음.) 너무 행복하고 싶었어요. (그러니까. 그지?) 너무 불행하고 힘들고 불행하고.

상담자 9   **그게 ○○ 선생한테는 정말… 강렬한… 그지?**

내담자 9   네. 그건 정말 하기 싫었던 거예요. (원하는 거는.) 예예. 불행하기 싫고 행복하고 싶고. 그러고 적어도 저렇게 때리고 화내고… (으.) 이런 거는 아니었으면 했어요. 그런 거 아니고 싶었어요. [11초 침묵]

상담자 10   **이제 그래, 그 생각대로 됐다. 그지?**

내담자 10   [3초 침묵] 참… 아유….

상담자 11   **왜?**

내담자가 자신이 선택한 삶에 대해서 거부하는 듯한 표현을 보고 이 부분을 더 상세하게 다룸으로써 자신을 보게 한다.

내담자 11   아이 키우면서… (네.) 애 아빠가 많이 도와줬거든요. (네.) 아이한테 제일 미안한 게 그런 거예요. 애가 정말 아빠가 잘 있었으면 얼마나 행복했을까. (음.) 지금 행복하지 않다는 게 아니라 (네.) 제가 그런 한계를 갖고서 시작하고 나니까… 이 사람은 내 남편도 아

닌데 (네.) 정말 잘해 줘요. 아이한테도… (네.) 되게 고마워요. 그
게… 아이한테 아이라면 끔찍하고. (네.) 예. 심지어 저한테도 그래
요. 그러고 어떨 땐 안됐어요. 그런 (네.) 책임감에 막 똘똘 뭉쳐서
있는 그런 거 보면은 안됐고… 내가 놀자고 만나지 않았더라면. [웃
음] (음.) 좀 놀다가 이 사람을 만났더라면 외려. 그랬으면 (음.) 이
사람이 이렇게까지 코가 끼지 않았을 텐데 막 이런 생각도 들고. [웃
음] (음.) 한편으로는 되게 내가 나갈, 갈려고 할 때 막 못 가게 막고
이런 것들이 밉기도 하면서도 막상 애를 놓고 나서는 이 사람이 없
었으면 어떻게 키웠을까 (네.) 하는 생각도 들어요. 실제로 혼자 키
우기는 했지만… (네.) 아이가 아빠를 많이 의지하거든요. (네.) 네…
필요한 시간을 많이 할애하고 아이한테… 중요한 거 있을 때 제가
하자는 대로 다 옆에서 밀어 주고… (음.) 뭐든… 그래서 그런 게 제
가 기대하지 않았던… 예상하지 않았던, (네.) 기대하지 않은 게 아
니라 예상하지 않았던 건데… 그냥… 내 삶은 좀 다를 거라고. 왜, 엄
마랑 똑같을 거다 (네.) 이런 가정하에 시작을 하니까… 아빠 같은
사람 안 만날려고 [웃음] (네.) 아이만 낳아서 키우겠다. 이런 생각을
하게 된 것 같고. 그래놓으니까 그게 또 우리 애한테… 가는 거죠…
내가 만든 그런 환경을… 아빠가… 있지만 없는… (음.) 그런….

상담자 12 그게 참 마음이… 아팠겠다. 그지? 애한테….

내담자가 살면서 가장 아픈 부분이 상담자는 이 부분임을 파악하고 공
감을 한다.

내담자 12 [10초 침묵] [훌쩍이는 소리] [흐느끼는 소리] 하아… [5초 침묵]
나는 당연하게 누린 거를 (음.) 애한테는 못 갖게 한 거예요. [훌쩍이

는 소리] 하아….

상담자 13 그게 애한테는 정말… 내가 못할 짓이었다. 이게 그지? ○○ 선생을 가장 힘들게 했던 부분이다.

내담자 13 [흐느끼는 소리] [5초 침묵]

상담자 14 그 감정이 일어날 때마다 어떻게 했어요?

내담자 14 [훌쩍이는 소리] 밤에도 울고 (응?) 밤에도 울고 (음.) 혼자 앉아 있으면 울고….

상담자 15 또 애 보는 데서는 또 뭐 안 했을 거잖아요.

내담자 15 애한테는…. (네.) 이런 얘기를 할려고 많이 준비를 했어요. 어려서부터… (네.) 그래서… 막… 웹상에서 상담도 받아 보고. 어떻게 얘기를 해야 될지… (음.) 주변에 비슷한 처지에 있는 또 교수님 한 분도 있어서, (네.) 이제 그분은 우리 아이와 같은 처지인 거예요. (네.) 그래서 그분한테도 한 번 상의해 보고. 그래서 한 그때 열한 살쯤 그때는 제가 벌이도 좋았고 집도 이제 일부로 준비하려고 집도 좋은 데로 이사 갔어요. 애 방도 만들어 주고. (네.) 해 놓고. 그러고… 아이한테 어… 얘기했죠. 그랬더니 애가 처음에는 안 믿는 거예요. (네.) 아빠가 왜 우리 아빠가 아니냐는 거죠. 왜 아빠가 우리를 선택을 안 했는지… 4학년이었는데, (음.) 그때 열한 살… 그래서… 그건 엄마 잘못이다. 엄마 잘못이다. 엄마가… 엄마가 할아버지, 할머니한테 외할아버지, 외할머니한테 허락받고 그러고 만나서 (음.) 결혼도 하고 그러고 널 낳았어야 되는데 그러지 못했다. 고 정도만 얘기했는데 5학년이 돼서 아빠를 되게 미워하더라고요. 안 보고. (음.) 그전에는 안고 뽀뽀도 하고 막 이러더니 그 애는 그런 거 안 하고 아빠 밉다고, (네.) 오지 말라고 하라고 집에. 그러지 않아도 그때 집에 못 오게 할 때였거든요. 일곱 살 지나고부터는 집에 오지 말라고. 남들 보기도 그렇고 나도 혼자 애 키우는 거 챙피하다. 애도 혼란스럽다. 그래서 밖에서만 만나고 이랬었어요. 근데 자기도 보고 싶을 때 이제 전화 안 되고 (네.) 그러면은 불쑥불쑥 오는 거예요. 그래서 그런 거, 그러더니 6학년 때 정말 거짓말처럼 애가… "엄마, 아빠가 불쌍해. (음.) 불쌍해… 아빠도 어쩔 수 없잖아?" 이러면서 쪼끄만 놈이 아빠한테 그냥, 그냥 저녁 먹고 헤어지는데 불쑥 이러고 뽀뽀를 하고 헤어지더라고요. 저한텐 그런 말을 했었고 (네.) 그 며칠 있다가 이렇게 아빠한테 불쑥 이러고 뽀뽀를 하고 헤어지는 거예요. 그래서… 아… 얘는 내가 어떻게 안 해도 지가 알아서 크는구나. (음.) 이런 생각도 들고. 최근에는 이제 이런 얘기를 해요. "왜 그랬어? 도대체?" 저한테 막 이러는 거예요. (음.) "왜 그랬어? (음.) 할아버지, 할머니 허락을 받았어야지. 왜 그랬어?" [웃음] 제가 엄만 그때는 그럴 생각도 못했다. 그냥 아빠는 좋고 만나면 안 될 사람이었고 (음.) 근데 좋아서 엄마도 어쩔 수 없었다고. 바보 같았다. "으이구!" 아이한테 한 소리 듣고. (음.) 그래도 미안해요. (네.) 친가 식구들 하나도 못 만나고. 없고. 그런 처지를 애한테 만든 게 너무 미안한 거예요. 아이는 겉으로는 저한테 그러는데 맘속으로 어떻게 생각하는지 밉지 않을까, (음.) 그런 생각도 사실 좀 들고. 또 앞으로 이런 게 애한테 어떤 걸림돌이 될지… 그런 것도 또 좀 걱정되고 그래요. [12초 침묵]

상담자 16 그래도 애한테 용기를 갖고 그래도 이야기를 했네. 4학년 때.

내담자 16 [작은 목소리로] 더 늦으면 사춘기 오고 (음.) 더 애한테 혼란스러울 것 같아서 대부분 열 살, 열한 살을 추천하더라고요. (아~.) 예. 열 살, 열한 살. [9초 침묵]

상담자 17 많이 고민했네. 그래도 그지? 이제 시기가 언제인지.

내담자 17 얘기를 해야 돼. 왜냐하면 애 인생이 걸린 거니까. (네.) 내 인생은 내가 알아서 하지만 아이 인생은… 근데 아이가 의외로 몇 년 걸렸지만 그래도 지금은 아빠를 되게 많이 좋아해요. (네.) 좋아하고 아빠도 그만큼 애한테 남다르고… 엄마는 처음에는 이해를 못했어요. 그런 거를. 내가 이 사람하고 좋은 관계를 유지하는 게 꼭 같이 자고 관계를 해서가 아니라 (음.) 그냥 애 아빠로서 나는 내가 아이를 같이 키우는 사람으로서 그런 거다 해도 그런 거를 엄마는 상상조차 못하는 거예요. 생활비까지 받는다니까 엄마는 이해를 못하시더라고요. 그런 것도 설득하는 데 시간이 너무 오래 걸렸어요. (음.) 처음에는 그게 안 돼서 엄마랑 말하기도 힘들었고 근데 최근에는 엄마가 그걸 이해를 하니까 (음.) 너무 편한 거예요. 다른 사람들한테 얘기를 하는 게 너무 편하고. (음.) 그리고 애 아빠도…. 그니까 그 사람은 처음부터 그랬어요. 내가 뭐 한다. 내가 이렇게 하고 싶다 이러면은 거기에 뭐 이렇게 큰 이의를 달지 않아요. (음.) 하잔 대로 거의 따라와 주기 때문에 애 키우는 거에도 거의 다 그랬어요. 그런데 제가 상의하거나 고민하면은 자기 의견 같이 내주고 그래서… 되게… 저는 만약 제가 결혼을 했더라면 참 잘 살았을 거란 생각도 들어요. (음.) 이 사람이 잘해 줘서 그런지 아니면 내가 실제, 시댁이라는 실제를 겪지 않아서 그런지 몰라도 되게… 뭐 이렇게 같이 지냈던 4년도 있었고 그니까 거의 일주일에 5일은 우리 애하고 같이 살고 이틀은 저쪽 집 가서 살고 이렇게 지냈을 때도 큰 문제가 없었어요. 근데 그런 것들을 다 이렇게 종합해 보면 내가 먼저 너무 무서워서 피한 것 같애요. 조금 용기 내고 했더라면 (음.) 잘 살고 아이한테도 [울먹이며] 좋은 가정환경 줄 수 있었을 텐데…. 너무 겁을 먹고 [흐느끼며] 겁을 먹은 건지 뭔진 모르지만 하여튼 뭐가 아니야 이런 게 (음.) 견고하게 나한테 있었던 거예요. 나도 모르게….

상담자 18 어떤 견고한 게 있었어요?

내담자 18 결혼은 아니야. (그게) 결혼은 불행한 거야 이런….

상담자 19 그게 나를 막았다. 음….

내담자 19 티격태격하더라도… 잘 살았을 거예요. 엄마, 아빠처럼 그렇게 싸우진 않았을 거예요… 그런 게 살아 보니까 알겠는 거예요. 나는 아니었구나. (음.) 그건 엄마, 아빠 사는 거….

상담자 20 그럼. 그게 이제 그지?

내담자 20 나는 아니었어요. (음.) [오열하며] (**엄마, 아빠의 삶을 그지? 내 것으로 가져와 버렸다.** 그게….) [오열하는 소리] 그 엄마, 아빠가… [오열하는 소리] (그럼) 근데 내 애는… 그러지 않아도 되는 걸 내가 만든 거예요. (음.) [오열하는 소리] [훌쩍이는 소리] 하아….

상담자 21 '내가 만들었다.'가 그지? 그게….
  내담자가 자신이 만들었다는 그 심정을 알아줌으로써 그 마음을 무의식적으로 자기가 선택했다는 것을 더 접촉하게 한다.

내담자 21 내가 만든 거… [10초 침묵] 하아….

상담자 22 내가 만든 거다 이러면은 어떤 마음이 됩니까?

내담자 22 참 바보 같애. 바보 같고… (네.) 왜 미리 알지 못했을까… 그래

두… 저는 제가 원하는 대로 산 거 같아요.

상담자 23   음… 나는 원하는 대로 살았고 그지?

내담자 23   내가 원하는 대로 살았고… (음.) 아버지는 상처를 받았고…
(음.) 나 원하는 대로 살겠다고 우리 애는… 있지만은 없는 아빠를
가졌고… (음.) [5초 침묵] 그니까 내가 용서가 안 되나 봐요. (음.)
[훌쩍이는 소리]

상담자 24   내가 용서가 안 된다.

내담자의 마음을 그대로 따라가면서 그 심정을 만나게 한다.

내담자 24   되돌릴 수 있는 것도 아니고… (네.) [7초 침묵] 아빠는 아무리
사과해도 뭔가 다시 올라오면 또 예전으로 돌아가시고… [16초 침
묵] 하아….

상담자 25   예전으로 돌아가는 아빠를 보면서 어떤 마음이 들어요?

내담자 25   [9초 침묵] 하아… 명절 때 화났고요… (음.) 얼마 전에 전화 드
리고 나서는 내가 어쩔 수 없는 부분인 것 같아요. 아빠… (음.) 아빠
가 화내고 오지 말라 이런 말에 저도 상처받고 화나고 이랬는데…
어쩔 수 없다 이거 잊지 않았으면 좋겠어요. (음.) 내가 어쩔 수 없는
거라는 걸… 내 잘못도 있긴 하지만….

상담자 26   내 잘못은 어떤 건데요?

**내담자가 선택한 것에 혼란스러워 하는 것을 분명하게 인식하도록 상담
자는 구체화하기 시작한다.**

내담자 26   내 잘못은… 하아… 좀 더 나를 돌보고 사랑하는 거죠… 좀
더… 아빠… 가 원하는, 또 내가 나를 좀 더 알았더라면 좀 더 나은
삶을 선택했을 것 같아요. (음.) 애 아빠가 아닌… 그럴 수 없었겠지

아프고… (음.) [5초 침묵] 하아… 뭘 어쩌라는 건지 알 수가 없어
요…(음.) [9초 침묵]

상담자 37 요기 요 감정, 요 느낌에만 딱 걸리면은 그지? 다 무너지네. 그러
니까.

내담자 37 그런 것 같아요. 딱 그거예요….

상담자 38 내 때문이다.

내담자 38 내 게 아닌데 (그래, 그지.) 내 게 아닌데….

상담자 39 머리로 보면은, 이성적으로 생각하면은 그지? 내 게 아닌데 그
말만 들었다 카면은 그냥 그지? 자동적으로 내가 그지? 감정이 올라
온다는. 그지?

내담자 39 네… 맞아요….

상담자 40 그동안 어느 정도 정리하고 쌓아 놨다가 그지? 요 감정만 올라
오면은 나는 무너져 버리고 그냥 그지?

내담자 40 네. 그리고 딴 데서 막 애한테 화풀이하고 이럴 때도 있었던 것
같아요. 애가 저한테 "엄마 왜 딴 데서 열 받고 나한테 화풀이해?"

상담자 41 이럴 때. (네.) 이럴 때 (네.) 이제 나오는 거겠죠.

내담자 41 하아… [6초 침묵] 내게 아니에요… 자기 얘기를 하고 있는 거예
요. 그분들은.

상담자 42 그렇지. 결국에는 전부 다 그지? 자기 이야기지. (자기 얘기를
하는데.) 나는 그거를 그걸로 그지? (네.) 내 걸로 갖고 와서 (네.) 내
때문에 그러는 줄 알고 그지? 꼼짝 못하고 마….

내담자 42 네. [9초 침묵] 아빠는… 아빠도 어쩌지 못하시는 것 같아요.
(그럼. 어쩌지 못하는 때가 있다. 그지?) 아빠가 어쩌지 못하니까 아

빠도 가족들한테… 그게 안됐고… 근데 그게 내 잘못이 아닌 거예요… 아빠도 어쩔 수 없는 거…(음.) 도와주지 못해도 내 잘못이 아닌… (그럼.) [작은 목소리로] 도와주지 못해도 제 잘못은 아니에요.

상담자 43 **그게 좀 그지? 분리가 돼야 되겠다.**

내담자 43 [훌쩍이며] 아빠가 안됐지만 나도 어쩔 수 없는 거예요. (음.) 내가 어떻게 할 수 있는 게 아니에요. [10초 침묵] 어릴 땐 아빠가 화내는 게 무서웠는데 지금은 내가 상담하는데도 어떻게 해 드릴 수가 없어요. (음.) [흐느껴 우는 소리]

상담자 44 **그게 그지? 엄마, 아빠가 싸울 때 그지? 이불 속에서 누워서 그지? 안에서 어떻게 할 수 없이 꼼짝달싹할 수 없었던 그지?** (빨리 끝났으면.) **그 아이 심정이다.** 빨리 이 시간이 지났으면… 하는 그 마음으로 하듯이.

내담자 44 맞아요. 내 게 아니에요. (음.) [울먹이며] 내 게 아니야… [작은 목소리로] 내 잘못이 아니었어… 하아… [훌쩍이는 소리] 아빠도 어쩔 수 없는 거야….

상담자 45 **각자 삶의 무게가 있다. 아빠는 아빠 거대로 엄마는 엄마 거대로 나는 내 거대로. 그지? 또 아이는 아이대로. 그지?**

내담자 45 맞아요. 아이한텐 되는데… 아이는 믿음이 가거든요? (네.) 그리고 아이는… 좀 어떻게 하면 내가 도울 수 있으니까 애는 저한테 찾아오고 (음.) 제가 또 할 수 있는 만큼 할 수 있으니까…. 맞아요. 그게 헷갈렸던 것 같아요. 엄마, 아빠… (음.) 엄마는 되는 것처럼 보이고 제가 도움이. 아빠가 전혀 안 되고 (음.) 이러니까 더 (벽 같이 느껴지고.) 네네. (그래서 또 어쩔 수 없다카는 그 벽에 그지?) 그럴 때 (음.) 이제 내가 뭐 잘못해서 어, 그래서 (내 때문에 그지?) 예. 그래서 그렇게 했던 것 같애요. 나 때문이 아닌 거예요. 아빠도 어쩔 수 없는 점이 있어요.

상담자 46 **내 뭐, 그 일 아니라도 아빠는 항상 그지? 화가 나 있었고 (맞아요.) 그지? 아빠는 그지? 아빠는 왜 그렇게 화가 그렇게 많아요?**

아빠에 대한 내담자의 감정을 전체적으로 조망함으로써 아빠를 정서적으로 분리하기 위해서 아빠가 어떤 삶을 살아왔고 그것이 현재 내담자의 삶에 어떤 영향을 미치는지를 이해하도록 하기 위하여 아빠에 대해서 탐색한다.

내담자 46 아빠도 안됐어요. 아빠는 할머니가 너무 어려서 낳았어요. (할머니가?) 할머니가 열여섯에 아빠는 낳은 거예요. (그래요?) 근데 계속 애들이 생겼어요. 밑으로…. (음.) 아빠는 많이… (동생이 몇인데?) 동생이 밑으로 그니까 여섯이 있었는데 중간에 하나 죽고 다섯 명 있어요. 지금… (음.) 학교도 안 보내 줘서 아빠가 아홉 살에 동사무소 같은 데 가서 서류 떼다가 직접 학교에 냈대요. (아이구.) 학교 다니다가 전쟁 터졌고, 전쟁통에는 그 학교 운동장이 산 중턱, 그 동네 중턱에 있는데 ○○ 중간에… (음.) 아, 거기가 그냥 핏물이 강처럼 흘렀었대요. 남한군 내려오면은 (음.) 북한군 죽이고, 그 북한군, 아, 남한군 올라가면 북한군 죽이고 이러면서 서로 죽여야 되면서… (음.) 그랬지… 할아버지, 아빠 고등학교도 아빠가 어떻게 해서 가서 첫 월급을 타서 할머니를 갖다드렸더니 할머니가 시장에 가서 마작으로 한 방에 날렸, (음.) 한 방에 날리고 아빠한테는 "얘, 니네 할아버지한테 얘기하지 마라. 니네 엄마 맞아죽는다." 이러면서… 아빠가 인생 트일 때도 막았어요. 할머니가. (음.) 그때 그 광부, 독일, (음.) 그 캐나다 광부랑 독일 간호사. 아빠도 광부됐었는데 너 가면 죽는다고 막 자해 소동 일으키고 (음.) 이래서 아빠 못 가시고… 사실 아빠는 할머니한테 되게 많아요. 그런 게… 안된 게… 근데 그거를 엄마한테, (음.) 엄마가 아빠 할머니랑 똑같단 말을 고모들한테 그렇게 많이 한대요. 안 똑같거든요. (그렇지.) 그 얘기를 그렇게 많이 하신대요. (음.) 그래서 전혀 안 똑같은데… 아빠는 엄마한테 할머니를 보고 계신 것 같아요. 그래서….

상담자 47 그러니까 이제, (네.) 이전에 그지? 쌓여 있던 거를 갖다가 엄마한테 그지?

내담자 47 그니까… 어떻게 해야 될지를 모르겠어요. (음.) 아빠는 정말… 그때 우울증 약 드실 때도 상담소 같은 데 복지관에서 하는 상담도 있고 (네.) 이래서 얘길 드렸는데 안 가시더라고요… 안 가시고… 약 드시고는 조금 좋아지셨었어요. (음.) [9초 침묵]

상담자 48 음… 근데 이제 응? 내 게 아닌데 그지? (내 게 아니었어요.) 내 때문이다라고 하면서 그때는 이제? (맞아요. 내 거 아닌데.) 어떻게 할 수 없는 (네.) 그 심정으로 가 버리고.

내담자 48 내담자하고도 가끔 그랬던 것 같아요. 그 사람들이 이렇게 저한테 (음.) 보내는 그거를… 이제 저는 꿀떡 삼키고 (음.) 그냥 어쩔 수 없이 막 이러다가 슈퍼비전 받고 알아차렸고 이랬던 것 같아요. (거기서도 내가 어떻게 그지?) 네. 뭐 어쩌라는 건지 몰라서 그냥 음… 내가 뭐 실수한 거 있으면 미안하다. 이런 말로 이제 이렇게 넘어가고 했던 것 같아요. (음.) 뭔진 모르지만 하여튼 이 사람이 이렇게 힘들어하니까 나한테 화를 내고 하니까….

상담자 49 미안하다는 말 잘하죠?

내담자 49 네. 잘해요.

상담자 50 이런 어떤 그지? 내 때문이다 하는 사람은 미안하단 카는 것들을 그지? (그런가 봐요.) 정말 잘해요. 자동적으로 나오는 말이 그지?

내담자 50 진짜 미안할 때도 있는데 어떻게 할 말이 없고 (수습할.) [웃음] 뭔지 모르겠는데 나 때문인 것 같으니까. (그러니까.) 예. 맞아요. (네.) 미안하단 말 되게 잘해요. [웃음]

상담자 51 그니까 조금 더 이제 우리가 상담을 해서 들어가 보면은 엄마가 임신해 가지고 ○○로 도망갔다 캤죠? (네. 도망갔었어요. 네. 결혼 안 하려고.) 그니까 **이제 아빠하고 안 할라고 했는데 그지?** (네네.) **했는데 내가 임신이 돼 있었다. 그지? 이제 그거 그 부분까지도 이제 어떤 부분에 있어서는 그지? 결국 내만 임신 안 됐으면은…** (결혼 안 하셨어요.) **그러니까. 도망가서 그지?**

상담자는 내담자의 가장 근원적인 부분에 접근하여 해석을 시도한다. 이 해석이 제대로 되었는가를 아는 것은 그다음 내담자의 반응을 보면 분명해진다.

내담자 51 지금도 그래요. 엊그저께 통화할 때도 아빠 막 얘기하면서 내가 여지껏 살아온 게 너 때문인데….

상담자 52 **그니까 그게 이제 그지? (네.) 밑바닥에 뿌리에 그지? 그니까 이제 어떤 부분에서는 엄마가 그지? 내한테 화풀이하는 것도 니 때문에 말이야. 그지?**

내담자 52 네. 네. 너 때문에 내가 이렇게 살았는데….

상담자 53 그러니까. 그게 이제 뿌리다 말이야? (하아….) 그니까 내 때문에 엄마가 이래 힘들고 그지? 내 때문에 또 엄마, 아빠하고 싸우고 내 때문에 모든 게 거기에 그지? (네.) 딱… 걸려 있단 말이야.

내담자 53 아닌데…. (그러니까.)

상담자 54 **그게 이제 분리가 돼야 그지? 내가….**

내담자 54 아니에요. (그럼.) 네…. [4초 침묵]

상담자 55 **앞으로는 이제 그지? 공부… 하시면서 그게 그지? 좀… (네.) 네. 분리가 돼야 된다…. 요 느낌에 요 감정에 딱 걸리면은 꼼짝달싹 못하잖아요.**

내담자 55 뭘 어떻게 해야 될지 모르겠어요.

상담자 56 그러니까. **이런 게 이제 핵심감정이지.**

내담자 56 [7초 침묵] 그게 되게 기분 좋게 하는 말일 때도 있어요.

    내담자는 상담자의 반응에 인정하면서도 이 감정으로 인하여 자기가 기분 좋은 경험을 하고 있다고 반응한다. 상담자는 그 반응에 바로 따라가면서 공감적 반응을 한다.

상담자 57 그렇지. 그지? 니 덕분에 내가 살았다. (네네.) 니 덕분에 내가 산다.

내담자 57 네. 그렇게 생각하면은 뭔가 이렇게… 막 되게 좋아지는 것 같고 내가 우쭐해지고 이러는데.

상담자 58 상담 그, 할 때도 뭔가 그지? (네.) 내담자가 좋아지고 이러면은 (네네.) 내 때문에 그지? 좋아진다고 (맞아요.) 이러면 삶의 또 그지? (일희일비하는 거예요.) 원천이 되는 거지? **그게 동전의 양면이다 이**

거지. 그게 나를 또 살게 하는 힘도 되고. 그지? 그거 때문에 나는 또 꼬꾸라져서 그지? 꼼짝달싹 못하고 그지?

내담자의 반응에 공감하면서 핵심감정으로 인하여 생기는 힘든 부분을 직면시킨다.

내담자 58 꼬꾸라지는 게 맞아요. 꼬꾸라져요. 그냥. [웃음] 혹 떨어지는 것 같애요.

상담자 59 상담할 때도 그렇고 그지? 막~ 그지? 내담자가 그래 놓으면은 한쪽에선 그지? 내보고 어쩌라고. 그지?

내담자 59 왜 저러는지도 모르겠고. (그럼.) 질문도 못하고….

상담자 60 그럼. 그럴 땐 이제 역전이가 그지? 발동이 되는 거지.

내담자 60 질문을 못해요. 왜 질문을 왜 그렇게 화가 나셨어요 하면서 물어봐도 되는 거를.

상담자 61 여유가 없는데 어떻게 그지?

내담자 61 네. 막 이미 여기 다 와 있는 거예요. (그러니까.) 혹 와 가지고 서는… (무너진다.) 예. 예. 맞아요. 혹 넘어가요. 그냥….

상담자 62 그러면서도 이제 내 때문이다 소리 안 듣게 하려고. 그지? 엄청 또 그지? (노력하고.) 그럼….

내담자 62 어떡하면 좋아. [웃음]

상담자 63 원망 안 들을라고. 그지? (네. 원망 안 들으려고.) 그럼. 민폐 안 끼칠라고.

내담자 63 민폐 안 끼치려고 되게 연락을 기다리는 사람들한테도 연락을 저는 안 하고 있던 거예요. 전화 좀 하고 살아라가 (음.) 친한 분들의 하소연이에요. (민폐 안 끼칠라고 그지?) 네. 저는 제 딴에는 노력하는 건데 그분들은 그게 아닌 거예요. (그럼.)

상담자 64 그래서 어떻게 보면은 ○○ 선생한테 민폐는 정말… 너무 그
지? 싫다… 부담 주고 민폐 주고. 그지? (예. 맞아요.) 그게 뿌리가 그
지? 결국에는… 엄마 발목 잡은….

내담자 64 그게 그렇게 연결되는진 몰랐어요. 그냥 하도 요즘은 친한 분들
이 연락 좀 하고 살아라. (음.) 이 말이 저는 되게 자주 들으니까 이상
한 거예요…. (음.) 이상하고 왜 나는 근데 이렇게 선뜻 연락을 못할
까…. 교수님들도 마찬가지예요. 그나마 슈퍼비전에 이 교수님하고
받고 있으니까 (음.) 그거 핑계로 연락을 하지, 다른 교수님들도…
되게… 모르겠는 거예요. 그 선을 못 찾겠는 거예요.

상담자 65 어느 정도까지 그지? (네.) 해야 되는지. (네.) 요게 그지?

내담자 65 모르겠어요… 모르겠어요… 다 터놓고 계속 저한테 얘기하고
이러는 애들은 되는데 (네.) 걔네들은 또 저한테 어떻게 보면 짐 같
이 느껴질 때도 있어요. 나는 고만했으면 하는데 막 너무 올 때도 있
으니까 (네.) 그런 것들을 잘 얘기도 못하고….

**내담자는 자신의 대인관계와 일과 가족관계에서 일어나는 핵심감정의
작용을 하나하나 검토하면서 확인하는 과정을 통하여 핵심감정이 이런
방식으로 나타남을 알아차린다.**

상담자 66 그래… 이제 시간이 된 것 같은데 (네.) 그지? 정리를 좀 한 번
해 보죠.

내담자 66 네. (상담 그지?) 저는 제가 표현을 잘 못하고 그러고 예상치 못
한 상황에 막 얼고… 사실 잘 모르겠었거든요. 그게 뭔지. (네.) 예…
근데 그냥 어렸을 때 뭔가 내가 트라우마처럼 뭔가 있긴 있나 보다.

그러고 그게 이제 무서워서 (음.) 이렇게 두려움 같은 거하고 관련이
있겠다 이런 생각을 했었는데 오늘 하면서… 그런 감정도 분명 있는
건 같아요. 예. 근데 그것들이 오는 상황은 대부분… 이게 내 잘못이
거나 내 탓이 아닌데… (음.) 나한테 딱 이렇게 올 때… (네.) 나한테
내 탓이라고 내가 생각을 하거나 상대가 뭔가를 하소연하는 건데 그
걸 내 탓이라고, 내 잘못이라고 내가 딱 생각을 할 때 이제 완전 저는
이제 (바닥으로.) 예. 예. 막… 그나마 좀 많이 친하지 않은 사람한테
는 성질도 낼 수 있는 것 같아요. 그런데 대부분은 뭘 어쩌질 못하는
것 같아요. (음.) 어떻게 해야 될지 모르고 얼거나… (음.) 예… 이제
웬만한 관계는 사과를 하거나… 그랬는데 그게… 그게 다른 점하고
도 연결이 되어 있는 거예요. 정말 친한 관계에서 더 내가 내디뎌도
(음… 더 그지?) 되는데 못 내딛고 있는 거예요. 더 내디뎌서 더 친밀
해질 수 있는데… 그렇게 에너지를 못 쓰고 요기에 머물러서 이거
처리하고 있느라 (음.) 에너지를 여기까지 못 가고 친하게 되는 그
관계에서 쓰질 못하고 있는 것 같아요. [8초 침묵]

상담자 67 그걸 이제 알아차려서 그지? 그걸 자꾸 분리하는 그 작업이 계
속되어야 그지? 그래야 우리 ○○ 선생이 자기를 그지? 받아들인
다… 내 탓이고 내 때문이다 그러면은 나는 절대로 못 받아들이지.
내가 용서가 안 되는데.

상담목표에 대한 부분을 구체적으로 다룬다. 당당해지기 위해서는 자신
을 받아들이고 용서를 해야만 된다는 것을 분명히 한다.

내담자 67 내 게 아니었어요. (그럼.) 아빠도 어쩔 수 없는 거. (그럼.)

상담자 68 내가 당당해질라카면은 그죠? 그게 분리가 돼야 내가 당당해지

고 그지? 그것까지 내 걸로 그지? 잡아가지고 살면은… 그래서 이제 우리… 웅? 핵심감정 공부에서는 '살부살모'다 이거지. 정서적으로 그지? 엄마, 아버지로부터 분리되는 것. 그래야 이제 뭐, 애한테도 그지? 그라고 뭐, 우리 ○○ 선생은 원하는 대로 살았네.

핵심감정 공부에서 가장 핵심적인 부분과 연결해서 아버지와 엄마와 아이하고의 정서적 분리의 중요성을 내담자에게 해석한다. 그러면서 내담자가 선택한 부분에 대해서 다시 한 번 더 상담자가 수용한다.

내담자 68 네. 원하는 대로 살았어요.

상담자 69 그럼. 더러운 꼬라지 안 보고. (네. [웃음]) 마음속에 고생은 좀 했지만은 그지? 애한테 내가 그지? 못할 짓 했다 있었지만은 그래도 부부싸움….

내담자 69 하고 싶은 대로 살았어요. 그리고 따라 줬고.

상담자 70 얻는 것도 있었지만은 (네.) 또 그지? 그, 또 잃는 부분도 있었고.

내담자 70 네. 하아…. [7초 침묵]

상담자 71 **그럴 때 이제 내가 그지? 나를 받아들일 수가 있고 그지? 그럴 때 당당해진다 이거지. 내가 나를 안 받아들이면은 말이야. 웅? 당당 안 해지지?** (네.) 내 때문에 아가 힘들어하고 고통스러워 하고 내 때문에 또 그지? 아빠가 힘들어하고 화가 난다 이러면은….

내담자 71 아빠도 어쩔 수 없는 부분이 있듯이 (네.) 저도 어쩔 수 없는 부분이 있는 거고 (그럼.) 네. 그걸 아이가….

상담자 72 아이는 (아이대로.) 힘들지만은 (네.) 그래도 그지? 몇 년 동안 그지? 아파하면서 또 서서히 나오는 것 같고.

내담자 72 네. 하아…

상담자 73 앞으로 그런 부분을 그지? 잘 보면서 (네.) 이제 예. 공부를 그지? (알겠습니다.) 계속 해 나가면 되지.

내담자에 대한 앞으로의 삶에서 이 핵심감정을 어떻게 공부해 나갈지에 대한 교육을 실시한다.

내담자 73 감사합니다. 내 게 아닌 것들을 (음.) 잘 구분을 해야 될 것 같애요. 자꾸 잊어버리는 것 같애요.

상담자 74 그거를 항상 그지? (네.) 훈습이 필요하다. 분리하고 그지? 근데 이게 하도 뿌리가 그지? 깊어 갖고 그지? 시간이 좀 걸릴 거라.

내담자 74 네. 아빠가 또 명절에 오라 가라 하면은.

상담자 75 또 그때 들썩거린다 그지?

내담자 75 네. 들썩들썩할 것 같애요.

상담자 76 내가 이제 편해지면은 이제 들썩거림이 그지? 약해지겠지. 들썩거리더라도 조금 이제 얼마만큼 들썩거리느냐 그지? 요게 따라서 이제 내 내공이 그지? 정도가 이제 봐지겠죠. 그래. 수고했어요. [웃음]

내담자 76 감사합니다. [웃음]

4. 논평

이 사례는 도 정신치료와 대물림되는 핵심감정 입장에서 초기면접을
어떻게 진행해 나가는가를 보여 주려는 목적으로 상담이 진행되었다. 도
정신치료는 이동식(2008) 선생님이 정신역동적 정신치료를 기반으로 동양
사상과 서양의 정신치료 각자의 장점들을 융합하여 발전시킨 치료이다.
도 정신치료는 초기면접에서 자비정신을 갖춘 치료자가 심리적 고통의
뿌리인 핵심감정의 탐색과 발견, 공감과 공감적 응답을 통해 핵심감정의
영향력을 감소시켜 내담자가 겪고 있는 심리적 고통을 감소시키고 현실
감각을 확장시켜 당면하게 되는 다양한 문제를 해결해 나가는 심리적 대
응 능력을 성장시키는 인격 성장에 초점을 맞춘 치료이다. 이 사례에는 도
정신치료의 기본 원리가 그대로 적용되고 있을 뿐만 아니라 상담자인 김
경민(2013) 선생님이 수많은 임상 경험을 통해 발견한 "핵심감정의 기원은

초기 유아기 이전, 인간 형성의 시작 시기인 태아기부터이며, 핵심감정의 형성은 태아기에 어머니 자궁의 상황과 어머니의 심정, 그리고 주변 중요 인물들의 느낌과 태아와의 상호작용에 의해 어머니의 감정체계를 대물림한 결과로 볼 수 있다."는 주장의 일단을 상담 장면에서 직접 확인할 수 있는 사례이다.

1회기의 면담 내용을 살펴보면 다음과 같다.

내담자는 첫 회기 면담에서부터 자신의 고통을 숨김없이 드러내고 있다(내담자 1~내담자 5). 내담자는 23세에 유부남과 사귀다가 자녀를 낳고 남자의 지원은 받고 있으나 혼자 아이를 키우고 있는 상황이다. 이 일로 부모님에게 심한 죄책감을 느껴 사과도 드렸고 몇 차례 아버지의 화풀이 대상이 되기도 해서 어느 정도 이 일이 끝났는가 싶으면 또 다른 방식으로 화를 내는 아버지의 모습에 절망감을 호소하고 있다. 최근에도 그동안 아이와 함께 참석했던 제사와 명절 때, 집에 오지 말라는 아버지의 말에 17년이나 지났는데도 '아직도 이러냐.'는 마음에 화가 훅 올라왔고 여동생과의 대화에서 "언니는 우리 아픈 손가락이잖아."라는 말에 "아직도 아픈 손가락이야."라고 욱하고 화가 나고 가족과는 이 문제를 해결하지 못할 것이라는 무기력감과 가족과 부딪칠 때마다 "나는 떳떳하고 싶고 당당해지고 싶은데 가족들은 아직 변함이 없어 절대 넘을 수 없는 벽이라는 느낌에 그냥 울컥울컥하고 슬픔이 올라온다고 호소하고 있다. 이에 더하여 남자 상사와의 관계에게 위축되고 당황하고 얼어붙는 느낌을 느끼고 최근 물리치료사에게 치료받을 때 아파서 화가 나고 미운데도 힘들다는 것을 표현하지 못하였다고 호소하고 있다. 또한 의사가 자궁의 혹을 떼어내자는 말에 서러움이 강하게 밀려왔다고 호소하고 있다.

　상담자는 내담자가 어떤 도움을 받고 싶은지(치료목표)를 명료화해 나가면서 자연스럽게 자신의 고통을 드러내도록 공감과 공감적 반응을 초기부터 적극적으로 보이고 있다. "뭐… 도움을 받았으면 좋겠어요?"(상담자 2) "아 아빠가…." "내가 하고 싶은 말을 하는 게 힘들다?"(상담자 4) "그랬는데도 불구하고 말을 못 하고"(상담자 5) 등 내담자의 고통을 정확하게 공감하고 이에 알맞은 공감적 반응을 적극적으로 보이고 있다. 이동식(2008)은 도정신치료의 핵심은 상담자의 자비심, 공감, 공감적 반응이라고 하였는데, 상담자는 초기부터 이 세 가지 치료인자가 상담 과정의 기초로 작용하도록 적극적으로 내담자를 상담 장면에 끌어들여 확고한 상담관계를 형성하고 치료동맹을 형성하는 공감적 반응을 보이고 있으며 이러한 반응 양상은 2회의 상담 장면 내내 유지되고 있다. "전쟁터네? 그러니까."(상담자 12) "살라고 가출했네."(상담자 13) "결국에는 내 때문에 분란이 일어났다. 이기네."(상담자 20) "엄마하고 다르게? 살겠다?"(상담자 35) "엄마가 노예다. 참…."(상담자 41) 등 이러한 상담자의 공감과 공감적 반응의 태도는 내담자의 자유로운 표현과 정서적 통찰을 급격히 확장하는 데 결정적 영향을 미친 것으로 보이며 2회기의 짧은 시간 내에서도 내담자는 자신의 문제를 자각하고 앞으로 어떤 부분에 집중하여 자신의 마음을 들여다봐야 자신의 문제를 해결할지 정확한 초점을 잡는 데까지 도달할 수 있었던 것으로 보인다.

　또한 상담자는 내담자의 핵심 문제와 연관되어 있는 중요 주제에 초점을 정확히 맞추어 공감적 질문과 탐색을 해 나가고 있다. 아버지에 대한 분노 감정 그리고 남성 직장 상사에 대한 위축감, 남성 물리치료사에 대해 불만스러운 자기표현을 하지 못하는 내담자의 호소에 "아버지… 성격은 어때요?"(상담자 6), 2주 고민하였다는 내담자의 말에 "어떻게 고민했어요?"(상담자 8), 결혼을 하고 싶지 않았다는 말에 "결혼은 왜 안 하고 싶었어요?"(상담자 9), "내가 고아였으면 좋겠다 이런 생각도 한 적 있어요."(내담자 9)라는 말에 "그런 생각은 뭐, 언제 했어요?"(상담자 10) "그런 말 들으면 어때요?"(상담자 24) "이때는 뭐가 그렇게 힘들었어요? 가출할 만큼."(상담자 11)이라는 공감적 질문을 통해 그러한 감정과 생각을 일으키게 된 배경에 대해 짧고 분명한 질문을 하고 있다. 이러한 상담자의 공감적 질문은 내담자가 자신의 생각과 감정, 경험들을 있는 그대로 드러내도록 장(場)을 만들어 주고 있다. "비참했어요… 사는 게 … 너무 비참하고."(내담자 12) "죽으려고 가출했는데."(내담자 13) "만만한 엄마만 이제, 엄마한테만 성질내고 미안하니까 막 살림 도와드리고."(내담자 13) 등 내담자의 마음을 정확히 따라가면서, 표현하지 못하고 내담자의 잠재의식 속에 들어 있던 생각과 감정들을 표현하게 하고 이를 정리할 기회를 지속적으로 제공하고 있어 상담을 공부하는 우리에게 많은 가르침을 제공해 주고 있다.

또 한 가지 상담자 접근의 두드러진 점은 내담자가 경험하고 갈등했던 마음이 드러나도록 세밀하게 중요한 변화를 겪었던 과정을 놓치지 않고 자세히 탐색해 들어가고 있다는 것이다. "그럼 그 전에는 어땠어요."(상담자 14) "그래 좋아하다가 어떻게 이래 됐지?"(상담자 15) "싸울 때 어땠습니까?"(상담자 16) "커서는 몇 살 때부터 아빠한테 이제 그렇게 표현했어요?"(상담자 18) "왜 내가 죽였다고?"(상담자 21) "엄마가 불행하다? 그거를 언제부

터 알았어요? 엄마가 불행하다."(상담자 38)의 상담자 반응은 그 시점 시점
마다 놓치지 않고 내담자의 경험과 감정이 드러나도록 질문해 주고 있다.
이러한 공감적 질문은 내담자로 하여금 삶의 과정에서 한 번도 제대로 검
토해 보거나 표현해 보지 않은 경험에 대해 다시 되돌아보게 하고 그때의
느낌을, 경험을 표현하게 하고 있다.

 아빠, 엄마의 만남 과정과 엄마의 핵심감정이 어떻게 대물림되었는지
를 탐색(상담자 19)하려는 상담자의 질문에 내담자는 엄마의 삶이 기구하다
고 답한다(내담자 19). 마을에서 지체 높은 신분인 외할머니가 외항선원인
외할아버지와 사귀고 애를 가졌으나 외할아버지는 떠나고 외할머니는 다
른 남자와 결혼해서 아이를 잘 키우고 있는데 갑자기 돌아온 외할아버지
가 내 딸이라고 데리고 가서(급격한 분리) 새엄마에게 맡겼는데 학대가 이어
지고(위협적 환경의 노출) 이러다가 아이가 죽겠다 싶어 아홉 살에 동네 할머
니의 권유로 다른 집에 맡겨져 자랐다. 그 와중에 열아홉에 세 들었던 주
인집 아들(아버지)에게 성폭행 당한 후, 벗어나지 못하고 같이 동거하여 임
신한 첫애는 죽고 둘째로 임신되어 임신 4개월에 아빠, 엄마가 결혼하였
다. 그러나 외할아버지의 반대가 극심했고 결혼식에도 오지 않아 아빠는
자신을 인정하지 않는 것에 화가 나 있어 외갓집 식구가 다녀가면 엄마와
싸우고 폭력을 가하는 일이 반복되었다. 외갓집 식구가 다녀간 것을 아빠
가 내담자에게 물어 알아내고는 엄마를 폭행하고 그럴 때마다 엄마는 내
담자에게 화를 내고 때리는 일이 반복되었다. "내 때문에 분란이 일어났
다."(상담자 20)는 상담자의 언급에 이것만이 아니라 동생이 한 살 때 농약
을 먹고 죽어 살리지 못하고 해질녘에 엉엉 울던 기억과 엄마가 나 때문에

죽었다고 나를 때리던 것으로 인해(적개심) 나 때문에 죽었다고 평생 생각하게 되었으며(죄책감, 나중에 바로 밑 동생이 농약 때문이 아니라 그날 대야에 목욕하다가 뒤로 넘어져 뇌진탕으로 죽었다는 사실을 알게 됨) 엄마가 아빠와 사는 것이 힘든데도 니 때문에 못 헤어졌다는 말에 자신의 자녀를 임신하기 전까지 돈을 벌어 아빠, 엄마에게 갖다 바쳤다(죄책감). "내 같이 그런 것을 경험 안 할 거다."(상담자 25)라는 상담자의 공감적 해석에 "애한테는 이렇게 살게 하고 싶지 않았어요."(내담자 26) "아빠가 원인이다(내담자 27)." "결혼은 아니구나."(내담자 28)라고 반응한다. 또 내담자는 "엄마가 화풀이를 많이 한 것 같다."(상담자 29)는 상담자의 공감적 해석에 "많이 맞았다. 그런데 나도 만만치 않게 도망 다녔다. 동생들 안 돌보고 돌아다녔다."(내담자 29, 반발심) "엄마하고 뭔가 다르게."(내담자 34)라고 하여 엄마에 대한 반발심이 그대로 드러나고 있다. 그러면서도 엄마가 불쌍하여 엄마에 대한 분노를 표현하지 못하고 아빠의 노예 같은 삶을 사는 엄마하고 같이 살고 싶지 않으면서도 억지로 이해하려고 하였다는 양가감정을 보이고 있다(내담자 37).

2회기는 내담자의 대물림되는 핵심감정이 완전히 드러나고 이를 내담자가 상당 부분 통찰하며 앞으로 이를 해결하기 위해 어떻게 해야 하는지를 알려 주는 마무리 단계로 진행되고 있음을 알 수 있는 회기이다.

1회기에 이어서 "엄마처럼 불행해지고 싶지 않다. 엄마처럼 살면 안 된다."(내담자 3) "결혼하면 엄마처럼 살 것 같고 그냥 애나 하나 키우면 좋겠다."(내담자 5) "그 생각대로 됐네."(상담자 6) "남 탓 실컷 하다가 이게 다 내가 원하던 거구나 [웃음]."(내담자 7) 강렬한 깨달음으로 허탈한 웃음을 짓는 내담자의 정서적 통찰은 점점 더 핵심으로 나아가고 있다. "아이가 아빠를 많이 의지하거든요… 예상하지 않았던 건데… 내 삶은 좀 다를 거라고… 아빠 같은 사람 안 만날려고 아이만 낳아서 키우겠다. 이런 생각을 하게 된 것 같고 그래놓으니까 그게 또 우리 애한테… 가는 거죠… 내가 만든 그런 환경을… 아빠가 있지만 없는… 그런….”(내담자 11) 대물림 현상이 나타남을 내담자가 깨닫게 되고 현장에서 목도하게 된다. 내담자는 아이에 대한 미안함을 토로한 후, “결혼을 하였다면 잘 살고 아이한테도 좋은 환경을 줄 수 있었을 텐데 너무 겁을 먹고 견고한 게 나한테 있었다.”(내담자 17) “결혼은 불행한 거라는 견고함….”(내담자 18) 등으로 표현하고 상담자는 이를 내담자가 부모에게 대물림되었다고 해석한다. 엄마, 아빠의 삶을 내 것으로 가져와 버렸다(내담자 20에 대한 상담자 반응)는 상담자의 공감적 반응이 이어지는 내담자의 반응에서 “내 애는 그러지 않아도 되는 걸 내가 만든 거예요… 오열.”(내담자 20)로 표현하게 한다. 모든 것이 나 때문이다라는 내담자의 핵심감정이 확 드러나는 순간이다.

여기에서 멈추지 않고(이 장면이 대단히 중요하다. 대부분의 경우 여기서 멈추고 감정만을 폭발시키고 표현하게 하는 데서 멈추거나 내담자를 위로하거나 문제를 해결해 주려 하거나 왜곡된 생각을 수정해 주려 하는데 그러면 완전히 다루어지지 않는다. 잠재의식 밑바탕까지 가야 한다. 즉, 대물림 현상이 완전히 드러나게 해야 한다.) 상담자는 내담자의 잠재의식의 밑바탕으로 더 한 발 들어간다. “내가 만든 거다 이러면은 어떤 마음이 됩니까?”(상담자 22)라는 반응에 내담자는 자신에 대한 처절한 자각과 반성을 한다. “나 원하는 대로 살겠다고 우리 애는… 있지만은 없는 아빠를 가졌고… 내가 용서가 안 되나 봐요.”(내담자 23) 그러면서 이런 용서를 아빠에게 빌어도 다시 나에 대한 미움으로 돌아가는 아빠에 대한 감정이 나타난다. “근데 제가 어떻게 할 수 없는 건데 아빠가 자꾸 신경 쓰이고(내담자의 호소 문제와 연관되어 나타난다. 핵심감정이 끊임없이 작동하고 있다는 것을 알게 해 주는 장면이다) 그게 내 탓인 것 같고 내가 이렇게 살지 않았더라면 아빠가 안 이랬을까?"(내담자 28) "아빠가 행복해지지 않는 것은 내 탓인 것 같다?"(상담자 29)라는 상담자의 공감적 반응들이 내담자를 더욱 직면하게 한다. 나아가서 상담자는 핵심감정을 놓치지 않고 한 발 더 나아간다. "내 때문이다 이럴 때 어떤 마음이 들어요?"(상담자 30) 내담자의 핵심감정을 정확히 지적하는 상담자의 공감적 해석이 이어진다. "아빠의 패턴이네. 그러면서 ○○ 선생에게서 계속 일어나는 것도 내가 잘못했다… 내 때문이다 할 때에는 어떻게 하지 못하네. 그때는 정말 꼼짝달싹할 수가 없다. 내 때문에 그지… 그 심정이 계속 간다."(상담자 31~35) "그럴 때는 어떤 마음이 들어요?"(상담자 36) 이에 대한 내담자 반응은 "답답하고 머리도 지끈 아프고 하아… 뭘 어쩌라는 건지 알 수가 없어요…."(내담자 36) 상담자의 최종적 해석이 이어진다. "요 감정, 요 느낌에만 딱 걸리면은 다 무너지네…. 내 때문이다… 그 말만 들었다카면은 자동적으로 감정이 올라온다… 요 감정만 올라오면 나는 무너져 버린다… 다 각자 자기 이야기인데 내 때문에 그러는 줄 알고 꼼짝 못하고."(상담자 37~42)

"엄마 아빠 싸울 때 이불 속에서 어떻게 할 수 없이 꼼짝달싹할 수 없었던, 빨리 끝났으면 하는 아이 심정이다."(상담자 44) "아빠와 결혼 안 하려고 도망갔을 때 내만 임신 안 됐으면 엄마가 안 살았는데."(상담자 51) "내한테 화풀이 하는 것도 니 때문에 말이야… 그게 이제 뿌리다."(상담자 52)

상담자는 내담자의 핵심감정을 확실히 한 다음, 해결을 어떻게 해야 하는지를 알려 주고 있다. "그게 이제 분리가 돼야 된다. 요 느낌에 요 감정에 딱 걸리면은 꼼짝달싹 못한다."(상담자 54~55) 내담자는 원인을 알았다

하더라도 이 문제를 어떻게 해결해야 하는지를 잘 모르는 경우가 대부분이다. "뭘 어떻게 해야 될지 모르겠어요."(내담자 55) 그러면서도 내 때문이라는 말이 내담자의 힘이 되기도 한다고 보고하고 있다(일희일비하는 거에요). 핵심감정은 고통의 원인이기도 하지만 삶의 동기를 주는 것이기도 하다(동전의 양면). 상담에서의 역전이의 원인이기도 하다는 것을 통찰하고 있다(왜 그러는지도 모르겠고 질문도 못하고, 내담자 59~60), 인간관계에서도 민폐는 정말 싫고(내담자 63) 등등 핵심감정이 여러 삶의 영역에 어떤 영향을 미치는지를 상담자와 내담자가 짧은 대화를 통해 점검해 나간다. 핵심감정을 통찰하면 이로 인한 영향력을 쉽게 이해할 수 있게 된다. 하나의 줄에 진주가 엮여 진주 목걸이로 탄생하듯 전체 삶이 핵심감정의 관점에서 하나로 엮이게 된다.

이 면담은 초기 과정을 보여 주기 위해 2회만 진행된다는 한계가 있으므로 상담자는 이 문제를 지속적으로 다룰 수 없기에 앞으로 어떤 방식으로 핵심감정을 해결해야 하는지를 직접적으로 말해 주고 있다. 이것이 상담의 목표이고 상담의 방향이고 상담의 초점이다. 초기 회기에 핵심이 잘 잡히면 상담자도, 내담자도 앞으로 무엇을 향해 나아가야 하는지를 이해하고 나아가기에 핵심감정을 해결하는 시간이 짧아지고 내담자도 훨씬 안정감 있게 자신의 문제를 다루어 나갈 수 있게 된다. "그걸 이제 알아차려서 자꾸 분리하는 작업이 계속되어야 한다. 그러면 자기를 받아들이고 용서하게 된다."(상담자 67) "분리가 돼야 당당해지고 살부살모, 즉 엄마, 아버지로부터 분리되는 것, 분리되어야 나를 받아들일 수 있고 그럴 때 당당해진다. 내가 나를 안 받아들이면 당당해지지 않는다."(상담자 71) "그 부분을 잘 보면서 공부를 계속 해 나가야 한다."(상담자 73) "훈습이 필요하다. 분리하고, 근데 이게 뿌리가 깊어 시간이 좀 걸릴 거다."(상담자 74) "내가 편해지면 들썩거림이 약해진다. 들썩거리더라도 얼마만큼 들썩거리느냐 이것이 내공이다."(상담자 76) 앞으로 예상될 수 있는 상황도 미리 알려 준다. 상담자의 자비심이 돋보인다.

이 면담은 도 정신치료와 핵심감정의 대물림 현상을 잘 보여 주는 사례이다. 상담자의 정확한 공감적 이해와 탐색 그리고 공감적 반응이 돋보인 사례이다. 두 가지 아쉬운 점을 말하고 논평을 끝내고자 한다. 첫째, 1회기 성폭행 후 엄마가 고향으로 도망가고 다시 아빠에게 설득되어 돌아오는 과정에서 내담자가 언제 임신이 되었는지 분명하지 않아 임신 과정에서의 엄마의 심정과 태내 아이의 심정이 내 때문이라는 핵심감정과 어떻게 연결되는지 분명히 드러나 있지 않은 점이 아쉽다. 둘째, 이 상담이 계속 진행되어 어떻게 훈습 과정이 진행되는지를 볼 수 없어서 참으로 아쉽다. 핵심감정의 과거와 현재의 분리 과정과 핵심감정이 약화되는 과정을 볼 수 있었다면 핵심감정을 공부하는 학도로서 큰 지침이 되었을 것 같은데, 차후에 전체 과정을 사례를 통해 직접 공부할 기회를 주었으면 감사하겠다. 평소 김경민 선생님을 옆에서 지켜 본 논평자로서 그의 공감력은 참으로 대단하고 공부의 좋은 소재이기도 하였다. 이 사례에서도 논평자뿐만이 아니라 상담을 공부하는 많은 학도에게 핵심감정을 다루는 상담을 어떻게 해야 하는지를 너무나 명확하게 보여 주고 있어 앞으로의 상담 공부에 좋은 지침이 되고 많은 도움이 될 것으로 생각된다.

제3장

게슈탈트치료

—— 김정규(성신여자대학교 심리학과 명예교수)

1. 상담자 소개

나의 아버지는 5형제의 둘째로, 집이 가난하여 어릴 때 시골서 야학(간이학교)을 몇 개월 다닌 것 말고는 제도교육을 받지 못했는데, 청소년기에 일본으로 건너가 노동을 하다가 나중엔 사업가로 변신해서 상당한 성공을 거둠으로써 자긍심이 매우 높은 분이셨다. 하지만 해방이 되어 한국으로 돌아와 여러 사업을 하시다가, 중년기 이후 사업이 어려워지면서 알코올중독 증세를 보이면서 가족에게 자주 폭력을 행사하여 식구들이 무척 힘들어했다.

어머니는 8남매의 장녀로서 매우 성실하고 책임감이 강했으며, 자녀에 대한 애착이 유난히 많았던 분이셨다. 어머니 역시 학교교육을 제대로 받지 못했고, 열여덟에 아버지와 결혼하여 일본에서 함께 일을 하면서 열한 명의 자녀를 낳아 기르며 참으로 많은 고생을 하셨다. 해방이 되어 한국으로 돌아온 후 당시 온 나라를 휩쓸었던 역병인 콜레라와 장티푸스로 여섯 명의 자녀를 차례로 잃는 큰 슬픔을 겪었으며, 남편의 권위적이고 폭력적인 행동으로 정신적 고통도 크셨다.

나에게는 열한 살 위 큰형과 일곱 살 위 둘째 형, 두 살 많은 누나, 네 살 어린 여동생이 있었다. 형제간 우애는 비교적 좋은 편이었지만, 장남 위주의 차별에 대한 불만이 있었다. 작은형은 성격이 외향적이고 인정이 많아 동생들을 잘 보살펴 줬고, 나는 그 형과 무척 친해서 형이 가는 곳은 어디든 따라 다녔다. 나는 어머니가 자식들을 위해 헌신하며 고생하시는 것이 항상 마음이 아팠다.

부산의 변두리에 있는 한 초등학교에 입학했고, 책걸상도 제대로 없는 교실은 당시 6·25 전쟁 피난민 자녀들로 학급당 70명이 넘는 아이들로 넘쳐났다. 젊은 처녀 교사 혼자서 아이들을 어떻게 감당해야 할지 몰라 쩔쩔맸다. 나는 아이들과 잘 어울리지 못했고, 학교 가기가 싫었다. 고학년으로 올라가면서 좀 나아졌지만, 다시 입시 위주의 교육 때문에 몸서리가 쳐졌다.

고등학교 입학 후에는 문학과 불교에 관심을 가지면서 처음으로 정신적 해방감을 느꼈다. 친구들을 많이 사귀었고 동아리 활동을 하면서 호연지기를 길렀다. 노는 것이 즐거웠지만 학업을 등한시하는 바람에 대학을 두 번 낙방하면서 무척 괴로웠다. 군대생활을 마치고 학교에 복학한 뒤의 대학 공부는 참 즐거웠다. 철학을 공부하면서 논리적으로 좀 더 명료해지는 경험을 했고, 만우회 친구들과 밤늦게까지 토론하며 우정을 나누는 시간이 행복했다.

독일에서 임상심리학을 공부하면서 철학과 기독교 신학, 비교종교학

분야에도 관심을 가졌다. 니체와 후설, 하이데거, 부버를 배우면서 희열을 느꼈으며, 정신적인 지평이 새롭게 열리는 경험을 했다. 나중에 게슈탈트 치료를 배우면서 또 한 번의 전환을 경험했다. 철학과 심리학, 신학이 하나로 만나는 느낌에 전율을 느꼈다. 독일과 미국에서 게슈탈트치료 수련을 받으면서 좋은 스승들을 만나 참으로 많은 치유적 경험을 했다.

나의 게슈탈트치료 수련 배경은 독일에서 유학할 당시 1986년에 본에서 게슈탈트 집단상담을 경험하면서부터 시작되었고, 이후 한국으로 돌아와서도 방학 중에 독일과 미국을 오가며 매년 수련을 계속 받았다. 독일 본의 게슈탈트연구소(FBSB), 프릿츠펄스연구소(FPI), 미국의 샌디에이고 게슈탈트연구소(GTSD), 로스앤젤레스 게슈탈트치료연구소(GATLA), 태평양 게슈탈트치료연구소(PGI), 클리블랜드 게슈탈트연구소(GICL), 에살렌연구소(Esalen Institute) 등에서의 수련은 무척 유익했으며, 특히 Erving Polster, Miriam Polster, Gary Yontef, Lynne Jacobs 등으로부터 받은 교육수련은 내게 많은 영향을 미쳤다.

1988년에 귀국한 뒤 나는 성신여자대학교 심리학과 교수로 재직하면서 한국에서 처음으로 게슈탈트치료를 알리기 시작했다. 초기엔 주로 독일에서 배운 내용을 위주로 가르쳤지만, 1990년대 중반 이후부터는 미국에서 배운 게슈탈트치료의 새로운 흐름인 '관계적 게슈탈트치료'를 보급했다. 내가 관계적 게슈탈트치료에 매료된 이유는 그것이 나의 학문적 배경인 철학과 불교, 기독교신학 등과 잘 맞았기 때문이다.

나는 지난 30년간 게슈탈트치료 관련 서적의 번역과 저술 활동에 매진하는 한편, 한국임상심리학회의 게슈탈트치료 연구회를 통하여, 그리고 2010년부터는 한국게슈탈트상담심리학회를 설립하여 게슈탈트치료를 체계적으로 연구하고 가르치는 활동을 해 왔다. 그동안 나에게서 게슈탈트치료를 배운 사람들 수는 수천 명에 달하며, 2018년 7월 현재 3년간의 게슈탈트치료 전문수련 과정을 이수한 사람만 118명에 달한다.

게슈탈트상담심리학회에서는 지난 20년간 외국에서 게슈탈트치료의 대가들을 매년 한두 명씩 초청하여 학술대회를 개최하여 한국의 게슈탈트치료가 끊임없이 세계적인 흐름과 닿아 있도록 신경을 써 왔고, 학술지 『한국게슈탈트상담연구』를 매년 2회 발간하고 있다. 개인적으로 나는 게슈탈트치료의 한국적 수용에 깊은 관심을 갖고 있으며, 우리의 전통적 가치관 및 문화와 잘 조화되는 한국적 게슈탈트치료를 창조하여 뿌리내리게 하고 싶은 열망을 갖고 있다.

2. 상담자의 이론적 접근: 게슈탈트치료

상담자로서 나의 이론적 배경은 게슈탈트치료인데, 특히 현상학적, 장 이론적, 대화 관계적 접근을 중심으로 한다. 먼저 현상학적이라 함은 상담 과정에서 내담자에게 나타나는 '지금-여기'의 신체감각이나 감정, 욕구, 생각, 행동 등의 현상을 우선적으로 주목하여 그것들을 중요하게 다룬다는 것이다. 이때 상담자의 선입견이나 주관, 가치 판단, 미해결 과제 등을 '괄호 치기(bracketing)'하고, 온전히 내담자 현상을 중심으로 치료적 작업을 진행한다. 그렇게 하기 위해서는 상담자가 내담자의 주관 세계에 감정이입하면서 내담자와 세밀하게 상호 조율하는 '현상학적 초점화(phenomenological focusing)'가 필요하다(Polster & Polster, 1974; Yontef, 2008).

다음으로 장 이론적 접근이라 함은 내담자의 '지금-여기' 현상에 영향을 미치는 모든 힘의 상호연관성을 알아차리고, 이를 치료적으로 고려하는 것을 말한다. 예컨대, 내담자가 배우자와의 갈등에서 느끼는 죄책감에 대해 이야기한다면, 그 감정을 일으키는 데 관여된 내적, 외적, 관계적 요인을 탐색해서 개입해야 한다. 가령, 배우자에 대한 내담자의 분노가 제대로 표현되지 못하고 죄책감의 형태로 나타나고 있다면, 내담자의 내사된 '상전(top dog)'의 목소리를 탐색하는 한편, 상담자가 냉정하거나 권위적인 태도를 취하고 있지 않은지도 점검해 봐야 할 것이다.

마지막으로 대화 관계적이라 함은 상담자가 내담자와의 관계에서 내담자를 대상화시키지 않고, 온전히 한 인격으로, 존재로 대하면서 '현전(presence)'과 '포함(inclusion)' 그리고 '만남(meeting)'을 실천하는 것을 말한다. 즉, 상담자가 내담자의 매순간 변화하는 현상학적 경험을 온전히 [깨어서] 따라가며 비춰 주고, 내담자의 세계를 그의 입장에서 이해하고 받아 주면서도 내담자의 '심리 내적(intrapsychic)' 통찰을 넘어서는, [상담자와 내담자 사이의 인격적 만남을 통해] '관계성 속의 자기(self in relationship)'를 경험하도록 돕는다(Yontef, 2008).

상담 전략으로는 3회기의 매우 제한된 만남이란 것을 감안하여, 내담자의 전반적 성격 변화와 심층 분석을 시도하기보다는 내담자의 당면 어려움이 무엇인지 듣고 나서, 그것과 관련된 내담자의 반복되는 사고, 정서 및 행동 패턴(주제)을 찾아내어 그 의미와 배경, 그리고 그것을 유지시키고 있는 지금-여기 장(field)의 힘들을 알아차리도록 도와주는 한편, 미해결 과제의 접촉을 통해 현실적 고통과 어려움을 경감시키도록 돕는 데 초점을 맞출 것이다.

이때 상담자는 '대화 관계적(dialogical relational)' 태도를 취함으로써 내담자로 하여금 존중받고 온전히 수용되는 경험을 하게 해 주어, 상담자에 대한 경계를 풀고 오로지 자신의 문제에 집중할 수 있도록 도와줄 것이다. 상담자의 이러한 태도는 내담자 주제의 배경이 되었던 과거의 거부적이고 억압적이었던 환경경험과 대조적으로 보호적이고 우호적인 관계경험으로 기억되어 향후 내담자의 대인관계에서 새롭고 긍정적인 배경으로 자리 잡게 될 것이다.

구체적 과정으로는 처음에는 우선 내담자의 주제를 파악하기 위해 내담자 스토리를 경청할 것이다. 하지만 그 과정에서 내담자가 지금-여기에서 보이는 현상에도 세심한 관심을 기울일 것이다. 예컨대, 내담자 스토리에서 반복해서 나타나는 행동이나 정서 패턴이 있으면, 그것들이 지금-여기 상담자와의 대화 과정에서도 나타나는지 살펴서 과거와 현재 사이를 왔다 갔다 하며 명료화시키는 '해석학적 순환(hermeneutic circle)'을 할 것이다. 즉, 내담자의 과거 스토리에서 발견되는 주제가 지금-여기의 대화 과정에서도 나타나는지 살펴보고, 또한 지금-여기에서 보이는 행동이 과거 스토리 속에서도 발견되는지를 교차 검토하는 작업을 할 것이다.

치료 과정은 항상 상담자 혼자가 아니라 상담자와 내담자가 함께하는 작업이 될 것이다. 즉, 상담자가 내담자를 이끌거나 책임지는 것이 아니라 상담자와 내담자가 서로 동등한 자격을 갖고서 공동 책임을 질 것이며, 또한 상담자가 내담자를 대상으로 뭔가를 해 주는 것이 아니라, 상담자와 내담자가 상호협력하면서 함께 무언가를 찾아가는 과정이 될 것이다(Yontef, 2008; 김정규, 2015).

상담 기술에는 ① 주제의 발견, ② 배경 탐색, ③ 지금-여기의 활용, ④ 대화적 관계의 적용 등 4단계 절차에 따른 세부 기술이 있지만, 그때그때 내담자 진술과 반응에 따라 달리 적용해야 하므로 사용할 기술을 미리

정할 수는 없다. 하지만 일반론적인 차원에서 개략적인 것들을 언급하면 다음과 같은 것들이 있다.

먼저 주제 발견 단계에서는 내담자의 삶에서 중요한 미해결 과제와 관련된 반복적 패턴인 '주제(theme)'를 찾아내야 하는데, 여기서 상담자는 내담자 스토리를 들으면서 반복되는 문제가 무엇인지를 파악한다. 주제 파악은 행동 차원에서만이 아니라 [주제 행동에 연결된] 내담자의 정서, 욕구, 생각, 이미지, 대인관계 등의 측면에서도 이루질 수 있다. 가령, 주제 행동과 함께 나타나는 정서 패턴, 사고 패턴, 이미지 패턴, 관계 패턴 등을 찾아내어 주제를 확정지을 수 있다. 이 과정에서 상담자는 최대한 자신의 선입견이나 가치 판단, 미해결 과제 등을 내려놓고 온전히 내담자의 현상을 중심으로 탐색해야 한다(김정규, 2015).

배경 탐색 단계에서는 상담자와 내담자가 함께 협력하여 내담자 주제의 의미를 탐색하고 이해하려는 노력을 한다. 주제의 배경은 항상 과거, 특히 어린 시절의 [트라우마] 사건과 연관되어 있는데, 내담자에게 현재 [주제] 행동의 의미가 무엇인지 차근차근 질문함으로써 찾아낼 수 있다. 이때 주의할 점은 게슈탈트상담에서 배경 탐색은 항상 주제와 연관이 있는 것들만 다루어야 한다는 것이다. 즉, 상담자(또는 내담자)가 지금-여기의 주제와 상관없이 임의의 과거 사건을 정해서 물어보는 것이 아니라, 주제의 의미를 탐색하는 과정에서 자연스럽게 떠오르는 [과거] 사건들을 다루어야 한다(김정규, 2015).

지금-여기의 활용 단계에서는 상담 과정에서 일어나는 다양한 현상을 치료적으로 활용한다. 예컨대, 내담자가 자신이 겪은 트라우마 사건에 대해 이야기하면서 무표정한 얼굴로 말하거나 혹은 도중에 갑자기 목소리

이제, 계속 후회했었으니까 터트리고 나면, 좀 덜하긴 하는데, 왜 맨날 그런 생각이 먼저 올라올까. (음~.) 네. 그런 것들이 좀 걸리고. 그리고….

자신의 분노 감정이 잘 조절되지 않는 것에 대해 걱정한다.

상담자 4 걱정이 되실 만한데요?

내담자 4 네.

상담자 5 뭐 맨날 그냥 이렇게 공부도 안 하고 있거나, 쟤가 저렇게 가다가 어떻게 될까? 걱정이 되니까 뭐 화가 날 수도 있죠. 근데 그 화가 나는 게 너무 정도가 심하다는 생각이 드시는 거예요?

내담자 문제를 명료화하기 위한 질문이다.

내담자 5 얘도 이제 학교 가서 적응한다고 나름 이제 열심히 하거든요. 근데 그게 저는 작게 보이고. 놀고 막 이러는, 늦게 자고 이러는 거만 크게 보이는 거예요. 이게 정도가 얘도 학교에서 이제 뭐 이렇게 가면, 담임선생님 말도 그래요. 좀 엎드려 있고, 자는 애들도 조금씩 있고, 그런데 자세 되게 좋다고. (어, 그래요?) 네. 공부하는 자세나 태도가 되게 좋다고, 좀 기다려 보라고 담임선생님도 그러시는데도, 그래 그럼 조금 있으면 될까, 빨리 니가 했으면 좋겠다. (하하.) 하하. 그런 생각이 먼저 오는 것 (음~.) 같기도 하고. (네.) 그동안 실컷 놀았으니까, 이제 좀 해~ 하는 게 오니까 더 그러는지. 학교에서 잘하고 집에 와서 조금 더 했으면 하는 그런 건데. 집에만 오면 (그래요.) 늘어져 있어요. 그런 걸 보면 제가 아, 쉴 수도 있고, 학교에서 하루 종일 그랬으면 힘드니까. 이제 앞으로 또 열심히 해야 될 건데, 이제 시작이니까. 그런 여유가 안 생기고 왜 안 하나? 하하. 그런 생각 먼저 들고 해서 조급해지는 게. 걔한테 제가 좀 안 놔진, 이렇게 마음 놓고 기다리고. 좀 기다려서 마음을 제가 좀 편안히 먹으면, 아이도 저한테 이렇게 많이 의지하고 학교에서 스트레스 받은 걸, 이런 것들을 조금 얘기하면서 편안해지지 않을까? 또 그런 생각을 이제 요즘 계속 하다가. 오늘 오는 길에 어릴 때 제가 잘못했던 게 딱 생각이 난 거예요. 그때가 한 일곱 살 정도였는데. 어디 체험 학습을 같이 가서. 제가 직장 다니면서 주말엔 애를 데리고 이제 뭐 많이 보여 주고 싶고 하니까 같이 논다고 밖에 나가고 이랬는데. ○○문화회관에서 그 무슨 투어를 했었어요. 그 대극장 투어 해 가지고 돌아다니면서 노는 거였는데, 계속 딴짓 하고 이래 가지고, 뛰어다니고, 붙들고 혼내다가 끝내는 안 되겠어서 애를 데리고 화장실로 데려와서 이렇게 쳐다보고 막 혼을 낸 거예요. 근데 애가 막 우는데 제가 안 달래 줬었어요. 그때 달래 주지 않고. 너 그렇게 돼서, 네. (말씀하세요.) 네. 너 그렇게 돼서 어떡하려고, 사람들한테 계속 방해되고. 이제 애한테 막 성질을 냈는데, 그러고 나서 제가 그거를 잘 안 풀어 줬던 거 같아요. 그날 너무 그때 하튼 그때도 이제 제가 그때 했던 것, 그때 그런 것들이 몇 개 있으면서 우리 애가 아는 언니 아들하고 싸워서, 얼굴을 할퀴어 가지고, 언니가 "애 데리고 병원 한번 가 봐!"이랬었어요. 잘 싸우고 화도 잘 내고 하니까 애가. 그래서 애를 데리고 진짜로 병원에 갔었어요. 그다음에 갔더니 병원에서는 ADHD 저는 의심을 하고 했더니, 그 정도 안 나온다고 괜찮다고. 아이들, 아이 크는 정도에서는 이렇게 자연스러운 건데 많이 걱정되시니까 놀이치료 한번 해 보라고. 그러고 나서 놀이치료를 애는 들어가기로 하고,

이렇게 인사를 하고 이렇게 일어나려 했는데, 거기 그 선생님이 "어머님은 부모 교육을 한번 받아 보시면 어떠시겠어요?" 이러는 거예요. 그 말을 딱 듣는데, 내가 문제구나 하는 게 훅 오는 거예요. 그래서 그때 바로 부모 교육을 한 달 정도 있다가 12주짜리를 들었어요. 일주일에, 하루에 일주일에 한 번 하는 건데 3시간짜리를. 그러고 나서, 그때 알게 된 게, 애한테 막 화내고 혼내고, 막 이랬는데, 그 이제 과제를 해 오는데 애한테 화난 이유가 생각이 안 나는 거예요. (네.) 그 과제를 하는 데도 2주 동안 처음에는 생각이 안 났어요. 그래서 아, 이유도 모르고 애한테 성질만 내고 있다는 거를 그때 처음 안 거예요. 그래서 그러고 나서 이제 그때 그 과제 하면서, 아 내가 화날 때, 앞의 상황을 기억해 내려고 이제 애를 쓰고. 그렇게 지금까지 온 것 같아요. 그걸 혼자 막 하면서. 그런데 오늘 그 생각이 딱 난 게, 애를 이렇게 잘 받아 주고 이러지 못하는 게, 내가 그렇게 어릴 때 걔한테 뭐 잘못한 게 있어서 그런가? 으흐. 그런 생각이… 그런 거 아닌가? 이런 생각도 드는 거예요. 그래서 오늘 오면서 그 생각이 툭 나니까 별안간, 혼자 지하철 타고 오면서 조금 눈물 찔끔거리다가.

내담자는 매우 장황하고 자세하게 아이로 인한 자신의 걱정과 염려를 토로하고 있는데, 나는 일단 충분히 들어주는 것이 필요하다는 생각이 들어 말을 중단시키지 않았지만, 내담자가 아이에게 과도하게 몰입해 있다는 생각이 들었다. 그러면서 내담자가 왜 이토록 과도하게 아이 문제에 몰입해 있을까에 대한 궁금증이 일어났다.

상담자 6   음. 아이한테 좀 미안한 마음이 올라오셨던 것 같네요?

내담자 스토리가 너무 길어서 모든 진술에 다 반응하는 것은 부적절하

다고 생각하였다. 하지만 맨 마지막에 나온 감정이 가장 중요하게 느껴져 아들 문제에 대한 그녀의 죄책감 부분에 대해서만 반영하였다.

내담자 6   미안하고….

상담자 7   지금도 그 얘기하시면서 눈물이 좀 이렇게 (네.) 맺히시는데 어떤 마음이신가요?

지금 – 여기의 내담자 감정을 반영하는 질문이다.

내담자 7   하. [2초 침묵] 그러니까 저는 애를 되게 잘 키우고 싶었던 거예요. 제가 [10초 침묵] 그때는 그랬어요. 아빠가 있어도 얘는 아직 어리니까 모르지만 아빠는 다른 가정이 있는 사람이고 자라면서 얘가 잘 커야지, 잘 커야지, 어… 이런 환경 때문에 받는 상처가 없을 텐데 이런 생각을 했었어요. 그러니까 더 저는 조금만 못하면 더 막 혼내고 이랬던 것 같아요. 근데.

내담자 죄책감의 배경이 드러나고 있다.

상담자 8   그러니까 아이 아빠와 헤어지신 게 아이가 몇 살 때였습니까?

내담자 8   아이가 음… 일곱 살, 여덟 살 예, 일곱 살쯤에 이제, 이제 안 되겠다고 당신이 우리 가정을 선택할 게 아니라면, 이제 나 혼자… 그러니까 자기 아는 사람들한테 저는 비밀인 거예요. 근데 저는 그런 것들이 그래 이 사람 좋으니까 그런 게 상처가 되지만, 견딜만 했거든요? 근데 아이도 그렇게 하더라고요. 아이도 숨기는 거예요. 그거를 제가 알고 난, 그게 이 사람 기다려도 안 된다는 걸 알고 나니까 안 되겠더라고요. 그래서 아이가 일곱 살쯤에 다음에 학교에 들어가야 되는데, 내 호적에 올라와 있고. 그런 것들이 저한테는 다 걱정이 되는데, 이 사람은 그런 거에 대해서 전혀 신경을 안 쓰는 거예요. 그래서 그런 것들에 대해서 이 사람은 전혀, 애나 나나 그러니깐 항상 숨기고 싶은 사람들이구나, 이런 생각이 드니까 더 같이 살고 싶지도 않고, 굉장히 미워했어요. 그때부터.

아이에 대한 강한 책임감의 배경이 드러나고 있다.

상담자 9 아이를, 나나 아이를 숨기고 싶어 하는 마음이구나. 그런 생각이 드니까 같이 더 이상 함께할 수가 없다는 생각이 드셨네요? (네.) 그가 숨기고 싶어 하는구나 그런 느낌이 왔을 때, 어떤 생각이 들어서 더 이상 함께할 수 없다, 이런 마음이 드신 거예요?

아이 아빠와 헤어지게 된 배경이 내담자의 현재 행동(아이에 대한 과도한 집착)**을 이해하는 데 중요할 것 같다는 생각에서 내담자의 당시 마음을 자세히 탐색하기 위한 질문이다.**

내담자 9 제가 그걸 알게 된 게. 내년이면….

상담자 10 어떤, 어떤 생각이 들어서 '이제 그만둬야 되겠구나.'란 생각을 하게 된 거예요? 우리를 숨기는 거 같다라는 느낌이 왔을 때 어떤 생각이 드셨어요?

내담자가 상담자의 질문 의도를 정확히 이해하지 못해서 말을 자르고 다시 질문하였다.

내담자 10 [5초 침묵]

상담자 11 기분이 어떠셨어요?

내담자가 그때의 생각을 얼른 찾아내지 못하므로 내담자의 감정을 물어서 그것과 연결된 생각을 찾는 우회 전략을 시도한다.

내담자 11 [11초 침묵]

말을 굉장히 많이, 그리고 잘하는 내담자가 두 번씩이나 말이 막힌 것은

제3장 게슈탈트치료   **205**

이례적이다. 하지만 매우 중요한 대목이므로 나는 여기서 물러서지 않고 인내심을 갖고서 기다린다.

상담자 12 그런 느낌이 딱 드는 순간 내 기분이…?

내담자가 말이 없으므로 재차 반응을 촉구한다.

내담자 12 [3초 침묵] 저는 화가 났, 처음에는 화났었어요.

상담자 13 네네. 어떤 생각이 들어서 화가 나셨어요?

내담자가 자신의 감정을 찾아냈으므로 다시 그것과 연결된 생각을 탐색한다.

내담자 13 [11초 침묵] 나는 괜찮은데, 애까지? 이런 거. 애를 숨겨?

내담자가 조금씩 실마리를 찾아내고 있다.

상담자 14 숨긴다, 라는 게. 좀 뭔가 이렇게 자존심 상하는 걸까요? 아님 뭐 어떤 감정일까요? 화가 난다는 게? 그 어떻게 이럴 수 있는가?

내담자가 어려움을 겪는 것 같아 내담자가 한 말을 토대로 단서를 제공한다.

내담자 14 네. 어떻게 이럴 수 있는가?

상담자 15 그죠?

내담자 15 나는 참았거든요.

상담자 16 네에. 우리 아이를 이렇게 부끄러운 존재로 생각하다니 어떻게 그럴 수 있나? 아이를 보호하고 싶은 그런 마음이 강하게 드셨을 것 같네요?

내담자 심정에 감정이입을 하여 그의 마음을 비춰 준다.

내담자 16 아이를 예뻐하면서도 그래요.

상담자 17 그러니까 더 어이가 없고?

내담자의 분노 감정을 공감적으로 반영한다.

내담자 17 [우는 목소리로] 이해가 안 돼.

내담자의 분노와 슬픔이 표출되고 있다.

상담자 18 이해가 안 됐을 것 같아요. 네. 더 화가 나고. 이대로 더 가면⋯ 아이가 천덕꾸러기가 되는 거잖아요? 아이를 내가 지켜야 되겠다. 그죠? 나는 그래도 참겠는데, 아이한테까지 그렇게 하는 것은. 네⋯.

내담자의 심정을 깊이 공감하면서 비춰 준다.

내담자 18 [내담자 큰 소리로 운다.]

상담자 19 그러니 견딜 수가 없었을 것 같아요. 견디고 싶지 않았을 것 같아요.

내담자의 심정을 다시 공감해 준다.

내담자 19 [우는 목소리로] 애한테까지 그럴 줄 몰랐어요.

내담자의 분노 감정 이면에는 아이에 대한 깊은 애정이 배경으로 있다.

상담자 20 네. 그죠? 정말 화가 나셨을 것 같아요.

내담자 20 [내담자 크게 소리 내어 운다.]

상담자 21 네. (침묵) 그 얘기를 들으면서 아~ 그 ○○ 씨에게 ⋯ 아드님 이름이 뭐죠?

내담자 21 △△이요.

상담자 22 △○이?

내담자 22 △△이요.

상담자 23 △△이. 아. ○○ 씨에게 △△이는 정말 소중한 존재구나, 하는 게 제가 확 느껴지거든요. 이 아이를 정말 내가 잘 보호하고 키워야 겠다. 그 마음이 확 느껴지네요. 잘 키우고 싶었다는 그 말씀이 어떤 말씀인지, 이제 훨씬 더 와 닿거든요. 그러니까 이제 아이가 지금 잘 하고 있는지, 어떻게 하고 있는지 굉장히 신경을 많이 쓰면서, 그게 온전히 내 책임이니까 굉장히 신경을 곤두세웠을 것 같네요? 내가 잘하고 있는가? 잘 못하고 있는가? 늘 거기다가 신경을 엄청 썼을 것 같아요. (네.) 그냥 평범하게 이렇게 아빠하고 나하고 같이 키우면, 서로 의논도 하고, 내가 좀 조바심이 나면, 아빠가 괜찮다, 뭐 이렇게 얘기해 줄 수도 있고. (맞아요.) 근데 그런 게 아니니까, 이제 온전히 다 내 책임이 되기 때문에 불안했을 것 같아요. 늘 관찰하게 되고, 잔소리하게 되고, 그럴 것 같은데요?

내담자의 주제행동(집착과 간섭)에 대한 배경이 드러남으로써 주제행동에 대한 이해와 통찰이 일어났다. 이를 내담자에게 공감 형식으로 피드백 해 준다.

내담자 23   네. 잘한 거는 아이한테 얘기를 못해 줬던, 잘한 적도 있지만, 왠지 못한 거만 애한테 자꾸 그랬던 것 같아요.

상담자 24   뭘 잘하는 거는 당연하게 생각이 되고, 뭔가 못하면 안 된다는 생각이 강했을 것 같아요. (네.) 왜냐하면 내가 잘못 키우면 안 되니까. 그쪽에 자꾸 신경을 쓰다 (네) 보니까 (네.) 그죠. 자기도 모르게 안 그래야지 하면서도 지적하게 되고, 야단치게 되고. 좀 잘못한다 생각이 들면, 화가 팍 나고. 되게 예민해졌을 것 같아요.

내담자 행동을 다시 한 번 배경과 관련해서 이해하는 과정이다. 내담자의 통찰도 이어진다.

내담자 24   하. [6초 침묵]

상담자 25   그 과정이 굉장히 힘드셨을 것 같네요. 일곱 살 때부터. (네.) 지금 고1이라고 그러셨죠?

내담자 25 네. 10년이에요. 흐….

상담자 26 10년 세월을 [내담자 웃음] 늘 노심초사 하면서 (네.) 자기 자신
보다도 아이한테 더 지금 관심이, 초점이 맞춰져 있잖아요? (맞아요.
흐.) 그러니까 자기는 힘든 줄도 모르고, 그건 중요하지 않고, 허허.
이 아이가 지금 잘 크고 있나? [내담자 웃음] 안 크고 있나? 늘 관심
이 거기 가 있을 것 같아요. 지금 [내담자 웃음] 그 얘기 하시면서 웃
으시는데? 허허.

**자기 자신을 무시하고 아이에게 초점을 맞춰 살아온 내담자의 융합적인
삶의 배경을 비춰 준다. 이 과정에서 내담자가 갑자기 여러 번 크게 웃어
서 이를 탐색하기로 했다**(Perls et al., 1951; polster & polster, 1974).

내담자 26 아, 아니 방금, 하하.

상담자 27 네네. 어떤, 어떤 감정이신지 조금?

내담자 27 아, 지금. 왜. 아 처음에는 내가 왜 그렇게, 애한테 그렇게 그럴
까? 갑자기 조금 여유를 갖고 싶어 이랬는데. 선생님하고 지금 얘기
하다 보니까, 그래… 그렇게, 그렇게, 맨날 애한테만 그러니까, 저,
제가 입버릇처럼 그랬거든요 "내담자 1순위는 너야." "내 인생의." 아
하하. (네. 허허.) 아하하.

상담자 28 근데 지금도 막 웃음이 계속 나오잖아요. 그죠? (네.) 갑자기 웃
을 일이 아닌데, 웃음이 막 나오잖아요? 지금 어떤 생각이 나서 이렇
게 웃음이 나오시는지?

**내담자의 웃음에 뭔가 있을 것 같아서 계속 직면시킨다. 웃음은 슬픔 못
지 않게 매우 중요한 감정이므로 탐색을 요한다.**

내담자 28 아하하. 선생님이 말씀하신 게 딱 그건 거예요. 저, 제가 맨날 1순위가 개라고 생각을 하고서는 막 안달을 하면서 살았거든요. 근데 최근에 아이랑 한 얘기가 "내 인생의 1순위가 네가 아닌 것 같다, 나인 것 같다." 이랬더니 우리 애가 저한테 그러는 거예요. "그래~ 상담 공부한다고 하고 싶은 것, 처음에만 1~2년만 자기한테 신경 썼지, 진짜 상담 공부에 빠지더니 자기 하고 싶은 거 다 하고 다니면서 뭘 내가 1순위였냐?" 애가 그러는 거예요. (아, 그래요?) 아하하. 네. 그래서. 하하하. 그래서 이렇게 가끔 애하고 얘기하다 보면 애는 너무 잘 알고 있어요. 저는 공부해서 막 기를 쓰고 해서 알아낸 거를 애는 다 알고 있는 거예요. 하하.

여기서 흥미롭게도 아이와의 융합관계 주제가 좀 더 분명하게 떠오르고 있다.

상담자 29 글쎄요. 아이가 다 알고 있는지는 모르겠는데. 하여튼 다 알고 있다고 생각이 드니까 지금 (네.) 우스우신 거죠? (네.) 아. 글쎄요. 뭐 허허. 하여튼 뭔가… 우리 아들이, △△이가 나한테 1순위였구나, 예. 그 생각이 이렇게 되어 가지고 그 말씀을 이렇게 해 드리니까 뭔가 건드려진 거예요. 그죠? 그래 촉발이 되어 가지고 막 웃음이 나오시는데. (네.) 그게 그 웃음이 좀 어떤 기분에서 나오는 건지? 뭐 들켰다, 아니면 깨달았다, 아니면 뭐, 도대체 뭐예요? 기분이 상쾌하다, 뭐예요?

내담자의 웃음이 어떤 의미인지 아직 분명하지 않아 계속 탐색한다.

내담자 29 좀 뭔지 알겠다는 그런 거….

상담자 30 아, 뭔지 알 것 같은 느낌이 드니까. (네.) 이게 기분이 좋은 쪽에 속한 거죠? 웃으시는 기분이? (네.) 뭔가 알 것 같으니까? (네.) 조금 전까지만 하더라도, 아까까지만 하더라도 되게 슬프셨잖아요? (맞아요.) 눈물도 나오고, 어떻게 해야 할지 몰라 가지고, 골치도 아프고? (네.) 걱정도 되고 그랬는데. 갑자기, 뭔가 그 아이가 나한테, 정말 1순위가 될 수밖에 없었던 그런 배경을 얘기하다가, 이렇게 제가 그걸 짚어 드리니까, 맞아 바로 그거였구나. 자기 자신의 모습이 이제 보이니까. 그 상황이 보이니까 갑자기 막 웃음이 나오면서. 아 그랬구나 하는, 이제 그게 보이니까 되게 뭔가 좀 시원한 느낌도 있고? (네, 네.) 그죠?

웃음의 의미가 아들과의 융합관계를 온전히 통찰한 것과 관련되었음이 드러나고 있다.

내담자 30 맨 처음 앉았을 때는 좀 답답하고, 뭘 얘기해야 될지, 그냥 애매했었거든요? (네.) 네. 그런데 요것조것 같이 얘기가 되면서, 아 그때 얘기가 지금 필요할까 하는 생각도 들었어요. 저는 왜 그 기억이 났을까도 생각이 났었고. (네.) 그런데 막상 선생님 얘기를 듣다 보니까 그 순간을 제가 잊고 있던 것들, 그 순간의 저, (네.) 네. 애를 잘 키우려고 기를 쓰고 막. 거기에 집중하고, 이런 것들이 다 내, 온전한 내 책임이다. (그렇죠.) 예. 이런 것들이 선생님이 딱 얘기가 되니까, 그때의 제가 이렇게 확 떠오른 거예요.

현재 자신의 (아들에 대한) 집착행동이 과거 배경, 즉 아들에 대한 강한 책임감 그리고 그로 인한 융합행동과 연관되었음을 통찰하는 대목이다.

상담자 31 그렇죠? (네.) 맞아요. (네.) 그랬던 것 같은데요.

내담자 31 네. 확 떠오르고. 그치 그랬으니까 그때 그렇게, 어, 애한테 상처가 되는지도 모르고 내가 그랬었구나. 이런 게 조금은 알 것… 이 제 순간적으로 이렇게 이해가 탁 되고….

상담자 32 이제 자기 자신이 보이니까. 갑자기 모든 게 이렇게 갑자기 좀 뭐 이렇게 연결이 되면서 허. 갑자기 웃음이 나오면서 좀 약간 깨달 아지는 그런?

웃음의 배경에 있는 통찰이 무엇이었는지 계속 탐색하고 있다.

내담자 32 네, 네. 애매하게 그냥 요즘 애한테 여유를 못 갖는 게, 옛날에 내가 그래서 그랬나? 이렇게 생각을 했었는데 (네, 네네.) 선생님이 이렇게 그때의 저를 확 보게 해 주시니까. 그냥 별안간 훅 편해졌던 것 같아요. (허허허.) 조금 이렇게 웃음도 나고. 흐.

상담자 33 네. 그죠? 기분이 조금 달라 보이셨어요. 허허.

내담자 33 네. 네. (네.) 맞아요. [4초 침묵] 신기해요.

상담자 34 그렇죠. 신기하죠? 마음 상태가 이렇게 갑자기 짧은 시간에 확 바뀐다는 게 좀 신기하죠? 10년 세월이 흘렀는데, 얼마나 힘드셨을 까 싶거든요. 근데 그게 왜 이렇게 살았는지 이것 때문인가? 저것 때 문인가? 내가 그때 뭐 일곱 살 때 아이를 야단쳐 가지고 풀어 주질 않아서 이런 일이 생겼나? 온갖 추측을 막 하셨잖아요? 근데 그게 아 니라 갑자기 처음 시작이 이제, 어떻게 시작되었는가? 그게 갑자기 이렇게 이해가 되니까. (네.) 아~ 내가 지금 그때 아이 아빠하고 헤 어질 때, 이런 마음, 아이를 보호하기 위해서 내가 막 애를 썼던? (네.) 그 자기가 보이니까, 갑자기 뭔가 좀 확 뚫리는 그런 느낌이 드 셨네요?

내담자의 웃음의 배경을 명료화시켜 준다.

내담자 34 네. 그땐 그럴 수밖에 없었어요.

상담자 35 그랬을 것 같아요. 어. 이해가 됐어요. (네.) 그냥.

내담자 35 네. 그때는. 그리고 공부하기도 전이어서. 이런 걸 만약에 그때 만약에 부모 교육 그거 안 받았으면 더 힘들었을 것 같아요. 근데 그때는 더 막막하고, 되게 무섭기도 했던 것 같아요. 애랑 저랑 어떻게 될까? (음~.) 그나마 도와주던 사람인데, 내가 이렇게 뺑 차 버리고, 나 혼자서 어떻게 살겠다고… 그러면서도 우리를 이렇게 대하는 거는 저는 아니라고 생각했었거든요.

상담자 36 그렇죠. (네.) 지금 말씀하시는 거 보면, 그때도 정말 이렇게 과연 이렇게 갈라서 버리고 독립한다는 게, 정말 무모한 일이 아닐까? 그런 걱정도 됐지만, 하지만 그것보다도 우리 애한테까지 이런 대우를 받게 해서는 안 되겠다는 그런 게 굉장히 강하게 있었던 것 같아요. 그 말씀하시면서 고개를 이렇게 막 좌우로 흔드셨잖아요?

내담자 프로세스를 다시 요약하여 들려줌으로써 통찰을 공고히 해 주고 있다.

내담자 36 그건 제가 제일 싫었던 거거든요.

상담자 37 네. 그 말씀이 와 닿았어요. 우리에게 어떤 일이 일어나더라도 어떤 험난한 일을 겪는다 하더라도. 우리 아이를 정말 숨겨야 될 그런 부끄러운 존재로 (네.) 만들고 싶지 않다. 내 자존심이 허락하지 않는다. 우리 △△이를 내가 (네.) 온전히 내가 이렇게 키우겠다. (네.) 굉장한 애정이 느껴졌거든요?

내담자 집착행동의 배경이었던 아이에 대한 애정을 짚어 준다.

내담자 37 그 사람하고 관계에서, [5초 침묵] 있을 때 저는 좀. 결혼에 대해서 되게 부정적이었거든요. 그래서 제가 조금 저는 결혼은 별로 원치 않으니까, 하는 그런 생각을 갖고 만나게 됐고. 이미 가정이 있는 사람인데도. (음~.) 만나게 됐고. 그러고 어. 사랑했고. (음.) 애 아빠도 많이 좋아했고. (음.) 그런 것들이 사회적으로는 용인이 안 되지만. (음.) 저는 그걸로 충분했었어요. (음.) 근데 항상 제 가슴이 아픈 거는 음, 결혼한 사람이 아니고, 내연관계더라도 저를 어떻게 오픈을 하지 못하는 그 사람이 너무 저게 있었어요. 저는 친구들도 알고 있었고, (음~.) 몇몇은 알고 있었고 (아, 네네.) 심지어 애 키울 때도 친구들 내외하고 같이 놀러도 가고 이랬지만, 이 사람은 절대 자기 쪽 사람한테는 아무한테도 공개를 안 하는 거예요. (음~.) 그런 것들이 저는 우리 가족이 다 알고 나서도 공개를 안 하고, (음~.) 그런 것들이 저는 정말 그게, 하튼 그게 우리를 거부하는 것도 아니고, (음~.) 우리랑 있을 때 태도는 전혀 아니거든요. 그런데 절대 공개를 안 하는 거예요. 그게 한편으로는 너무 두려운가? (음.) 아, 내가 우리 친정하고 계속 싸우면서 가는 그런 과정을 다 보고 있으니까 제가 얘기하고, 애가 와서 뭐 할아버지가 막 오늘 뭐 했어, 이러면서 다 얘기를 하니까 (네.) 자기 자식인데 저렇게 예뻐하면서. (음.) 그때도 이해 안 됐고. 지금도 못하고 있어요. 저 사람은. 지금도 못 하고 있고. 애는 예쁘다고 도와주며, 조금 애 뭐 하는 거 학원비며 뭐며, 조금씩 도와줘요. 도와주면서도 그거는 전혀 손댈 수 없는 영역이 되어 버렸어요. 지금까지도 살아 있는 문제인 게, 어제 아이가 써가야 되는 거예요. 가족관계. (네.) 하. 그거를 이제 같이 쓰는데, 아빠 쪽에는 쓸 사람이 아무도 없는 거예요. 아빠 한 명밖에. 그리고 제가 몇몇 제가 이름을 아는 사람이 있지만 저도 만난 적이 없고. 이름만 알다 뿐이지, 애도 만난 적 없고. 알지도 못하고 애는. 그니까 친가, 외가 쪽만이라도 쭉 쓰면서. "너 괜찮아? 아빠 쪽 사람 이렇게 있어도 하나도 못 쓰는데?" 이랬더니 "괜찮아~." 이러면서 쓰더라고요. 근데 그게 진짜 괜찮다, 라는 뜻으로 저한테 느껴지지 않는 거예요. (네.) 네. 그래서 그런 게 또 제 잘못 같기도 하고. [3초 침묵]

아이에 대한 깊은 죄책감을 토로하고 있다.

상담자 38 그런 것 하나하나가 다 이렇게 마음에 걸리실 것 같아요. 미안하기도 하고.

죄책감을 공감해 주고 있다.

내담자 38 제가 결혼 싫다고. 허. 결혼 싫다고 그냥 나 좋은 사람하고 애 하나만 있었으면 좋겠다 이런 생각을 어릴 때 좀 했었어요. 이런 것들 다 이제 공부하면서 제가 알게 된 거거든요? 정말 그렇게 된 거예요. (음~.) 정말. 그냥 그렇게 마음 한번 먹고 생각했던 거 빼고 진짜 이렇게 됐더라고요. 그래서 그게 나는 내가 하고 싶은 대로 한 거지만, 우리 아들은 그걸 바꾸거나 지 잘못도 아닌데, 그냥, 그냥 이렇게 태어난 거잖아요. (그렇죠.) 네. 그게, 그게 요즘 들어서 좀 더 미안해졌어요. 그 전에는 이 정도까지는 아니었는데, 뭐 그랬는지도 모르겠어요. 근데 지금은 제가 상담받으면서, 나는 내 마음대로 실컷 하고 싶은 대로 살았구나. 이런 것 좀 알게 되면서 근데 내가 결혼에 대해서 너무 두려워했구나. 너무 두려워하다 보니까 이런 관계의 아이를 낳고 키우고….

죄책감과 회한에 대해 토로하다가 자기분석을 시도하고 있다.

상담자 39 모르겠습니다. 나는 그 부분에 대해서는… 그 여러 가지 우리가 뭐 분석을 할 수 있겠는데, 큰 의미가 있을지는 잘 모르겠고요. 일단은 지금 현재, (네.) 가장 문제가 되는 게 아이와의 관계 내지는 아이와의 갈등으로 인해 뭐가 문제가 되는 것인지…. …(중략)… 과거에 뭐 결혼을 하고 싶은 마음이 있었는지 없었는지, 그게 지금 그렇게 중요할지는 모르겠고요. 지금 본인에게 중요한 걸 얘기하는 것이 어떨까요?

내담자가 과거 스토리에 함몰되는 것을 막으면서 현재 욕구를 자각하도록 개입한다.

내담자 39 네. [5초 침묵]

상담자 40 그래서 어떤 부분을 좀 이제… 우리가 많은 시간은 아니니까, (네.) 좀 더 다루고 싶으신지, 초점을 어디다 맞추면 좋을지 한번 선택해 보실까요?

자칫 과거 스토리로 흘러가다 보면 상담의 초점이 흐려질 우려가 있으므로 현재 중심으로 주의를 전환시켰다.

내담자 40 [5초 침묵] 잘 키우고 싶다. 이런 게 지금은 [3초 침묵] 제가 어쩔 수 없는 부분이라는 걸 좀 알게 된 것 같아요. 아이를 제가 믿고 기다려야 된다. 이거에 대해서는 좀 알게 된 것 같은데, 그래도 애가 안 하거나 [2초 침묵] 그럴 때, 이제 먼저 화부터 나는 거는… (음.) 계속 그렇게 그거는 반복되고 있어요.

아이와의 관계에서 계속 겪고 있는 분노 감정으로 다시 주의가 옮아가고 있다. 하지만 그 분노가 죄책감과 융합관계로 인한 것임은 자각하지 못하고 있다.

상담자 41 그렇죠. (네.) 화부터 나는 이유가 (네.) [내담자 웃음] 내가 지금 갖고 있는 생각이, 애를 잘 키워야 된다는 생각이 굉장히 강하기 때문에 조금이라도 이렇게 잘못 키운 건가라는 생각이 들면 그냥 자동적으로 이렇게… 큰일 났다, 이런 생각이 드는 것 같거든요? 그래서 이제 뭐 화도 내게 되고…. …(중략)… 아이에 대한 걱정이 이렇게 굉장히 큰 나머지 그로 인해서 아이한테 좋은지 안 좋은지 잘 모르겠어요. 그리고 또 아이한테만 중요한 게 아니라 ○○ 씨 자신의 삶에도 이게 좋은지 안 좋은지, 하여튼 여러 가지 측면에서 같이 탐색을 해 볼 수 있지 않을까 싶은데요?

내담자의 과도한 책임의식과 그로 인해 파생되는 문제들에 대한 탐색을 제안한다.

내담자 41 네. [58초 침묵] 제 마음에서 일어나는 걸로 제 그 상황에, 그런 상황에 제 마음에서 어떤 것들이 일어나는지 고걸 얘기해 보고 싶어요. 아이보다. 아이는 제가 알 수 없으니까. 나중에 알게 되니까.

내담자가 자신의 내적 프로세스에 대해 탐색해 보고 싶다고 말한다.

상담자 42 음… 자기 마음에 뭐가 일어나는지를 알고 싶은 이유가 뭐죠?

내담자가 좀 더 분명하게 방향을 잡을 수 있도록 자신의 동기에 대해 명료화시킨다.

내담자 42 [3초 침묵] 중간에 뭔가 확, 뭔가 훅 올라올 때는 제가 이렇게 무슨 생각까지 드는지는 잘 모르겠어요. 그냥 화가 딱 나고, [3초 침묵] 그러고 나서도 후회하는 말을 할 수도 있거든요.

자신의 분노 감정과 연관된 생각이나 기대가 무엇인지 아직 자각이 잘 안 되고 있다.

상담자 43 결국은 아이와의 관계를 좀 더 잘하고 싶은 마음에서? (네.) 예… [침묵] 결국은 자기 자신에 대해 좀 더 알고 싶다. 자기 자신 자체, 자기 행복을 위해서 내 자신에 대해서, 뭐 이런 거라기보다는. 아이와의 관계를 더 잘하기 위해서? (네.) 아이와의 갈등에서 내가 어떤 생각들을 하고 있는지, 그걸 좀 알고 싶다 이런 얘기네요? [침묵] 자기 자신, 자체보다는 여전히 아이를 좀 더 잘 키우고 싶다는 데 초점이 더 맞춰져 있는 느낌이 드는데요. 어떠신가요?

내담자의 아들과의 융합 문제를 좀 더 명료하게 자각시키기 위해 다시 직면을 시키고 있다.

내담자 43 그런 것 같아요.

상담자 44 그죠?

내담자 44 네. 하하하.

상담자 45 허허. 지금 그 얘기 듣고 웃으시는데, 허허. [내담자 웃음] 왜 웃으시는가요?

내담자 45 아니. 하하. 저는 저한테 초점을 맞추고 싶다 이랬는데… 막상, 이유가, 허허, 아닌 거잖아요? 하하.

내담자가 자신의 행동에 대한 통찰이 일어난다.

상담자 46 그렇죠? 근데 그게 왜, 왜 (그러니까 저.) 왜 우습죠? 그러니까 그걸 알게 되니까 왜 우습죠?

내담자의 통찰을 공고히 하고, 새로운 선택을 할 수 있게 돕는 직면이다.

내담자 46 하하. 그러니깐 아무리 이성적으로 딴 방향으로 가고 싶어도, 이미 마음은 여기에서 떠나지질 않는 것 같아요.

내담자가 자신의 융합행동에 대한 좀 더 분명한 통찰을 한다.

상담자 47 여전히 지금 그냥 1순위는 (네.) 아들을 잘 키우는 것에 있단 말이에요. 그죠? 그래서 나한테 어떻게 하면 아들을 더 잘 키울 수 있을까요라고 자문을 구하고 싶은 그런 마음이 아닐까? 상담받고자 하는 목적이 거기에 있는 게 아닐까란 생각이 [내담자 웃음] 들거든요. **내담자의 관심이 여전히 온통 아이에게 가 있음을, 즉 융합관계에 있음을 직면시킨다.**

내담자 47 [내담자 웃음] 그 정도까지는 못 알아차린 것 같아요. 하하. (네. 허허.) 아. 저. 하하.

상담자 48 되게 좀 당황스러우신 것처럼 보이네요?

내담자 48 네. 네⋯. [2초 침묵]

상담자 49 아니 그렇게 할 수도 있어요. 그런데 본인이 정말 그거를 원하는 건지. 네. 허허. 그거를 한번 들여다보시고, 정말 그게 내가 필요로 하는 거다, 그러면 아 그쪽 작업을 할 수도 있어요. 나는 단지 본인이 지금 원하는 게 무엇인지, 왜 그걸 원하는지, 그걸 원하는 게 정말, 나한테 정말 필요한 것인지? 뭐 이런 부분에 대해서 같이 한번 생각해 볼 수 있지 않을까 그런⋯ 제안을 해 보고 싶은 거죠. **재차 내담자의 관심이 자기 자신은 무시하고, 오로지 아이에게만 가 있음을 직면시킨다.**

내담자 49 맞아요. 그 말씀하는데도 아이가 행복하지 않으면 나는 행복하지 못할 것 같아, 이런 생각이 들었어요.

상담자 50 그렇죠? (네.) 그러니까 아이한테 초점이 굉장히 가 있는 거예요. (네.) 근데 그게 잘못됐다, 뭐 그런 얘기는 아니고, 본인이 지금 어떻게 하고 있는지, 본인의 마음이 지금 어디에 가 있는지, 그거를 우리가 우선 알아야지, 그다음에 어디로 갈지 흐. 그죠? (네.) 방향을 바꿀 수 있는 거잖아요? (네.) 그러니까 지금 10년 전의 그 마음이 달라진 거는 없는 거예요.

내담자의 관심이 온통 아이에게만 쏠려 있음을 재차 명료화시킨다.

내담자 50 네. (허허.) 하하. 그런 것 같아요.

상담자 51 그죠? (네.) 오로지 이제 아이를 잘 키워야 되겠다는 그 마음에 일념으로 지금 살고 있는 거예요. 많은 어머니들이 비슷한 마음일 수도 있어요. 근데 지금 ○○ 씨한테는 더욱 강하게 그 마음이 꽂혀 있는 거예요. 이유가 있잖아요? 같이 들어 보니까. 어⋯ 이 아이한테 절대 내가 상처를 줘서는 안 되겠다. 이 아이를 잘 키워 가지고 애를 정말, 이 세상에서 정말 자유롭게, 편안하게, 행복하게 살 수 있도록 내가 만들어 줘야겠다. 그게 자기 삶의 목표가 된 것처럼 느껴지거든요?

자기가 없고, 아이만 있는 융합의 상태를 재차 명료화시켜 준다.

내담자 51 네. [3초 침묵] 하.

상담자 52 그게 자기 인생의, 남은 인생. 몇 년이 될지 모르겠는데, 뭐 10년이 될 수도 있고, 뭐 50년이 될 수도 있고, 모르죠. 그 남은 인생을 계속 그렇게 살 것인가?

내담자 존재에 대한 질문을 던짐으로써 실존적 결단을 촉구하고 있다.

내담자 52 그렇지는 않아요. (허허. 아니면?) 그러고 싶지는 않아요.

상담자 53 그럼 몇 살까지 그렇게, 앞으로 향후 몇 년간 그렇게 살고, 몇 년부터는 내 인생을 살겠다. 이렇게 되는 것인지 모르겠어요. 그런 생각해 보셨어요? 안 해 보셨죠? (네.) 지금 생각해 보시면 어떨까요?

아이와의 융합관계를 계속 유지할 것인지에 대해 생각해 보도록 제안하고 있다.

내담자 53 네. [8초 침묵]

상담자 54 그 마음 내가 충분히 이해가 되거든요? 너무 마음이 아팠을 것 같아요. 그죠. 어유. 응. 우리 아이를, △△이를 되게 예뻐하는 것 같고. 다 그렇게 하기는 하는데, 아무리 그래도 그렇게 하면 뭐 해. 여전히 부끄러워하고 숨기려고 하고… 우리 아이가 자유롭지 못하게 뭔가 숨겨야 되는 그런, 그런 위치에 있다는 게 나는 도저히 이해도 안 되고, 받아들이고 싶지도 않고. 이거는 아니다. 고개가 막 좌우로 흔들어졌잖아요? (네.) 그래서 이렇게 애를 그런 환경에 놔 둘 수 없다. 실존적인 결단을 내리신 거예요. 그러니까 그렇게 나왔기 때문에 이 아이를 정말 잘 키워야겠다는 마음이 들었고… 잘 키운다는 말의 의미가 되게 포괄적인데, 하나하나 다 우리가 따져 볼 수 있어요. 하여튼 어쨌건 정말 잘 키운 것 속에는 공부도 잘하고, 뭔가 이렇게… 남한테 꿀리지도 않고, 뭐 여러 가지 (네.) 모르겠습니다. (네.) 어떤 것들이 다 들어 있는지. (네.) 하여튼 그런 것들이 있는데, 어쨌거나 자신보다는 이 아이한테 온전히 올인해야겠다는 생각이 강했던 것으로 느껴졌거든요? 그 생각이 10년 동안 변치 않았어요. 그렇게 쭉 살아왔는데, 그게 앞으로 30년, 40년, 50년 계속 그렇게 살지? 아니면 앞으로 10년만 더 그렇게 살지? 아니면 1년만 더 그렇게 살지? 그런 생각은 해 본 적이 없으신 것 같단 말이에요. 그럼 그런 생각 안 하고 살아도 좋은 것인지? 그 생각을 지금 한번 해 보면 어떨까 이거죠. 그죠? (네.) 아이만 중요한지? 나는 안 중요한지?

내담자가 막다른 골목에 처해서 결정의 어려움을 보이므로 내담자로 하여금 자신이 왜 이런 상황에 오게 되었는지 돌아볼 수 있도록 그간의 배경을 쭉 요약해서 공감과 함께 들려주고 나서 실존적 결단을 촉구한다.

내담자 54 [13초 침묵]

내담자의 긴 침묵은 이러지도 저러지도 못하는 혼란에 빠졌기 때문이다. 전형적인 '막다른 골목(impasse)'의 상태이다(Perls et al., 1951; Perls, 1976)

상담자 55 지금 기분이 어떠세요? 이런 얘기를 허허. 지금 들으시고 난 다음에?

내담자 55 네. (침묵) 조금 [8초 침묵] 어떻게 해야 될지 모르겠다. 이렇게 (네.) 예. 막다른. 아니면 어디로 가야 될지 모르겠는 그런 느낌….

내담자가 막다른 골목에 빠져 있음이 확인되고 있다.

상담자 56 좀 혼란스러운 느낌이 들죠?

내담자 56 네.

상담자 57 어유. 진짜 내가 지금까지는 의심이 없었어요. '이렇게 사는 게 맞다. 내 인생은, 남은 인생은 100% 이 아이를 잘 키우는 쪽에 써야겠다.'는 추호의 의심도 없었어요. 오늘 갑자기 허허. 이거… 나를 만나 가지고, 그냥 뜻하지 않게 이 문제를… 나도 뭐 그걸 이 문제가 나올 거라는 생각도 못 했고, 본인도 못 하셨을 것 같은데… 그게 지금, 지금 큰 문제로 지금 우리가 허… 맞닥뜨린 거예요.

내담자가 현재 처한 막다른 골목 상태를 명료하게 비춰 준다.

내담자 57 완전 100%라고 할지는 모르겠지만… 왜냐하면 저도 제가 하고 싶은 공부를 계속하고. 또 아이를 위해서 하기는 했지만, 그 공부를

(네, 네.) 예. 하지만, 그게 제가 좋아서 한 것도 많이 있거든요. 그런데 막상 아이와의 관계에서 어떤 상담 주제로 이렇게 얘기를 하다 보니까. 어쨌거나 아직도 아이가 1순위인 게 흐. (그렇죠.) 예. 분명해진 거예요.

상담자 58 심지어는 자기가 좋아서 하는 일조차도 (네.) 궁극적으로는 아이를 잘 키우기 위한 목적으로, 한 부분으로서 인정받는 것이지, 그 자체가 나를 위해서 하는 것이다. 이런 생각은 아직 안 하신단 말이에요.

내담자로 하여금 자기 자신을 외면하고, 아이와 융합 상태에 있음을 좀 더 명확하게 보도록 도와주고 있다.

내담자 58 저를 위한 거라는 거는 좀 알 것 같아요. 그리고 제가 하고 싶은 거라는… 매번 공부하면서 고비가 있었거든요. 몇 번의 고비가 있고, 애를 먼저 우선할 기회도 있었고 그랬는데, 저한테 먼저 투자하고, 저한테 제가 하고 싶은 걸 하고, 이런 것들의 이유가 아이랑 더 좋은 관계를 맺기 위해서… 시작은 그랬지만 (네, 네.) 가면서 좀 그러니까, 저를 좀 그래도… 저를 찾았다고 생각했었어요. 근데 선생님하고 얘기하다 보니까 맞아. 이런 생각이 드는 거예요. 맞아, 그거 아닌 것 같은데 지금? 막 이런 생각이 계속. 진짠가? 그래서 하튼 어… 헷갈려요. 하하. (허허.) 하하. 헷갈려요. 하하. 근데 하튼 정말 아이를… 아이가 아직도 1순위인 것 같아요. 아닌 줄 알았거든요? 그래도 진짜 이제는 나구나, 이런 식, 이런 쪽으로 조금 제가 깨진, 이렇게 아이가 1순위였던 제가 조금 깨져 나가고, 이제 나를 1순위로 잡고, 내 자신을 1순위로 잡고, 잡으려고 하는구나까지 간 줄 알았는데, 얘기 듣다 보니 또 아니에요. (음~.) 진짜 맞아요. 애를 위하고 애에 대한 거에서 더 많은 감정들이 올라오고, 제 자신을 위한 뭐보다는 애하고에서 더 많이 에너지를 쓰고, 마음도 항상 거기에 가 있어요. (그렇죠.) 예. 친구들도 너도 이제 좋은 사람 만나라고. 딴 친구가 '쟤는 쟤가 안 만나는 거야.' 이런 식으로 막 얘기를 해요. 근데 지금 내가 애도 아직 이 정도고, 애한테도 무슨 영향이 갈지도 모르겠고. 지금 상황에서 누굴 만나, 만나기는. 애부터 잘해 놔야지. 이런 게 인제 저는 먼저 들거든요. 그런 얘기를 하면, 친구들이 '저거 봐!' 이러면서 저를 또 이제 뭐라고 해요. 그런 말들이 저는 이해도 안 되는 거예요. 쟤네들이 날 모른다. 이런 생각이 들고. 그런 말들이 이제 같이 막 떠오르니까, 선생님 말씀이 '아직도 나는 애가 1순위인가 보다.' 이런 게 더 확인되는 것 같고… [6초 침묵] 이걸 어떻게 해야 될지 모르겠어요. 하하.

내담자가 융합관계에 있는 자신의 모습을 어느 정도 알아차린다.

상담자 59 이제 내가 뭘 원하는가? (네.) 에, 그 부분이 조금 분명했으면 어떨까, 하는 생각이 들거든요? 한번 물어볼게요. 어… 본인이 원하는 게 뭐죠?

내담자가 자기 자신을 접촉할 수 있도록 질문한다.

내담자 59 [36초 침묵] 이게 답일진 모르겠는데요. 그… 제가 (침묵) 이상적으로 생각하는 어떤 상담자가 있었어요. 그래서 그분처럼 저도 되고 싶었어요. 되고 싶고… 그리고… 뭔가 그런 것들이 조금, 조금씩 다가갈 때, 되게 기쁜 거예요. 그래서 **제가** 원하는 것들은 음… (침묵) 뭐랄까… 그런… 상담, 그러니까 이상적인 어떤 이론에만 있는 상담자가 아니라 제 생활, 또는 **저 자체**가 제 생활이나 이런 것들이, 이론, 이상… 이론적인 어떤 상담자 안에서 **저도, 제 자신도,** 충분히 그렇게 살고 있는… 그러니까 내담자들한테만 뭔가를 요구하지 않고 **저도**… 그렇게 진짜. (음.) 예. 그러니까 좀, 좀 이상적인 너무 이상적인가요? 그렇게 이론적이지만 않은… (음.) 네. (그쵸.) 네. 그런 거가 되고 싶은….

내담자가 조금씩 자기 자신을 접촉해 가는 과정이 나타나고 있다. 특히 내담자가 저, 제 자신이란 말을 하면서 부드럽게 가슴에 손을 얹으며 약간 꿈꾸는 듯한 표정을 지을 때 자기 자신을 만나는 느낌이었다.

상담자 60 그… 가슴에 이렇게 손을 대시면서 (네.) '**제 자신**', 이렇게 얘기를 하시면서 (네.) 몇 번 손을 이렇게 댔거든요? (네.) 한 번, 다시 한번 대 보시겠어요? 네. '**제 자신**' 이렇게 하시면서 손을 가슴에다 대니까 기분이 어떠세요?

내담자가 자기 자신을 접촉하는 신체 동작을 반복하여 자신과의 접촉을 다시 경험하도록 해 준다.

내담자 60 조금 떨리고요. 조금 아릿한 것도 있어요. [3초 침묵]

상담자 61 '**제 자신**' 이렇게 얘기할 때, 그… **자기**가 느껴지세요? **나. 나. 내가** 원하는 것. **내** 느낌. **나**라는 느낌. 그 느낌이 느껴지세요?

내담자가 자기를 접촉하는 과정을 세밀하게 알아차리도록 도와준다.

내담자 61 저요. 네. 저요.

상담자 62 어떠세요? 그 느낌이?

내담자 62 [4초 침묵] 조금 부끄럽지만 좋아요.

상담자 63 음. 음. 어떤 게 좋아요?

내담자 63 [4초 침묵]

상담자 64 어떤 느낌이 드세요? **내** 가슴에 손을 탁 대면서 저 자신, 제, 제, 제 소망 이런 걸 얘기하면서 손을 자기도 모르게 한 세 번 대셨거든요? (네.) 느낌이 어떠세요? 손을 지금도?

내담자 64 조금 떨려요.

상담자 65 네. 떨리면서?

내담자 65 떨리구. [8초 침묵]

상담자 66 입가에 웃음이 이렇게 미소가 지어지죠?

내담자 66 네.

상담자 67 기분이 좋은 느낌이신가요?

내담자 67 좋아요. 아하하.

상담자 68 지금 다시 웃음이 나오시는데. (네.) 지금 이 순간 아드님 생각이 났나요? 안 났나요? 지금 '**제 자신, 나**' 할 때?
아들과 분리된 독립적인 개체로서의 자기를 접촉하도록 도와준다.

내담자 68 안 났어요!

상담자 69 안 났었죠? 아드님 생각 안 하고, 자기만 이렇게 느낄 때, 기분이 어떠셨어요? 잊어버렸잖아요? (네.) 좀 놀라는 표정이네요?
죄책감으로 인해 융합관계를 못 벗어나고 있던 자기가 지금 변하고 있음을 자각시켜 준다.

내담자 69 네. 아이 생각은 전혀 안 했어요.

상담자 70 안 났었죠?

내담자 70 네.

상담자 71 이렇게 **자기**를, 아이 생각도 안 하고 이렇게 느껴도?

내담자 71 좋아요.

상담자 72 좋아요?

내담자 72 네.

상담자 73 네. 허허.

내담자 73 네. 좋아요. 하하.

상담자 74 느낌이 이렇게 느껴지시네요? 아이에 대한 걱정도 없고. 지금 뭐 화도 안 나고 그죠? 자기만 온전히 느끼는데도?

내담자 74 네. [6초 침묵]

상담자 75 음. 이런 느낌으로 그… 이런 느낌을 느끼면서 아이를 키우고 살아도 괜찮을 것 같아요? 아니면, 안 될 것 같아요?

아이와 독립된 존재로서의 자기 감각을 일깨워 준다.

내담자 75 괜찮을 것 같아요.

상담자 76 괜찮을 것 같아요?

내담자 76 네. 네.

상담자 77 이렇게 해도? 뭐 어떤 점에서 괜찮을 것 같아요? 이렇게 느끼면서 살면, 이렇게 자기를 느끼면서 아이를 대해도, 나쁜 일이 안 일어날 것 같아요?

내담자 77 애도 이렇게 저처럼 자기를 알아갈 거예요.

상호 독립적인 관계에 대한 새로운 조망과 믿음이 생겨나고 있다.

상담자 78 어. 내가 **나**를 이렇게 (네, 네.) 느끼고 좋아하고, 이렇게 하면, 오히려 아이도 자기를 느끼면서 살 것 같은, 그런 생각이 오히려 드셨네요?

내담자 78 걔는 그러고 있어요.

상담자 79 아, 그래요? 이미?

내담자 79 네네. 제가 그런 걸 순간, 순간 되게 많이 느끼거든요. (어~.) 네. 그런데 저는 못하고 있어서 그게 (음.) 매번 좀 그랬는데. (음~.) 선생님이 이렇게 그러, 그때 아이 생각났냐고 물어보는 데 너무 놀랐어요. 하하. (허허.) 하하. 정말 저만 이렇게 생각하는데도….

상담자 80 네. 괜찮네요? (네.) 죄책감이 느껴지거나, 걱정이 되거나. 뭐 불안하거나 그렇지 않고, 오히려 행복한 느낌이 들고, 아이한테 더 좋은 영향을 미칠 것 같은 그런 느낌이 드시네요? (네.) 음~. 네. 놀랍네요. 허허. 네. 그래요. 하여튼 뭐 오늘 시간은 다 된 것 같은데. (네.) 시간이 금방 갔죠? (네. 하하.) 그래요. 이 정도로 할까요? 네. 그래요.

상담자 1　예. 오늘은 어떤 얘기를 좀 시작하실까요?

내담자 1　오늘 음… 지난 번 상담하고, 밤에 또 아이가 안 자는 거예요. 1시 반쯤에 저는 한숨 자고 일어났는데. 이제 아이 방 불이 켜진 게, 깜깜한 데서 이렇게 네모나게, 환하게 문틈으로 빛이 나오니까 보이거든요. 근데 그거 보면서 전 같으면 또 "안 자니!"부터 시작해서 왜 아직도 안 자냐고 빨리 자라고 잔소리하고 이랬을 텐데. 그때 누워서 그걸 보면서 이렇게 제 자신에 대해 이렇게 생각을 했어요. 어… 그래, [3초 침묵] 괜찮을 거야. 아이가 어, 저렇게 늦게 자는 데는 자기에게 이유가 있을 거고. 다음 날 학교를 안 갈 애도 아니고, 늦는 애도 아니고, 시간 되면 일어나서 가는 앤데, 지가 알아서 할 거야. 어. 화내면 또 깨야 하니까 하지 말자 이러면서 이렇게, 어… 걔한테 얘기하는 게 아니라 저한테 얘기를 했더라는….

지난 시간 이후로 내담자에게 변화가 생겼음을 보고하고 있다.

상담자 2　그러네요. 지금 이제 가슴에 손을 (네.) 대시면서 (네.) 마치 자기에게 좀 이렇게 타이르듯이 (네.) 그렇게 얘기를 하시네요?

내담자의 변화가 가슴에 손을 얹는 동작과 연관 있음을 자각시켜 준다.

내담자 2　네. 저한테 이렇게 딱 얘기를 하는데, 그게 되게 좋았어요. 자면, 잠결에 일어나서도… 어… 그러고 나니까, 어 "△△아~ 1시 반이네, 좀 늦었다~." 이러니까 "엄마 잘 거예요. 걱정 마세요." 이러더라고요. 그래서 어… 그래 되게 그때 제가 하고 싶었던 걸 한 거예요. 그렇게 아이하고 이렇게 대화를 하고 싶었는데, 그 전에는 그게 안 되고… 어, 그때 이렇게 저를 이제 저는 자꾸 잊어버리니까. 자꾸 저도 모르게 아이한테 가니까는 선생님이 그때 이렇게, **저**… 이렇게, "**저**를 이렇게 세 번 하시네요?" 하면서 **저** 했는데. 그때 어… "느낌이 어떠냐?" 그랬는데, 되게 좋았어요. 되게 좋고. 음… 그러니까 되게 따뜻해지고….

지난 시간에 상담자가 개입한 것에 대한 느낌을 이야기하고 있다.

상담자 3 그러셨더랬죠?

내담자 3 네. 되게 좋은 거예요. 그래서 어, 이제 하튼 그, 그때 한 번 하고 잘 때 한 번 제가 혼자서 **나**~ 하면서, **나**~ 이렇게. 혼자 이렇게 하고서 이렇게 잠이 들었어요. 밤에 잠을 몇 번씩 깨고 이랬었는데, 최근 정말 3~4일은 되게 잘 잤던 것 같아요. 잠도 잘 오고. 네. 자고… 자다가 중간에 깨도 바로 또 잠들고, 그래서 보통 5시나 6시까지는 푹 계속 자는 식으로. 전에는 서너 시에 깨서 잠을 못 자고, 아침에 이제 출근하고, 되게 피곤해하고 이랬거든요. 그래서 그게, 되게 이렇게 나를 자꾸 잊어버리니까… **나**~ 이렇게 찾을 수 있게. 이렇게 이거가 되게 좋았던 것 같아요. 하하.

지난 시간 이후의 변화에 대한 긍정적 기분을 이야기한다.

상담자 4 가슴에 이렇게 손을 올리는 동작을 지금 계속? 자주 이렇게 (네.) 반복하시네요? (네.) 음. 정말 그게 좋으셨던가 봐요? (네.) 지금도 이렇게 가슴에 손을 올리고 계시는데, 느낌이 어떠세요?

이러한 변화가 지난 시간에 내담자가 자기(self)를 접촉한 것과 관련 있음을 알아차리도록 도와주고 있다(김영주, 2014; 김정규, 2015).

내담자 4 음… 요 안쪽은 조금 아릿한데, 되게… 요기는 따듯하고. 진짜 저만 생각하는 것 같아요. 이때는 다른 거 아니고….

상담자 5 온전히 자기에게 (네.) 집중하는 느낌이 있으시네요?

온전히 자기를 접촉하는 느낌을 알아차리도록 도와주고 있다.

내담자 5 그게 되게 좋아요.

상담자 6 그렇죠?

내담자 6 네. 되게 좋아요. 좋고… 음 자꾸 잊어버리는 것 같아요. 일상, 특히 아이하고 있을 때는… 이 방법을 안 게, 요걸 찾은… 안 게 되게 좋았어요.

상담자 7 손을 이렇게, 왼쪽 손을, 네… 오른쪽 가슴에 이렇게 대시니까… 원래 왼손잡이신가요?

내담자 7 양손을 써요. (아, 그래요. 네.) 왼손을 많이 쓰긴 해요. 네.

상담자 8 가슴에다가 이렇게 손을 대고 계시니까, 뭔가 지금 자기가 자기를 좀 만져 주는 느낌? 네. 다른 사람이 만져 주는 게 아니라, 내가 나를 지금 이렇게 만져 주고 있는 거죠?

내담자의 자기 접촉을 알아차리게 도와준다.

내담자 8 그것도 좋아요. 제가 저를 이렇게 해 주는 게 좋은 것 같아요. 남만 해 줬던 것 같아요. 아이, 엄마, 아빠. 애, 아이 아빠 이런 식으로. 저한테도 했겠지만 이렇게 제가 이렇게 바로바로 이렇게 느끼지는 못했지 않았을까? 나를 정말. 공부하면서 저를 위한 삶이다, 이런 생각은 했는데. 그거는 그냥 정말 생각이었던 거고. 진짜 마음은 잘 몰랐던 것 같아요.

자기 접촉의 감각을 알아차리고 있다(Zinker, 1977; Polster & Polster, 1974).

상담자 9　나를 내가 생각은 많이 했지만, 나를 좀 내가 위해 줘야지, 생각은 했지만 실제로 지금은 손을 그렇게 가슴에 대니까 정말 자기가 자기를 생각만 하는 게 아니라 만나지는, 정말 몸으로 이렇게 만나는 그런 느낌이 드시네요?

자기 자신과의 접촉, 자기 보살핌의 과정을 알아차리게 해 주고 있다.

내담자 9　네. 만나지는 것 같아요.

상담자 10　생각만 할 때와는 느낌이 좀 다르신가요?

자신과의 접촉을 좀 더 정확히 인식하도록 돕고 있다.

내담자 10　네. 생각만 할 때는 어… 지난번 상담 녹음 들으면서, 막 계속 헷갈리고 왔다 갔다 했던 것 같아요. 그런데 그냥 내가 나라고 생각했던 건데. 이렇게, 이렇게 되고 **나~** 하는데. 내가 어… 지금 아이. 이런 말하기 싫고, 이런 거… 내가 하고 싶은 거를 더 집중하게 되는 것 같아요. 내가 하고 싶은 거. 그러니까 그 순간에 후회하는 말을 하지 않을 수 있었어요. 이때는. 제가 진짜 하고 싶은 거. 나를 집중하니까 어… 걱정 뭐 이런 게 아니었어요. 마냥 내가 정말 하고 싶은 거에. **나~** 좀 **나~** 따뜻해지고 그러니까 아이를 보면서 화나는 말이 나가는 게 아니라. "1시 반이야 너무 늦었어~." 어, 이렇게 하니까 아이도 바로 "엄마, 이제 잘 거예요. 걱정 마세요." 하… 정말 이런 대화를 하고 싶었어요. 전혀 안 하는 건 아니지만. 그렇게 제가 막 화나는 상황에, 제가 화를 팍 내지 않고, 이렇게 말을 할 수 있던 게 너무 좋았던 거예요. 네. 그랬어요.

상담자 11　그게 왜 그렇게 좋으셨어요?

내담자의 자기통찰을 좀 더 공고히 해 주기 위한 개입이다.

내담자 11 [4초 침묵] 화내는 거는 제가 시간이 지나고 나면 제 진심이 아니더라고요. 화내서 이런 것들은 제가 원하는 것들이 아니었어요. 근데 그 순간에 거기에 확 휩싸이는 거예요. 근데 그게, 그게, 이렇게 내가 원하는 거. 또 내 자신을 이렇게 내 자신만 생각해도 아이가 잘 될 거라는 거… 이런 것들에 대한 게 지난 시간에 쭉 얘기된 게. 뭔가 이렇게 나를 찾고 잊지 말아야겠다, 이런 생각을 하게 된 것 같아요. 그래서 그때 무의식적, 이렇게 그때 아무, 생각은, 화는 났지만, 뭔가 쟤 또 안 자네? 이런 게 먼저 올라왔지만. 손을 먼저 갖다 대고 이 방법이 저를 빨리 찾을 수 있으니까. 네. 이렇게 하고. 후회될 행동 안하고, 진짜 내가 하고 싶은 말을 한 거예요. 아이한테 그 순간에. 제가 하고 싶은 말을 한 거….

자기를 접촉했을 때의 자기 행동에 대한 묘사를 하고 있다.

상담자 12 내 마음을, (네.) 마음을 좀 표현한 게 아닌가 싶네요?

내담자 12 네. 네. 내 마음에 있는 진짜 하고 싶은 말을, 화내는 것도 그런 걸 수도 있지만, 그거는 제가 나중에 후회하고 진짜가 아닌 거였던 것 같아요. 그리고 그걸 원하지 않았어요.

상담자 13 그 차이가 뭘까요? 화를 냈을 때도 난데, 이번에는 화를 내지 않고 표현했는데, 이것도 난데, 그 둘 차이가 뭘까요?

내담자가 자신의 행동을 좀 더 세밀하게 알아차릴 수 있도록 도와준다.

내담자 13 [25초 침묵]

상담자 14 생각을 해 가지고는 (네.) 차이가 잘 안 떠오르시는 것 같은데. 느낌상으로는 조금 차이가 있나요? 어떻게 차이가 있나요?

내담자가 어려움에 봉착한 걸 보고 좀 더 쉽게 대답할 수 있도록 도와준다.

내담자 14 화났을 때는 뭔가 여기에서 막 그거를 내뱉는 거 같은 거예요. 혹, 그냥 혹 애한테 뭔가를 혹, 공격하는 거죠. 한마디로 예, 말로 때리는 그런 느낌이에요. 예, 하튼 뭔가 혹 올라와서 확 나가는데. 이렇게 나를 딱 느끼고 그러고서 아이한테 얘기할 때는 그렇게 힘들지도 않고, 네.

내담자가 자기(self)를 접촉할 때와 자기를 잃어버렸을 때의 차이를 어렴풋이 자각한다(김정규, 2015).

상담자 15 좀 차분해지는 (네.) 느낌이네요? (네.) 자기를 온전히 느끼면서 얘기를 하는 것 같으네요?

자기를 온전히 접촉하고 말할 때의 감각을 알려 주고 있다.

내담자 15 그게 정확치는 않겠지만 그냥 나를 이렇게 생각하고, 그 순간 짧았지만 **나~**, 좋은 **나~** 이렇게 되는 순간 그때 너무 좋았었어요. 그때 매번 이렇게 **나~**, **내 자신~** 이러는데 혼자서 왜 배시시 웃고 있는 거예요. 제가. 어. 되게 좋구나, 이게. 나를 생각한다는 게. 그래서 이걸 생각하고 얘기를 했을 경우, 내가 하고 싶은 말을 할 수 있을 것 같고. 실제로 그때 그런 생각을 먼저 한 거는 아니지만 하튼, 그때 그 순간에 딱 이렇게 **나~**를 해 보고 얘기를 했는데. 되게 차분하고, 하고 싶은 말을 했다고, 내가 내 마음을 표현한 거가 맞는. 네. 네. 실제 제 마음을….

상담자 16 좀 안정돼 보이고, 차분해 보이고. 온전히 자기로서 어… 자기가 할 말은 뭐 결국은 화를 내서 하는 거나, 화를 안 내고 이렇게 차분히 하는 거나, 할 말은 같은데 (네.) 느낌이 좀 다르네요? 하나는 좀 이렇게 중심이 흐트러진 느낌이 드는가 하면, 지금은 이렇게 가슴에 손을 올리시면서 자기를 느끼면서 편안한 그런 마음으로 그렇게 얘기할 때는 중심이 흐트러지지 않고, 안정된 느낌에서 얘기를 하기 때문에 말의 내용은 같지만 나가는 에너지는 다를 것 같아요.

자기접촉이 될 때의 신체감각을 기억하도록 도와준다.

내담자 16 그럴 것 같아요. 네. 안정되고. 이렇게 차분하고 편안하고. 이 말을 하는 거에 대해서 뭔가 이렇게 혼자 검열하고, 이런 게 없는 것 같아요. 그냥 정말 있는 말을 그냥 하는 건데 그게 되게 좋았어요. 그 말을 하는 제가 좋고. 아이도 또 그렇게 해 줘서 너무 좋았고.

자기접촉을 했을 때의 안정감에 대해 보고하고 있다.

상담자 17 부드럽게 얘기하니까 아이가 또 알아듣네요? 엄마, 걱정하지 마세요~, 이렇게 얘기하고. 엄마의 마음이 뭔지, 마음을 딱 보네요. 아이가?

내담자 17 "금방 잘 거예요." 이렇게. 그렇게 얘기하고 그 이후로도 이제 제가 새벽 4시에도 애가 자다가 제 자리로 와서 누운 적이 있어요. 어제였거든요. 그래서 너 또 늦게 잤어? 이랬더니 아니라는 거예요. 일찍 잤다는데. 근데 맘속으로는 또 이렇게 올라왔어요. [웃으면서] 4시에 또 잔 거지? 이제 이 생각이 들면서 올라왔는데. 아, 믿자! 우리 아이가. 아 지가 4시에 잤을 때는 이유가 있겠지. 그런 생각을 손 올리지 않고, 그때는 하면서 습관적으로 제가 맘속에 막 약간 의심하듯이, '저거 또 거짓말하는 거 아니야?' 막 이런 게 먼저 온다는 게 좀 느껴지는 거 같아요. 어제는 고게 확 느껴지니까 화나기보다는 '아, 또 아이를, 또 걱정하고 못 믿어하는구나. 좀 기다려 봐야지.' 하면서 좀 혼자 다독이고, 그래 아이한테 "니가 알아서 하겠지." 이제 이렇게 하고는 넘어갔어요. 근데 "진짜야. 어제 일찍 잤는데, 자다가 너무 더워서 엄마 옆에 간 거야." 이제 제 방에 창이 큰 게 있어요. 그래서 거기가 시원하다고 온 거거든요. "알았어." 이런 것들이 일상에 그냥 지나가는 건데. 되게 기분이 좋아요. 아이랑 이런 대화를 하는 게. 예.

상담자 18 뭔가 아이하고 이제 다투지 않고, 갈등 없이 문제를 해결했다라는 그런 게 기분이 좋았을 것 같아요.

내담자의 성공경험을 지지해 준다.

내담자 18 네. 항상 사소한 거 가지고 아이랑 이렇게 다투고, 상처 주고, 또 아이는 상처 안 받은 것처럼 막 행동하는데, 아닌 척. "뭐 엄마는 맨날 그렇지 뭐." 이러면서 이제 애는 하는데, 저는 또 저대로 아픈 거예요. 제가 한 게 후회되고….

상담자 19 그렇죠? (네.) 아이도 마음이 안 좋았을 텐데…. (네.) 뭔가 그런 생각이 들 것 같아요.

내담자의 내적 프로세스를 비춰 준다.

내담자 19 네. 네. 그래서 그런데 음… 이제 밤에 자고, 늦게 자고, 막 이런 것들 때문에 몇 번 이제 그랬는데. 3월에 또 그런 적이 몇 번 있어서 맘속에 하. 자다가 이렇게 불 켜진 거만 보면 기분이 확 안 좋아지고 이랬었거든요. 그때 그렇게 손을 [가슴에] 딱 얹고, 누워서 손을 얹고. 그리고 어… **나~**, 나한테 집중하는 거… 그런 마음을 이렇게 혼잣말로 하면서 누워서 그렇게 했는데 그게 좋았어요.

상담자 20 집에 가서 (네.) 그거를 실천을 하셨네요?

내담자의 자기치료 노력을 격려해 준다.

내담자 20 네. 여기서 느꼈을 때 되게 좋았거든요? 여기서 느꼈을 때 예상치 못했던 거고… 그리고 음… 그 예상치 못했던 게 저한테 꼭 필요했던 거 같은 생각이 들었어요. 아. 내가 이런 게 부족했나 봐. 이런 게 없으니까 자꾸 흔들리고, 조그만 일에 훅 화가 나고, 이런 게 아니었을까? 이러면서 내 자신, **나~** 여기에 집중하는 거. 이런 생각들 하면서 그날 갔던 것 같아요. 음. 그리고 음. 선생님 얘기 중에 그때는 잊어버렸는데, 아이에 대한 걱정이 사실은 아이에 대한 애정이 아닌가? 아이를 사랑하고 그런 어떤 애정이 느껴진다. 애정이라는 표현을 쓰셨는데. 그때는 그냥 슥 지나갔던 것 같아요. 근데 어제 ▽▽ 교수님 상담에서도 그 비슷한 얘기가 또 나온 거예요. 어… 그런 것들이 다 사랑이 아닌가? 선생님도 그 얘기를 하셨어요. 그때도 그게 저 같지가 않은 거예요. 어… 그런 것 같기도 하다고 이러면서 왔거든요? 근데 오늘 오면서 녹음을 다시 듣는데. 어… 그래… 또 아이가, 아이를 사랑하고 그러니까 낳기도 했고. 그 힘든 상황에… (그렇죠.) 네. 낳기도 했고, 또 애 아빠를 나가라고도 했고… 제가 원래, 제가 아이한테 주고 싶었던 사랑이 바로 이런 거. 아이한테 주고 싶었던… 환경. 이런 것들이 정말 애정이 있으니까 그렇게 한 건데… (그렇죠.) 네. 그런 것들을 어떤 순간엔 잊고서는 괜히 뭐냐, 세상에 잣대나 이런 거를 저한테 훅 들이대면서 저를 막 혼자 이렇게 뭐라고 평가하고 이러는 것 같아요. 혼내고, 또 그랬어? 이런 식으로… 근데 그래 애정을 갖고 사랑하니까 애를 어떻게든 그렇게 했던 거지… 요런 식으로 이제 저를 조금 이해할 수 있었던 것 같아요. …(중략)… 어쨌거나 저에 대한 사랑을 제가 이렇게 가슴에 손을 얹으면 느끼게 되니까. 그렇게 하니까 저를 사랑하는 어떤, 저를 사랑하게끔 도와 주는 것 같아요. 하하. (네.) 상담이. 저를 알아 가기도 하지만. (네.) 네. 저를 그래도 괜찮다고 어… 저를 사랑하게끔 얘기를 계속 해 주시는데, 저는 계속 [웃으면서] 못 알아듣는 거. 그랬었던 것 같아요. 그동안….

지난 시간의 통찰과 연결해서 자신의 행동을 성찰하고 있다.

상담자 21 '그래도 괜찮다.'라고 말씀하셨는데 그게 무슨 뜻인가요?

내담자의 의미 있는, 하지만 부정확한 진술을 명료화시켜 주기 위한 질문이다.

내담자 21 음… 이제 이 사랑을 딱 잊어버린, 나에 대한 애정, 사랑의 마음을 잊을 때는 뭔가 애가 잘못하거나 실수라도 하면 "그러면 안 돼. 네가 그러면 남들이 뭐라겠어?" 또는 "니가 애를 이렇게 미혼모로 혼자 키우고 있는데… 애는 또 무슨 얘기를 듣겠어?" 이런 어떤, 남들에게서 들을 것 같은, 이런 얘기들을 저 혼자 먼저 생각하는 거예요. … (중략)… 애가 혹시라도 그런 얘기를 듣게 될까 봐. 그런 것들이 미리 걱정이 되는 것 같아요.

상담자 22 애가 어떤 얘기를 들을까 봐 걱정이 되세요?

내담자 22 사생아다, 라던가 그런 얘기들이죠. 어…. [4초 침묵]

상담자 23 그런 얘기를 들으면 아이가 얼마나 힘들까? 그런 게 염려가 되신다는 말씀이신가요?

내담자 23 네. "그러니까 더 너 잘해야 된다." 이러면서 애한테 계속 더 다그치고 했던 것 같아요.

상담자 24 네. 그건 지난 시간에 우리가 얘기했던 부분이 아닌가 싶거든요. 결국은 다그치는 그 마음은 아이가 상처받지 않도록 해 주기 위한 마음이잖아요? (네.) 그게 아이에 대한 애정이라고 보이고요. (네.) 근데 아이한테만 다그치는 게 아니라 자기한테도 스스로 자책을 하시잖아요?

내담자 24　네. 맞아요. 아이뿐이 아니라 저한테도 음…. [10초 침묵]

상담자 25　내가 아이를 잘못 키운 게 아닐까? 뭐, 아이가 다른 사람한테 비난을 안 받게끔 내가 했어야 되는데, 내가 잘못한 거 아닐까? 충분히 내가 잘 가르치지 못한 게 아닐까? 뭐, 이런 식으로 자기를 자책하시는 게 아닌가 싶네요?

내담자의 자책 프로세스를 비춰 주고 있다.

내담자 25　네. 그런 자책도 있고. 또… 어… 가끔은 나는 애 아빠를 사랑했고, 내 중심의 이야기가 아니라 남들이 봤을 때는, 어, 남들이 봤을 때는, 하면 안 되는 짓을 한 사람, 이렇게 저를 또 보는 거예요. 제가. [4초 침묵] 그런 생각이 들 때 제가. 아. 저를 지키는 게 이렇게, 이렇게. 네. 그때 그 상황에 음. 내가, 내가 그렇게 할 수밖에 없었던 그런 나를 자꾸, 잊어버리지 않으려고, 하하. 그런데도 이제. 어… [4초 침묵] 거기서 완전히 이렇게 막 이렇게, 분리가 되지는 못 하는 거 같아요. 그런 것들이 가끔은 조금씩 이렇게 쏙쏙 저한테 들어올 때가, 이제, 아이하고 관련된 상황에서는… [8초 침묵] 잘 안 되죠. 가끔은. "그래도 괜찮아."가 그런 거예요. 과거에 제가 잘못한 거… 전에는 그냥 잘못했다는 데, 이의가 없었어요. 그런데 상담받으면서 그 당시에 저를 돌아보고 생각해 보고… 어… 죽고 싶을 정도로 삶이 비참하고 이랬을 때… 어… 남들은 그러면 안 되는 짓이지만, 저한테는 이 사람이 정말 저한테는 정말 좋았거든요. 네. 그런 과정들이, 그때가 기억이 나면서 어… '그래도 괜찮다. 과거라도 남들이 잘못했다고 할지도 모르지만, [8초 침묵] 그때는….'

혼외관계에 대한 죄책감 주제가 떠오르고 있다. '그래도 괜찮아.'란 말은 죄책감에 사로잡힌 자기 자신을 스스로 수용해 주는 말이었던 것이 밝혀지고 있다.

상담자 26 표정이 되게 지금 슬퍼지시네요. 어떤 마음이신가요?

내담자 26 [우는 목소리로] 그때의 제가 불쌍해요.

상담자 27 그때 어떤 모습이셨나요?

과거 힘들었던 자기를 돌아볼 수 있도록 도와주고 있다.

내담자 27 하. [6초 침묵] 집에는 너무 가기 싫고. [3초 침묵] 음… 결혼하지 않으면 집을 탈출할 수도 없었고, 혼자서 나가서 사는 것도 그때는 못했어요. 엄마, 아빠가 그런 걸 전혀, 전혀. 그리고 큰딸이니까 니가 본을 보여야 된다. [6초 침묵] 저는 그때 무슨 탈출구가 없었던 것 같아요. 엄마는 항상 아빠가 돈을 다, 어디다 다 흩트리니까 맨날 돈이 없으신 거예요. 월급 타다가 통째로 갖다 드렸어요. 통째로… 거기서 차비 타다 쓰고… [2초 침묵] 그렇게 해서 제가, 저는 한창 때였거든요. 그때 20대. 한창 땐데, 돈을 벌어도 쓰지도 못하고, 집에 와도 그렇고… [4초 침묵] 정말 애 아빠 만났을 땐 너무 좋았어요. 제가 괜찮은 사람 같고, 애 아빠랑 있을 때는 예쁘고. 그때는 만약에 이 사람 아니었으면, 음… 모르겠어요. 삶이 이렇게 계속 이어졌을까 하는 생각도 들어요. 그런, 그런 저를 자꾸 잊어버리는 거예요. 그냥. 잊어버리고… 이렇게 그때의 저를 많이 얘기한 적도 처음인 것 같아요. 어제 오늘, 계속 그때의 제가 생각나고… 그때의 저를 보는 것도 조금 안 하려고 했었던 것 같아요. 그 전에는. 네. [9초 침묵] 고 건 잊어버리고… 그러면 안 됐지… 잘못했지… 이런 거예요. 이런 생각을 저한테 하니까, 답답하고… 뭔가 저를 계속 혼자 벌하는 그런 느낌이었던 것 같아요. 혼자서, 어딘가 모르게 막 저를… 근데 그때의 저를 이렇게 보면서 어쩔 수 없었어… 괜찮아…. [8초 침묵]

내담자의 상전(top dog)에 대항하여 당시 힘들었던 자기를 이해해 주는 또 다른 목소리가 점점 분명하게 들리고 있다(김정규, 2015; Perls et al., 1951; Perls, 1976).

상담자 28 그랬던 자기를 이해하고, 또 괜찮다고 말해 주는 그런 목소리도 있네요?

내담자의 강한 상전의 목소리에 대비되는 또 다른 내면의 목소리가 있음을 환기시켜 주고 있다.

내담자 28 '잘못됐다' 이런 거는 많이 약해진 것 같아요. 예전에는 없었거든요. '잘못했다'가 추호도 의심이 없었거든요? 그때는 그런 것들이… [8초 침묵] 안됐어요. 그때의 제가 안됐고….

그때의 자기를 그럴 수밖에 없었다고 이해해 주는 목소리가 점점 강해지면서 '자기자비(self compassion)'의 마음이 자리 잡는 모습이다(김정규, 2015).

상담자 29 그때라는 거는 언제를 얘기하는 거예요?

내담자 29 20대 때, 애 아빠 만났을 때요. 그때 많이 갈등했었거든요. 그때 이러면 안 되는데….

상담자 30 그 당시도 많이 갈등을 했었네요?

내담자 30 [22초 침묵]

매우 긴 침묵이 이어진 것은 죄책감이 다시 올라왔기 때문인 것 같다.

상담자 31 '이러면 안 되는데.' 하는 마음도 있었지만, 또 다른 목소리도 있었네요?

내담자가 대답을 못하자 자신을 지지해 줬던 목소리도 있었음을 상기시켜 준다.

내담자 31 만나면 좋은 거예요. (네.) 헤어졌다 만났다 반복하면서. 진짜 좋았나 봐, 진짜 좋구나, 이 사람이 진짜 좋구나, 이런 것들을 많이 느꼈어요. 이런 얘기를 누구에게 이렇게 솔직하게 진짜 좋아했어, 이런 것들을 친구 몇 명만 알지 누구한테 이렇게 드러내 놓고 다 얘기해 본 적이 없었어요. 그냥 아이 낳고서는 다들 자연스럽게 알게 된 거예요. 제 주변 사람들은…. 그런데 그때 20대 때는 아무한테도 그때 얘기를 한 적이 없었던 것 같아요. 그 얘기를 하려고 한 건 아니었는데, 이상하게 그때를… 당당해지고 싶다는데, 그때 얘기가 지금은 떠오르고, 네. 그때의 저를 이렇게 보게 돼요. 좀 잘못했다 이런 거보다는 안됐다. 안됐고… 음… 어렸는데, 되게. 그랬는데. 참 안됐다. [10초 침묵]

그 당시의 어렸던 자기에 대한 연민의 마음이 표현되고 있다.

상담자 32 어른이 된 지금, 어른으로서의 자기가 어… 그 20대 때의 그런 어린 자기한테 이렇게 지금 연민의 마음을 보내고 있네요?

내면의 자비로운 [성인] 자기가 그때의 [어린] 자기에게 이해와 수용의 마음을 보내고 있음을 알아차리도록 돕고 있다.

내담자 32 그때 안됐어요. [7초 침묵] 그래서 '그래도 괜찮다.' 이런 말이…

그때는 내가 왜 그런지 그런 것도 모르고, 그냥 정말 막막하게 갈등을 했거든요. 하. 뭔지 모르는 거예요. 어느 한쪽은 나는 지금 한창때고, 이렇게 사랑받고, 이런 게 너무 좋아. 한쪽은 말하면 안 되고, 이러면 절대 안 되는 건데, 내가 왜 이러고 있는지 모르고. 이 양쪽이 같이 갈등을 하는데, 제가 이게 지금은 이런 것들을 얘기할 수 있지만, 그때는 그런 것도 모르는 상태에서 그냥 이리저리 흔들리고 산 거예요. 이리저리 흔들리면서. 항상 마음속은 정말 뭔가 살만큼 확 그런 게 아니었던 거. 편한 이런 거하고는 전혀 관련이 없었던 거 같아요. 그때는 항상 맘속이 무슨 칼바람? 뭔가 이렇게 항상 뭔가 아픈 게 슥슥 긋고 가는 그런 식이었었던 것 같아요. [20초 침묵] 그렇게 안됐었어요. 안됐던 게. 지금 뭔가 나에 대한 애정, 사랑, 이런 것들을 느끼면서 그때를 보니까, 어… 잘못하고, 이런 거, 이런 눈이 아니라, '잘못했어, 너 그러면 안 되지.' 이런 눈이 아니라. '그래, 참 그때 힘들었구나, 애 아빠라도 만나서 위로받고. 또 사랑하고.' 음. 원했던 건 아니지만, 아이도 생겼고. 아이가 생겼을 때 정말 잠깐이었어요. 딱 2주? 2주 정도 갈등하고, 낳겠다는 생각하고. 그때부터는 거침이 없었던 것 같아요. 그때는… 갈등이 맘속엔 있었지만, 아이에 대해서만큼은 이상하게 전혀 예, 없었어요. 그냥 애는 낳고, 애를 위해서 뭐든 하고 싶다, 이런 것들이. 아무 고민도 없고. 그냥 무슨 내가 그러기 위해서 태어난 사람처럼 본능적으로 그렇게 움직였던 것 같아요. **이야기하면서 내담자 스스로 그때의 자기를 수용하는 마음이 커지면서 죄책감의 주제가 옅어져 차츰 배경으로 사라지고, 아이를 낳는 과정에서 올라왔던 아이에 대한 헌신의 마음이 전경으로 부상하고 있다.**

상담자 33 본능적으로? (네.) 이제 무슨 판단을 해서 이게 맞고, 틀리고 뭐 그런 것이 아니라, 그런 무조건적으로 얘는 내가 낳아야 되겠다. 그런 마음이 드셨네요?

아이의 출생 과정에서 자신의 심리 상태와 동기에 대한 중요한 내용이 나오고 있어 이를 전면에 부각시켜서 아이와의 관계를 더 깊이 다루는 것이 좋겠다고 판단하였다. 죄책감의 주제는 이 시점에서는 그렇게 중요하지 않은 것 같아 다루지 않아도 될 것 같다.

내담자 33 되게 저한테는 생소한 거였어요. 되게 이상하고 그거는… [4초 침묵] 왜 그런 생각들을 했는지 모르겠는데. 그때는 제가 어… 너무 깨닫지 못하니까, 저한테 뭘 알려 주려고 애를 확 던져 준 거 같은 그런 느낌도 들었어요. 되게 황당한 생각을 가끔 하긴 하는데. 그럴 정도로 아이가 저한테 생긴 것도 이상했고. 네. 피임도 다 했고. 네. 때도 아니었고. 네. 정말 이상했어요. (어~ 네. 네.) 그… 그거는. 네. 그래서 저한테 그때 그거는… 한 2주 정도 고민하고, 초음파 사진 보기 전에. 초음파 사진 보러 가기 전에 맘속으로 방향이 그냥 잡혔어요. 내 인생에 이런 일은 없을 것 같은 거예요. 아이가 또 나한테 이렇게 온다거나 이런 일은… 그 애가 이렇게 저한테 올 때는 다 이유가 있을 거라 이런 생각도 들고… 뭔지 모르지만, 제가 어쩔 수 없는 힘에 제가 이렇게 엎드려야 된다거나, 복종해야, 순종해야 된다는 그런 느낌이었어요. 그냥 그거는. 제가 종교는 믿지 않거든요.

아이를 낳기로 결심한 과정을 설명한다. 아이가 얼마나 소중한 존재였는지 그리고 자신의 운명처럼 느껴졌는지, 따라서 아이와 밀착할 수밖에 없었는지 배경이 드러나고 있다.

상담자 34 그냥 받아들였네요?

내담자 34 네. 초음파를 딱 봤는데, 초음파에 애가 팔다리, 머리, 몸통만 있는데. 팔다리 네 개가 막 이러고 있는 거예요. 하하. 근데 제 마음을 아는 것처럼 막 움직이는 게 미안하기도 하고. 눈물이 많이 났어요. 걔를 보면서….

상담자 35 미안한 거는 어떤 마음이었어요?

내담자 35 [울면서] 내가 안 낳으려고 했던 생각을 잠깐이라도 했던 게. 살겠다고. 어린 게. 하. 초음파 보면서 막 우니까 의사 선생님이 아, 흔들린다고 이러면서 "이쁘죠~?" 선생님도 뭘 아시는지 제가 혼자 항상 사진을 찍으러 가니까, 두 번째 갔을 때 아시는지 "예쁘죠~?" 이러더라고요. 그래서 네, 많이 예뻐요. 건강한 거 같다고. [10초 침묵] **아이와의 운명적 만남 과정에 대한 깊은 애정과 감격이 표현된다.**

상담자 36 한 생명을 낳기로 결심을 하신 거네요?

내담자 36 그때는 어떻게 될까 좀 두렵고. 무슨 미혼모. 아이 생각보다 제 생각을 먼저 했던 거 같아요.

상담자 37 당연하죠.
내담자의 실존적 결단에 대해 전폭적인 지지를 해 준다.

내담자 37 네. 그런 것들이 무섭고. [5초 침묵] 손가락질 받을 거… 그런 일이 생길까 봐 되게 무서운데도. 그런 생각보다는 낳는다. [4초 침묵] 그랬어요.

상담자 38 결단을 하셨네요?

내담자 38 [30초 침묵]

상담자 39 처음부터 아이를 정말 사랑하셨네요?

아이와의 관계가 어떻게 시작되었는지를 공감적으로 비춰 준다.

내담자 39 [16초 침묵] 아이를 키우면서, 엄마가 저를 이렇게 째려보는 사진이 하나 있어요. 우리 가족들이 같이… 저는 그때도 울었는지, 이제 항상 제가 대표로 많이 혼나고, 맞고, 했었으니까. 딸 넷인데 엄마가 저를 때리고 나면, 기운이 빠져서 밑에 애들은 못 때려요. 말로만 하고, 저만 이제 맞거나 혼나거나… 이러면 저만 얼굴이, 눈이 뻘건 거예요. 뻘겋고 이렇게 엎드려 누워서 뭘 쓰고 있나 본데, 엄마는 저기 상 앞에 앉아서 저를 째려보는… 동생 둘이 있고. 누가 찍었는지… 근데 아이를 키워 보니까, 그렇게 저도 물론 애를 혼내고 다그치고 했지만, 그렇게 미운 일이 없어요. 다 커도 예쁜 거예요. 열일곱 살인데도 뭐가 예쁘냐 아들이? 그러는데… 아직도 예뻐요. 아직도 예쁘고, 어떻게 이렇게 예쁠 수 있는지 모르겠어요. 그냥 너무 좋아요.

상담자 40 처음부터 아이를 온전히 이렇게 받아들였잖아요?

아이를 사랑하는 내담자의 마음을 공감하며 지지해 준다.

내담자 40 그냥 좋아요. 하하. [4초 침묵]

상담자 41 여러 가지 어려운 상황이었고… 다른 사람의 눈이 두렵고, 그럼에도 불구하고 아이를 낳아야 되겠다라는 그 생각을 큰 주저 없이 (네.) 결단을 내리셨잖아요? 대단한 애정이거니와 대단한 용기, 힘이 느껴져요….

내담자의 실존적 결단과 아이와 함께 살아온 그간의 삶에 대해 경의를 표한다.

내담자 41 [침묵] 무모하게 느껴졌어요. 그때 저는… 내가 왜 이러는지 모르겠고….

내담자가 과거를 회상하며 혼란스러웠던 감정을 토로한다.

상담자 42 하지만 그 결단이. 의심 없이 이렇게 지내게 됐잖아요?

다시 한 번 내담자를 온전히 붙들어 준다.

내담자 42 네. 그냥 뭔지 모르지만 나한테 이렇게 온 이유는 다 있을 거라. 그냥 그때는 아무 생각을 할 수 없었어요. 그냥 이 애가 나한테 온 게, 이성적으로 생각해도 이상했고. 근데 이렇게까지 왔을 땐 무슨 이유가 있을 것 같은 거예요.

상담자 43 그래서 그 운명을 온전히 그냥 받아들인 거네요? 어떤 일이 생길 지 모르지만, 두렵지만… 상관없이, 결론을 (네.) 내리신 거잖아요?

내담자의 결단을 다시 상기시켜 준다.

내담자 43 네. 그리고 이전 삶하고, 보다 제가 이것만큼 가치 있는 일이 없을 것 같았어요. 아이를 제가 키우고 낳고, 키우고 하는 게 제 삶에 이만큼 가치 있고 좋은 일이 없을 것 같았어요. [6초 침묵] 너무 좋았어요. 그땐… 아이를 기다리고. [11초 침묵]

상담자 44 대단한 애정과 결단, 결심, 이런 게 느껴지거든요. 힘이 느껴져요.

내담자 44 [3초 침묵] 네. 어디서 나왔는지 모르겠어요. 그때는….

상담자 45 자기 내면에서 솟아 나온 거죠.

내담자 45 [침묵] 그런 게 있는지도 몰랐어요. 그전에는 항상 뭔가 잘못하고, 혼나고, 이렇게 숨어서 지내야 됐고, 이런 것들이 그 순간에 아이로 인해서 뭔가 다 막 훅 나오게 된 것 같아요. 그게 그런 에너지 같기도 하고. [4초 침묵] 제가 결정한 거지만, 아이가 도와준 것 같기도 해요. 아이가 없었다면 제가 이렇게 용기를 낼 수 있었을까?

지나간 과거를 돌아보며 아이가 자신의 삶에 어떤 영향을 미쳤는지, 어

떤 의미가 있는지를 짚어 보고 있다.

상담자 46 음음. 그쵸. 그 결단을 내릴 때는 혼자 내렸지만, 같이 이렇게 (네.) 서로 마음이 호응하는 그런 이미지가 떠오르네요?

아이와 자신의 상호관계에 대한 내담자의 성찰 과정을 반영해 준다. 아이와 융합관계가 아닌, 서로 독립적이면서도 상호협력적인 관계임을 지적해 주고 있다.

내담자 46 네. 그래서. [12초 침묵] 제가 혼자 한 것 같지만, 아이가 생기면서. 이 아이가 계속 힘이 되고. 이 아이를 안 좋은 표현으론 핑계로, 제가 더 용기를 내고, 막 이런 것 같기도 하고….

아이에게도 힘이 있음을 자각하고 있다.

상담자 47 그런 면도 있었겠죠. (네.) 어쨌건 함께 서로, 이렇게 함께 가는 길이잖아요?

내담자가 혼자서 다 하지 않아도 됨을 자각하게 도와준다.

내담자 47 맞아요. 같이 가는 거. [4초 침묵] 같이 가는 거고. 그래서 더 아이한테, 아이하고, 아이에… 아이를 저하고 이렇게 구분하는 게 더욱이 어려웠었던 것 같아요. 아이를 위해서 뭐를 해야 된다, 이런 것들을…. 그래서 지난 시간 정말 마지막까지도 선생님 얘기를 잘 저는 이해하지 못하고 헤맸던 것 같아요. 내 자신을 딱 짚게 하니까 그제서야, 이게 따로 떨어져서 그런 것들이 안 되고 있었구나를 이제 확 느끼는 거예요. 네. 그랬어요. 지난 시간에 그런 것들을…. 그런데 오늘 얘기를 죽 하면서, 아, 아이를 정말 이렇게 나하고 하나까지는 아니어도, 굉장히 연결되고, 중요한 어떤 거에서 제가 아이를 정말, 따로 너는 너, 나는 나가 잘 안 됐던 거 같아요. 안 되고 계속 개한테 뭔가 내 거를 계속 이래야 돼, 저래야 돼를, 이런 것들을 하고 있었던 거예요.

융합관계에 빠져 있었던 자신의 모습을 다시 돌아보며 지난 시간의 통찰을 회상한다.

상담자 48 마치 나 혼자서 다 해야 하는 것처럼?

내담자 48 사실은 아이도 굉장히 많은 걸 하면서. 호응하고 있었던 건데….

상담자 49 그쵸. 함께 (네.) 해 오고 있었는데, (네.) 태어나는 순간부터?

내담자 49 네, 네. 그러니까 화내고 이랬을 땐, 제가 뭔가 편치도 않고, 항상 후회하고 뒤에 가서는….

상담자 50 혼자서 하는 거죠? (네.) 일방적으로? (네.)

내담자의 과거행동을 비춰 준다.

내담자 50 그건 제가 원하는 것도 아니고, 항상 그거는 아니에요. 뭔가 계속 안 맞고… 근데 아이는 같이, 그 아이도 같이 계속 저처럼 하고 있었던 거예요. 아이도 계속 해 오고, 그런 것들에서 제가 기쁨을 많이 느꼈고요. 고맙고, 고마워하고. 또… 되게 거기서 어. 내 삶이 되게 괜찮구나. 행복하구나, 이런 것도 좀 느꼈었던 것 같아요. 네. 잘하고 잘못하고 이런 걸 떠나서, 되게 단순한 데서 아이랑 행복을 많이 느꼈어요. 아이랑. 때 되면 뭘 하고, 이러는 게 신기하고… [웃으면서] 제가 뭘 해 줘서가 아니라, 자기가 먼저 이렇게 스스로 크면서 저절로 하는 것들이 신기했어요. 하하. 초등학교 들어가면서부터는 내가 뭘 해 주지 않아도 지가 배워 오고, 이런 것들이 되게 많았어요. 깨닫고 이러는 게. 그런 것도 놀라웠어요.

내담자의 통찰이 더욱 깊어지고 있다. 돌아보면서 아이가 얼마나 독립적인 존재였는지 하나씩 생각이 나면서 감동하고 있다.

상담자 51 아이를 통해서 정말 많은 걸 경험하셨네요?

내담자의 경험을 공감적으로 지지해 준다.

내담자 51 [4초 침묵] 아홉 살엔가 와서 그러는 거예요. "엄마, 선생님이 엄마보다 내가 낫대." (어, 허허.) 이러면서 애가. 속으로는 웃고 몰랐어요. 하하. "왜?" 이랬더니 그날 준비물을 준비해 가는데, 애 생각에는 제가 해 주는 준비물이 아니라 지가 갖고 가고 싶었던 게 있는 거예요. 근데 저는 그거는 오늘 준비물하고 상관이 없는 것 같아서 "아, 됐어~." 하고 제 걸 챙겨 줬거든요. 애가 학교 가서 선생님한테 얘기를 한 거예요. "선생님, 엄마가 나는 이걸 갖고 가고 싶은데, 엄마가 이거 가져오래서 이걸 가져왔는데, 이걸로 하기 싫어요." 이랬대요. 그건 선생님이 얘기한 거예요. 하하. 제가 이제 나중에 선생님하고 통화할 일이 있어서. 그랬더니 선생님이 "아유, △△아 니가 엄마보다 낫구나." 하하. 선생님의 주제는 바로 애가 말한 그거였던 거예요. 아… 그래서 그때 처음에는 들었을 때 충격이었는데. 아이 얘기를 듣고 뭐, 그런가 보다 이랬는데, 선생님 설명을 듣고 나서는 띵 한 대 맞고는. 아….

아이가 독립적 개체란 것을 깨달은 것을 다시 감격해서 설명하고 있다.

상담자 52 좀 깨달으셨네요? (네. 아~ 이제.) 아이도 스스로 자기에게 필요한 걸 (네.) 알 수 있는 능력이 있구나?

내담자 52 제가 이제 이래라저래라가 아니라 애 의견에 맞추고, 아닐 때 옆에서 내가 도와주는 거겠구나 하는 것들이 이제 조금 그때, 조금씩 알게 됐던 것 같아요. 그래서 아. 놀라웠어요. 아이를 키우는 그런 과정은. (그러네요.) 네. [3초 침묵] 지금도 그 과정인 것 같아요. 제가 이런, 그런 말을 했을 때 아이가 "걱정 마, 엄마, 바로 잘 거야." 이런 말을 하는 게, 어… 저는 계속 잔소리하고, 혼내고 이랬는데, 제가 이런 말을 좀 미리 했더라면 애가 이 말을 그때 더 빨리 할 수도 있을 텐데. 어, 아이는 조금 시행착오가 있지만, 어떤 방향으로 막 알아서 가는 게 있는 거 같아요. 옆에서 이렇게 지켜보고, 같이 있어 주고 하면. 그런 것들이 되게 신기해요.

상담자 53 음. 그쵸. (네.) 음… 마치 그… ○○ 씨가 그… 자기 운명을 결정할 때 그… 어떤 이성적인 판단에서가 아니라 어떤 내면에서, 어떤 그런 소리라고 할까요. 그런 걸 따라서 이렇게 어떤 방향을 정할 수 있었던 것처럼 아이도 자기 내면의 소리가 있지 않을까 싶거든요?

내담자의 통찰을 지지해 준다.

내담자 53 아이는 그런 것들을 잘… 잘, 이렇게 느끼는 것 같아요. 네. 그래서 아이를 보면 제가 더 놀라고, 놀랍다. 놀라운 것 같고. 그리고 그런 것들 제가 이제, 저는 안 그랬으니까 자꾸 잊어버리는 것 같아요. 애한테 자꾸 그래서 더 막 하려고 그러는 것 같은데, 이렇게 저를 찾는 이렇게 이, 이, 이거가 되게, 되게 쉬운 건데. 되게 쉽고 단순한 방법인데. 이렇게 하니까 아이도 그 소리를 들을 거라는 그런 이렇게 편한, 안정… 이렇게 제가 스스로 아이도 그렇게 하게 될 거야. 이런 것들. "내가 이렇게 하듯이 아이도 할 수 있어. 할 거야. 이미 하고 있잖아?" 이런 말을 저한테 하게 하는 것 같아요. 그러니까 꼭 말로 이렇게 다하는 게 아니라 마음속에서 느껴지는 것들이 그런 것들이에요. 좀 이렇게 편안해지고….

내담자가 아이의 개체성, 독립성을 점차 인식하고 명료해지는 과정을 기술하고 있다.

상담자 54 내 가슴에 이렇게 손을 얹으면 내가 느껴지듯이, 그 가슴이 하는 소리를 따라가면 어… 내가 다른 길을 찾을 수 있듯이 아이도 그렇게 할 수 있지 않을까? 하고 있을 거야! 이런 생각이 드시는 것 같네요?

내담자의 말을 되돌려 줌으로써 자기접촉을 도와주고 있다.

내담자 54 네. 네. 그래서 이게 되게 좋았던 것 같아요. 이, 이렇게 나를 이렇게 느끼는 요런, 어떤 말로 하고, 막 생각으로 찾고, 느낌을 찾고, 이런 것하고 다르게. 이렇게 되게, 이게 좋았어요. 신선하구. 되게 쉬운 방법인데, 저를 금방 이렇게 집중하게 하고, 생각하게 하고, 그래요.

상담자 55 반갑습니다. 이 정도로 할까요?

내담자 55 아, 예.

상담자 56 시간이 금방 다 갔네요?

내담자 56 네. 금방 갔어요.

상담자 1   네. 오늘은 어떤 얘기를 좀 시작하실까요?

내담자 1   저는 애 얘기를 안 하려고 그랬는데, 맨날 애 얘기를 하게 돼요. 하하. 오늘이 고등학교 들어가서 처음 중간고사 본 날이에요. 그래서 시험 보고 자기 딴에는 그래도 공부 안 하던 앤데, 나름 좀 했다고 생각을 했는가 봐요. 그러고서는 어제도 작년 기출 풀어 보니까 잘 나왔다고 그러면서 기대를 했는데, 아닌 거예요. 채점을 해 보니까. 그래서 하. 그것 때문에 이제 근무 중에 전화가 왔고, 그리고 집에 퇴근해서 바로 가서 있는데. 채점을 하고, 채점 내일 시험, 내일 모레 계속 시험이거든요. 금요일까지. 근데 그거 붙들고 앉아 있는 거예요. 1시에 시험이 끝났는데. 4시, 5시에 집에 갔더니 아직도 그거 붙들고 있는 거예요. 그래서 하~. "내일 거 공부해야 되지 않냐?" 이랬더니, "아~가만 좀 내비 둬 봐." 이러는 거예요. 하~. 그날 이제 밥 차려 주면서 이거 그냥 부글부글 올라오는데, 꾹꾹꾹꾹 참으면서 이제 밥을 차려 주고. 이제 뭐지 기대를 너무 많이 한 거 아니냐고. 시험공부 이제 처음 해 본 건데. 일단 쉬다가. 그래서 "내가 못 봐야 되는 게 당연하다는 거지?" 으휴. 한숨을 푹푹푹 쉬면서 이제 밥 먹는 거 옆에서 보면서 얘기하는데, 이제 제 딴에도 좀 심했나 봐요. 좀 있다가 "그래도 이번 시험에서 공부하는 방법을 좀 알았어." 이러더라고요. 그래서 "어~ 어떻게?" 이랬더니 조금, 조금씩이라도 계속 해 놓으면 될 거 같아! 이러, 이래요. 그래서 잘했다, 잘 알았다 그거, 그런 거 아는 것도 쉽지 않은데. 망쳐 가지고 공부하기 싫을 수도 있잖아? 그런 생각도 들었대요. 하하. 그래서 게임을 할까 하다가 참고서 내일 할 거를 조금 하고, 좀 쉴 때 제가 왔다는 거예요. 그래서 아~ 하튼 엄마가 공부하는 걸 한 번도 못 봐서. 하하. 참 궁금하다고 이러면서 이제 분위기가 부글부글 하다가 훅 전환이 됐어요. 아이가 별안간 공부하는 방법을 알았다고, 이렇게 말하는 바람에. 그래서 그러면서 이제 선생님, 이제 미술 선생님, 미술 쪽으로 갈 거라서 미술 선생님이 공부, 성적을 계속 체크하실 건가 봐요. 그래서 그분한테 좀 걱정이 되는가 봐요. 그분이 어떻게 보실지. 그래서 니가 이번에 공부하면서 공부 방법 알았다고 하면, 선생님 더 좋아하실 거라고. 점점 더 올라가는 게 더 중요하다. 니가 노력해서. 지금보다는 이제 조금 나아져서 왔는데, 나올 때 한숨 자고 일어나겠대, 아하. 그래, 자라고 하고, 자는 코고는 소리 듣고 나왔어요. 하하. 아유~ 그냥 처음에는 막 못 미덥고 또 못할까 봐 올라가서도 괜히 막 못하고, 지도 혼자 실망하고. 공부도 중학교 3학년 2학기 때 거의 놨었거든요. 미술 실기한다고. 그래서 다 놓을까 봐 되게 걱정했는데. 그냥 지가 알아서 가는 거 같아요. 그래서 그런 게 되게 한. 매번 느끼는데, 매번 느낄 때마다 또 새롭고. 하튼 밤에 이렇게 갈등을 많이 했었는데, 게임 때문에 그걸 조금 덜하니까 요즘 좀 좋은 거 같아요. 아이랑. 좀 덜, 전보다는 덜 화가 나고. 또… 그냥 좀 믿음이 더 커진 것 같아요. 애가 잘 갈 거라는 믿음이 훨씬 커지고 조금, 조금씩 자잘하게 막 올라오는데, 이제 그게 뭔가 이렇게 걱정되는 것이기도 하고, 그동안 저를 계속 실망시켰던, 어떤 그런 것들이 계속 쌓여 있어서 그런지 계속 못 미더운 게 딱 오는 거예요. 그래서 하, 그건 지난 거야. 지난

거구. 지금은 쟤가 하려고 하니까 지금 참고 보자고. 저한테 자꾸 혼
잣말을 하게 되는 것 같아요. 지금은 쟤가 하려고 해. 그건 이전 일이
고, 이렇게 혼자 얘기를 하면서 그렇게 얘기를 하면, 또 화가 아니라
안된 마음도 좀 들어요. 애가 혼자서 또, 막 하던, 놀던 습관이 있는
데, 그걸 안 하고 이걸 하려고 하려니. 되게 그럴 것 같아요. 저도 이
제 살이 되게 많이 쪘다가 요즘 3개월 동안 많이 뺐거든요. 다이어트
를 하면서 병원 갔더니 계속, 뭐 병원, 가는 병원마다 살 빼라고 안
좋다고. 그래서 살을 최근 한 3개월 동안 8키로 정도 뺐어요. (어이
구, 많이 뺐네요?) 근데 그만큼 많이 쪘었어요. 한 5년 사이에 되게
많이 쪘었어요. 한 10킬로 이상 쪘었거든요. 그래서 그거를 안 먹으
려고 이제 탄수화물이나 사탕, 과자 이걸 안 먹으려고 애 쓰는 게 되
게 힘들더라고요. (힘들죠.) 네. 먹던 습관이 있어 가지고. 몇 년간
쌓인 습관이 있어서. 그거를 딱 끊으려고, 끊으려고 하다가도 가끔
한 번씩 먹을 때, 이렇게 망가지는 것 같거든요. 제가 하, 또, 또 이랬
네. 이러면서 더 먹고 싶어지고. 에이, 이왕 그냥 이런 김에 막. 그런
제 생각이 나면서 애도 시험 때니까 좀 더 그런 거기도 하고, 며칠 전
부터 계속 맘 잡고 이렇게 하는 게 보이니까. 너도 꽤 노력하는구나.
쉽지 않을 텐데, 내가 먹는 거 참듯이. 게임 참으면서 하기 쉽지 않을
텐데. 알아. 애쓰는 모습이 더 보이고. 전에는 더 혼내고. 또 그랬냐
고. 이러면서 또 게임이야? 또 놀아? 막 이러면서 또, 또 이런 말을
되게 많이 붙였었거든요? 이번 시험 이렇게 금요일까지 가 봐야지
알겠지만 지난주부터 꾸준하게 애가 조금씩 하고, 그런 거 보니까
되게 좀 마음이 녹은 것 같아요. 걱정하던 마음도 좀 더 잊고. 그런

것들이 지난 시간인가? 같이 가는 거. 제가 맨날 이제 아이를 제가 혼자 낳아서 키우고, 막 이런 걸 제가 뭘 해야지만 됐던 이런 게 아니라. 그게 아니라 같이 가는 거라는 게 조금 의미 있어진 거 같아요. 그게 뭔지 모르, 그 말을 생각하지는 않았는데…. [5초 침묵] 항상 내가, 내가 이렇게 해야 돼, 이거야. 이런 게 이제 제 안에 훅 올라오면 그냥 무조건 화나고, 하면 안 되고. 혼내고 이런 쪽으로 먼저 갔었거든요. 근데 내가 할 수 있는 거가 이제는 이렇게 얼마 안 되고. 쟤가 할 때를 내가 기다려야 되고. 옆에서 도와야 하는 것 같아요. 예. 알지만 잘 안 됐던 것들이거든요. 그렇게 해야 된다 이런 건 아는데. 말부터 먼저 이렇게 휙, 그래 나갔었는데. 이번에는 그런 것들이 생각이 조금 덜 났던 것 같아요. 전보다는 좀 덜 났고. 기다리고. 쟤도, 쟤가 잘 가는 거 쟤가 원하는 거니까. 잘… 자기가 원하는 거 하게 되고. 또… 음… 저도 바라는 게 있고. 그런 것들을 하게 하려면, 제가 뭘 막 해서 말을 해서가 아니라, 걔가 가는 방향이 분명 저하고 틀리진 않을 거거든요. 그런 것들을 아이가 찾아갈 수 있도록 기다리는 게 중요한 거 같아요. 기다리고. 또 안 되면 제가 옆에서 힘이 돼 줄 수 있으니까. 오늘처럼. 그리고 그 순간 막 화나고, 애가 잠깐 밉고 이런 감정들이 진짜 제 마음은 아닌 것 같아요. 진짜는 애가 잘 되길 바라고 정말 제가 예뻐하고 이런 건 진짜 변하지가 않거든요?

내담자가 혼자 다짐하듯이, 자기가 어떻게 해야 할지를 정리하고 있다.

상담자 2 그러겠죠.

내담자 2 네. 그런데 순간 막 잠깐씩 그런 감정에 제가 좀 많이 휩쓸렸던 거 같아요. 네. 그런 거에 막 휩쓸리니까 그 기분 때문에 다 상하고 막. 또 막 기분이 다 바뀌어 버리는 거예요. 화나고, 못됐고, 초점도 그쪽으로만 맞춰지고 그랬던 거 같아요.

상담자 3   마치 정신을 좀 약간 잃어버리는 듯한 뭐 그런 느낌이 드네요. 그 순간은?

내담자의 프로세스를 비춰 주면서 작업 과정을 도와준다.

내담자 3   네, 네. 약간 그랬어요. 그러, 그렇게, 뭔가 이러면 안 돼, 저러면 안 돼, 이런 것들에 아이한테 막 하면서 아이가 그동안 과거에 이렇게 잘못했던 것들을 한꺼번에 혼내듯이 그 순간 하튼 혹 올라올 때는 그랬었어요.

상담자 4   혹 올라오는 그 감정에 자기가 이제 막 휩쓸려 버리면 마치, 그 회오리바람에 같이 휩쓸려 날아가듯이 정신을 잃어버린 듯한 그런 이미지가 떠오르네요?

내담자가 중심을 잃어버리는 순간을 묘사해 줌으로써 알아차림을 도와준다.

내담자 4   지나고 나면 그게 너무 싫은 거예요. 싫고….

상담자 5   그렇죠. (네.) 내가 원하는 게 그런 화내고 싸우고 뭐 그런 게 (아니거든요.) 아니었으니까.

내담자 5   네. 그런데 그동안은 그것들이 그것… 그런 감정들이 그런 것들이 이제 도움은 안 되지만 하튼 계속 일어나고, 이거 어떻게 참나, 없애나 이런 생각이 들었는데. 그냥 며칠 전엔가? 이제 밤에 3시에, 새벽 3시에 자다가 깼는데, 애가 이제 게임하는 소리가 들리는 거예요. 시험 때인데도. 일요일이었어요. 월요일에 학교 가야 되는데. 제가 이제 걔 방문을 딴 적은 거의 없거든요? 몇 년 만에 처음이에요. 대부분은 그냥 밖에서 얘기하고 그랬는데. 그날은 "고만 좀 해~ 이제 내일 학교 가야지." 이렇게 했는데도 계속하는 거예요. "알았어." 하고서는 계속해요. 근데 누워 있는다고 했는데, 보니까 40분이 지난 거예요. 근데 아직도 안 나와요. 그래서 끝내는 문을 따고 들어갔어요. 그랬더니 이제 화가 났…, 얘는 이제 평소 때 같으면, "아, 고만 좀 해!" 막 이러면서 이랬을 텐데. 저를 보고 하면서, "아이 씨~ 아이 씨~." 이러고 있는 거예요. 근데 전 같으면 저도 씩씩거리면서 "이제 막 너 시험 전날인데."부터 시작해서 한바탕 퍼부었을 텐데 "기다릴 테니까 빨리 꺼." 이랬더니 "하~ 알았어! 조금만, 조금만." 하면서, 조금만, 조금만 하면서 계속 하는 거예요. 그래서 한 10분 기다렸나 봐요. 기다렸다가 안 되겠어서 가서 차단기 내렸어요. 차단기 내리고 다시 켜고, 빨랑 자, 그러고 갔어요. 하하. 근데 그때 딱 그러고 나서 딱 누웠는데 너무 기분이 좋은 거예요. 네. 그때는 애가 게임하고 안 하고 이런 것보다 너무 늦고 새벽까지 그러는 게. 좋고, 전처럼 옛날 생각에 그동안 뭐 했던 거에 막 휩쓸려서 그랬던 게 아니라 그냥 빨리 잤, 지금까지 안 자는 건 너한테 안 좋아! 이런 것들에 대한 얘기였어요. 얼른 자! 그러고 누웠어요. 그랬는데… 4시 좀 넘어선가? 잠들락 말락 하는데 옆에 와서 그러더라고요. "엄마 게임한 지 얼마 안 됐어." 이러더라고요. 누워서 제 팔을 잡으면서. "알았어! 얼른 자자!" 이러고 그냥 잤어요. 보통 그 시간에 엄청 화내거든요. 제가 한 두 번인가 그런 적이 있어요. 새벽에, 6시 그러니까 4시까지 한 적도 있고 한 번은. 몇 번 그런 적이 있었어요. 그때 정말 그랬었는데. 일요일 날 그러고 나서 그날인가, 그다음 날인가? 아… 애한테 드는 게 순간적인 혹 올라오는 그런 거는 진짜 내 마음이 아닌가 보다. 잠깐 지나가는 어떤 진짜 내 바람이나 이런 거를 반영하는 그런 느낌이 아니라 순간순간 이렇게 잠깐 드는 화 같은 거 같아요. 저는 거기에 되게 신경을 쓰고 막. 막. 이제 계속 막 화난 감정에서 막 헤어 나오지 못하고 이랬던 거 같아요. 근데 이번에 이렇게 저 하는 거 하고. 그다음에 지난번에 둘이 같이 가는 거다 둘이. 혼자가, 제가 혼자 막 기를 쓰고 가는 것처럼 저는 여겼는데, 아이가 준 것도 되게 많은 거예요. 아이가 저한테. 예. 같이. 같이. 막 주고받고 하는 이런 상호작용 같은 거라는 거. 그 말이 좀 기억에 남았던 거 같아요. 그러고 나서는 하튼 일요일 날 그러고. 아, 내가 순간 그렇게 확 드는 그런 거는 내가 진짜 바라는 데가 어떤 건지 아직 모르는 상태에서 거기에 휩쓸리지 말아야지, 그거는 뭔가 흘러가는 거 같아, 이런 생각을 하게 됐던 거 같아요. 그래서 위기가 몇 번 있었는데, 잘 지나갔어요. 하하. 시험이 끝나면 또 다시 되돌아갈지도 모르지만. 하하. 고등학교 들어가서 첫 시험이라는 이 관문 앞에 우리 둘 다, 막 서로 그러고 있는 거 같아요. 약간 잘되길 바라면서, 긴장도 약간 한 상태에서. 그런 거 같기도 해요. 그런 게 되게 좋았어요. 그런 생각을 한 게 되게 좋고, 기분이 좋아지고. 어⋯ 그게 흘러가는 거구. 그 감정이 막 휩쓸려서 막 말하면 안 되겠다. 좀 기다렸다가 가라앉으면, 그때 진짜 내가 바라는 말을 해야겠다.

상담자 6 아이한테 가서 화를 안 내고 조용, 조용 얘기를 하고 오고 난 다음에 기분이 되게 좋으셨던 게. 막 휩쓸리지 않고, 그냥 그⋯ 자기를 느끼면서 자기 마음을 표현할 수 있었던 게 좋으셨네요?

내담자가 한 말을 트래킹(tracking)**하면서 비춰 준다**(Hycner, 1995).

내담자 6　네. 순간 허, 제가 또 이랬는데, 그게 크게 올라오진 않았어요. 전처럼 훅 올라오지 않고 빨리 재워야지. 지금 너무 새벽. 내일 학교 가야 되는데 이런 생각도 들고. 어… 공부 안 한 거라든가. 아직도 게임을 하고 있다든가, 이런 거보다는 어서 재워야겠다. 이런 생각이 먼저 들었던 거 같아요. 그니까 이제 게임했고, 공부도 안 하고 시험 때인데, 막 이런 생각이 그렇게 크게 안 들었던 거 같아요. 그래서 말하고 기다리고. 40분 지나서도 보통 때는 그때는 더 쌓이거든요? 참았으니까 더 쌓여서 더 올라오는데. 어… 말한다고 끄지 않거든요. 하하. 그러고 났더니, 어, 잘 그러고 났더니 아이가 와서 엄마, 한 지 얼마 안 됐어. 2시 넘어서까지 하다가 이제 톡으로 단톡방에서 게임 멤버들이 이제 하는 거를 이렇게 본 거예요. 보니까 아직도 하고 있더래요. 그래서 거기 들어가서 같이 놀았다고 하더라고요. 그래서 아유, 너는 나하고 다른 참 신세계를 살고 있어. 제가 하하. 엄마는 그래 본 적이 없어서 되게 이상해. 밤새 게임하고 이러는 게 그렇다고. 근데 뭐 제가 이해할 수 없는 세상인 거 같아요. 저는 요즘 아이들이 하는 그런 거에는….

상담자 7　자기 마음을 그렇게 표현을 또 하셨네요? (네, 네.) 나는 이해가 잘 안 된다고. (네.) 화를 내는 것이 아니라, 나는 이해가 잘 안 된다고 (네.) 자기 상태를 말씀을 해 주셨네요?
달라진 내담자 행동을 반영해 준다.

내담자 7　이해가 잘 안 된다고. 그런 얘기했던 거 같아요. 저 사람들은 게임을 되게 좋아하나 봐, 이러면서 치. 저는 이제 마음속에 니가 또 그런 저런 사람들처럼 이렇게 밤새 게임하고 이런 사람이 될까 봐 걱정하는 그런 것도 있었거든요. 그냥 그러고 말았는데, 그 사람들은 정말 게임을 진짜 잘하고, 많이 하는 사람들이야, 이래서 게임도 돈도 좀 벌고 이러나 봐요. 그런 멤버들하고 같이 있어 가지고. 처음에는 나왔으면 했는데, 그분들을 그렇게 좋아하니까, 그 멤버 중에 하나가 □□에서 결혼한, 혹시 □□에서 결혼한 얘기, 그 얘기 선생님께 드렸나요?

상담자 8   기억이 안 나네요.

내담자 8   하. 그 멤버 중에, 그 멤버 중에 서른두 살 여자가 있는데 엄청 예뻐요. 2월 내도록 그 여자 얘기만 하는 거예요. 예쁘고 자기한테 칭찬도 잘해 주고, 게임도 엄청 잘하고. 게임에서 만난 멤버들인데, 그래서 그러나? 그랬는데. 3월 둘째 준가, 셋째 준가 우리 아버지 생신이어서 저녁을 같이 먹기로 했어요. 그때 제가 거의 17년 만에 동생들이 같이 처음으로 모이는 거예요. 셋째가 저를 싫어해 가지고 제가 애 놓고 나서부터 연락을 안 하고. 명절 때도 제가 집에 와 있으면 걔랑, 걔 신랑이랑 들어오다가 저를 보고서는 신랑한테 소리 지르는 거예요. "나가!" 이러면서 데리고 나가고 막 이랬었어요. 그랬는데 그런 게 여러 차례 있고 하니까 아버지가 이제, 이번 생일 때, 자매 넷이 다 안 모이면 생일 때 안 나오겠다고 하신 거예요. 그래서 이번 생일에 우리 넷이 다 모이게 된 거예요. 엄마, 아빠랑. 그래서 저는 우리 애가 같이 왔으면 했었어요. 애들도 다 모이는 자리였거든요. 근데 애는 □□에서 그 여자가 결혼식을 한대요. 거길 가야 된다는 거예요. 그래서 3월에 그거 땜에 엄청 속상했었어요. 여기를 당연히 저는 올 줄 알았거든요. 얘가. 끝내는 그 당일까지 그 결혼식은 1시였고 우리는 11시 반에 모이는, ○○에서 모이는 거였는데. 10시 반에 집에서 출발할 때까지 자기는 □□, 이러는 거예요. 자기는 □□를 가야 된다 이러는 거예요. 근데 거길 갔어. 가고 저는 애가 여기 같이 안 온 거가 하튼 그날 하루 종일 운 거 같아요. 아빠 앞에 서만 안 울고. 나중에 친구 만나서도 하루 종일 울고….

내담자의 융합 주제가 다시 올라오고 있다.

상담자 9   그게 왜 그렇게 슬픈 일이었어요?

내담자 9   하… 모르겠어요. 그때는 그냥 온 가족이 모이는 자리고. 또… [4초 침묵] 아이가 게임에서 만난 사람한테 저렇게까지. 우리 가족이 모여서 있는 정말 십몇 년 만에, 17년 만에 갖는 처음 자린데, 다 같이 모이는 그런 자린데. 아이가 여기보다 거길 선택했다는 게, 그런, 그게 좀 저는 많이 실망했던 거 같아요. 그런 거에서.

상담자 10   실망?

내담자 10   네. 어떻게 가족보다 먼, 게임에서 만난 여자가 더….

상담자 11   실망이라는 단어가 조금 잘 와 닿지 않는데 섭섭했다 뭐, 서운 하다 이런 걸까요?

내담자의 융합 주제를 좀 더 탐색하기 위한 질문이다.

내담자 11   네. 그거 이상이었던 거 같아요. 되게 컸어요. 그날. 아이가.

상담자 12   좀 상처를 받았다 뭐 이런 쪽일까요?

내담자 12   약간 그런 거였어요.

상담자 13   니가 어떻게 그럴 수 있느냐. 이런?

내담자 13   그런 거였어요.

상담자 14 나는 조금 공감이 안 되거든요. 왜냐면 제3자 입장에서 볼 때. 그 의미, 십몇 년 만에 만나는 가족의 의미라는 것은 ○○ 씨에게는 뭐 그런 게 역사가 있기 때문에 어떤 의미가 있는지 알겠는데, 아이 한테는 그런 역사가 없기 때문에 아이로서는 그게 왜 내가 가야 되느냐? 자기를 보여 줘야 되는, 하나의 어떤 의무적인, 뭐 그런 정도로 느껴지지 않았을까? 애로서는 그쪽을 가고 싶은 마음이 이해가 되거든요?

아이의 입장과 내담자의 입장이 서로 다를 수 있다는 걸 직면시킨다.

내담자 14 그 마음도 이해는 되는데. 저는 이해, 그거는 이해됐어요. 그래서 사실 일요일에 갈 때까지도 아이가 선택을 하기 바랐거든요? 그런데 제가 할아버지한테 가는 걸 원하니까 절 따라서 일로 가 주길 바랐던 거 같아요. 네. 그러고.

상담자 15 그런 기대도 하셨는데. (네, 기대도 하고.) 좀 배신감 같은 게 있었을까요?

내담자 15 여자한테. 그 여자 서른둘 먹은 여자가 뭐가 그렇게 중요하다고. 가족 모임보다 거기 게임에서 만난 사람한테… 그러나. 그런 게 되게 컸던 거 같아요. 와, 나중에 진짜 애인이라도 하나 생기면, 정말 장난 아니겠구나. 그러고 제가 아이한테 막 기대고, 그런 것들도 되게 컸던 것 같아요. 가족들 모임에 같이 가 주고, 그리고 아이가 저의 어떤 한 모습인 거 같은? 그런, 그런 것도 있었던 거 같아요. 막상 가족 모임에서는 우리 애에 대해서는 아무도 물어보지 않더라고요. 그런 것도 좀 서운했고. 그러고 아이는 이제 □□에 어떻게든 갔다 왔어요. 되게 그날 재미있었어요. 아이가 이제 와서 하는 말이 자기도 그 모임방에서 계속, 이제 그 모임방에 있는 어른들은 전부 다 서로 친한 사람들인 거예요. 이미 게임을 해 온 지 오래돼 가지고. 서로 오프라인에서도 따로 만나고, 친분도 있고, 술도 마시고, 이런 어른들인 거예요. 여기에 얘, 고1짜리가 하나 툭 끼어 있는 거죠. 그래서 얘한테 이제 멀기도 하니까 예의상, 서울에서 오는 사람도 있고, 결혼식에 그러니까, 예의상 그냥 △△이 너도 올래? 오면 맛있는 거 사 줄게. 차비 대 줄게, 뭐 이제 이런 식으로 얘기를 한 건데, 얘는 그거를 진심으로 받아들인 거예요. 막상 결혼식장 이제 다 끝나고 늦게 가가지고 결혼식 다 끝나고 폐백도 끝나고 신랑, 신부가 이제 밥을 먹으려고 어디 대기실에서 잠깐 기다리는 걸 찾아가서 얘기를 한 거예요. 그 사람들 누군지 모르니까. 얘가 자기 닉네임을 이렇게 얘기를 했대요. 그 여자 분이 이렇게 놀라는데. 우리 애 표현은 "엄마 나 거기 가면 안 되는 거였어." 얘기를 하는 거예요. 하하. (허허허.) 자기는 이제 그 분위기에 휩쓸려서 자기가 가야 된다, 가고 싶은 마음도 있고, 이 여자 분이 되게 좋으니까 그랬는데. 막상 그 여자 분의 놀라는 표정과 이걸 보고는, 아 이런 자리는 가는 게 아니구나란 걸 비싸게 대가를 치러서 안 거예요. 하하.

아이가 경험한 것들을 자세히 보고하면서 배신감의 주제를 개방한다.

상담자 16 현실을 만난 느낌이 좀 있었네요?

내담자 16 [웃으면서] 이런 사이에서 결혼식장까지 가는 게 아닌 걸 알았다는 거예요. 하하. (그쵸, 허허.) 그래서 그날 하루 종일 저는 울고 불고 다니면서 어떻게, 심지어는 제가 그 결혼하는 여자 분을 미친 'ㄴ'이라고까지 하면서 막 제가 막 화가 나 있었어요. 하하. 그랬는

거예요. 제가. 아이가 새벽 3시에 게임할 때, 그렇게 자라고, 자라고 그러니까 애도 이제 전에는 되게 강하게 반발했는데, 그날은 그냥 문 꽝 닫고서 자더라고요, 들어가서. 그래서 그런 과정을 겪으면서 그러니까 전에는 이 앞에 보이는, 이 앞에 보이는 사건에, 상황에 막 기분이 상하고 막 흔들렸던 거 같아요. 기쁘기도 하고 슬프기도, 일 희일비 이랬었던 거 같아요. 그런데 그거보다 그 안에 것들을 보기 시작한 건 아닐까? 그런 생각도 살짝 들어요. 이제 곁에 이제 잠깐 드는 미움, 화 이런 거에 막 휩쓸려서… 말하고 후회하고, 이런 걸 반복했는데. 지금은… 그거보다… 우리 애가 되게 힘들지만, 물론 내 성에 안 차지만, 하튼 지금 애쓰고… 우리 애도 뭔가 하고 싶은 거를 찾아서 막 이렇게 애쓰고 노력하는 과정에 있다는 거를. 예. 저처럼 제가 그러듯이 우리 애도 그러고 있는 거 같아요. 그런 과정에 있는 데, 저는 표면에 보이는 어떤 사건들 이런 것들에 계속 피드백을 주면서 애를 막 혼내고, 화도 내고, 이랬던 거 같아요. 근데… [4초 침묵] 그거보다 이제는 그 곁에, 그런 사건들도 어떤 잠깐 드는 화나 미움 같은 거처럼 흘러가는 것들 같아요. 그 안에 아이가 그거 통해서 알게 되고, 배우는 게… 느껴지면 되게 기뻐요. 네. 그리고… 그런 게 되게 삶의 기쁨인 거 같아요.

상담자 28 얘기 들으면서 나는 그… 이제 이런 이미지가 떠올라요. 그… 회오리바람 그런 이미지를 아까 전에 우리가 잠깐 얘기했었잖아요? 거기에 확 휩쓸리면 아이가 안 보이고, 내 역동에 막 돌아가서 그냥 화가 났다가 (맞아요.) 그냥 막 슬펐다가 (네.) 막 이렇게 요동을 치는데. 거기서 잠깐 다시 이제 돌아와서 땅을 딛고 이제 다시 보면, 아이가 다시 보이고. 마치 휩쓸릴 때는 아이가 더 이상 안 보이고, 자기 상상 속에서 이렇게 막 왔다갔다 이렇게 하는 게 아닌가? 그런 생각이 들어요.

내담자의 프로세스를 요약해서 들려준다.

내담자 28 맞아요. 네… 막 휩쓸리면… 아이를 보는 게 아니라 제 마음속에 뭐를, 제가 걱정하거나 최악으로 생각하는 어떤 것들을, 이렇게 막 그거를 구체화시켜 본 적은 없는데, 그런 것들을 생각하면서 뭔가 막 얘기를 하는 것 같아요. 화를 내고. 근데.

상담자 29 자기 생각 속에 이제 막 들어가 있는 거죠. (네.) 생각 속에? (네.) 또 상상 속에? (네.)

내담자의 내적 프로세스(Process)를 비춰 준다(김정규, 2015).

내담자 29 그러니까 애는 더 억울한 거예요. 자기는 그러지 않는데, 엄마가 계속 그렇게 얘기를 하니까는. 엄마는 내가 계속 놀기만 한 줄 아는 거지? 엄마는 내가 그러길 바라는 거야? 막 이러면서 이제 계속 제가 한 말을 받아서 그러고. 그러다 보면 뭔가 핀트가 안 맞는데, 뭔가 아닌데. 이제 잘, 보통, 그 어떨 때는 하다가 멈춰요. 멈추고 아닌 거 같을 때는 멈추고. 이제… 한참 있다가 또는 바로 너는 그래서 뭔데, 내가 보기엔 이렇게 보이는데 너는 어떤데? 이제 한 톤 다운되고 이러면 아이도 그제야 성질을 내면서라도 얘기를 해 주는 거예요. 그래서 그런 것들이 점점점 아이하고 저하고 뭐랄까. 아이의 모습을 봐 가는 거 같아요. 전에는 제가 생각하는 어떤 것들을 생각하면서. 애한테 막 했는데 지금은 아이를, 진짜 아이를 보면서 가는 거 같아요. 그게…. [4초 침묵] …(중략)… 아이하고 저하고 이렇게 막 엉켜 있는 것들이 조금, 조금씩 이렇게 떨어뜨려서 보고. 어… 요거까지는 내가 할 수 없는 부분이구나. 공부를 하고 내가 바라긴 하지만, 이걸 애가 하게 제가 할 수 있는 거는 아닌 거예요. 애가 할 때까지 기다리거나 그런 바람을 내가 전하거나, 또 그렇게 했을 때 앞으로 어떤 보이는 것들, 예상되는 것들 아이하고 얘기할 수는 있지만 제가 막 강압적으로 하게 해서 뭘 할 수 있는 거는 아닌 거예요. 그게 제가 할 수 없는 건거. 그냥 애가 할 때까지 아이의 일이지. 그런 것들이 이제 실제로 분리가 되는 거 같아요. 알고는 있지만 사실 생활에서는 이제 계속 막 화내고 이런 걸 했는데. 현실에서 그걸 안 하게, 안 할 수 있는 게, 이게 다 소용없는 거 아니까. 네. 아이의 몫인 거예요. 그러고 조금 실수하고 그러더라도 잘 갈 거 같아요. 이렇게 아이가 제가 예상치 못한 데서 배워 오고 경험한 걸 저한테 얘기를 하는 걸 보면 응, 되게 신기하고. 네.

아들과의 분리 및 독립 주제에 대한 생각을 말하면서 스스로 정리한다.

상담자 30 또 아이가 자기가 원하는 것, 또 뭐 자기가 경험하는 것들, 이런 것들을 엄마한테 또 얘기를 다 하네요?

내담자 30 네. 잘 얘기하는 편이에요. 밥 먹을 때, 학교 끝나고. 그날, 그날 무슨 일 있었을 때 전화해서 1~2분이라도 막 얘기해요.

상담자 31 좀 딸처럼? (네.) 엄마하고 이런 사소한 얘기들을 다 주고받고 하네요?

아이와의 친밀한 관계를 알아차리도록 반영해 준다.

내담자 31 잘해요. 그런 얘기들을. 초등학교 때는 동네 엄마들이 저한테 전화 왔어요. 학교에서 무슨 일 있었다는데, △△이한테 다 물어봐

봐. 하하. 그러면 애는 쭉 다 얘기해 줘요. 그러면 딱 얘기해 주면, 엄마들이 그 얘기를 가지고서 어… 이제 자기 애들한테 이렇게 알아보고 뭐 이제 담임선생님한테 상의 드리고. 그러니까 애들이 싸웠다거나 무슨 상황이 있으면, 애는 그걸 되게 잘 봐요. 어느 한쪽에 치우치지 않고. 애는 이래서 이런 거고, 애는 이래서 이런 거야, 이런 얘기들을 저한테 딱 해 줘요. 우리 애 얘기니까, 그냥 그건 잘 모르는 거야, 우리 애 얘기야, 이렇게만 하는데도 그 엄마들은 그렇게. 그래서 신기했어요. 저는 그래 본 적이 없거든요. 네. 우리 애가 저한테 와서 그런 얘기를 하고. 제가 또 아이 키울 때 큰 바람이었어요. 아이랑 되게 소통하는 그런 모자였으면 좋겠다 하는 그런 게 있었는데 이거는 제가 바람대로 된 거 같아요. 하하. 되게 좋아요.

아이 스스로 대처 능력이 있음을 인정하면서 아이에 대한 신뢰를 보여주고 있다.

상담자 32 아이가 이제 학교에서 경험한 것들 엄마한테 이렇게 다 얘기해 줄 때 신기했다 하셨잖아요? 어떤 게 그렇게 신기했어요? 어떤 면이?

내담자로 하여금 독립적인 존재로서의 아이를 좀 더 자각하도록 돕기 위한 질문이다.

내담자 32 [3초 침묵] 상황을 이렇게 얘기를 하면 [3초 침묵] 이 사람 마음은 이런 걸 거야. 이 사람은 이래서 이런 거 같아. 이 사람은 이러지 않았다면 이러지 않았을 거야, 이런 것들을 되게 제가, 제가 오~ 설득력 있게 설명을 되게 잘해요. 그런 것. 그게 되게 어려서부터 그랬어요. 어려서부터. 근데 그때는 조금 치우치는 게 있긴 했지만.

상담자 33 근데 어쨌건 그게 신기하다는 느낌이, 그게 뭐가 신기했다는 얘기예요?

내담자 33 [3초 침묵] 아이가 이럴 수 있나?

상담자 34 아이가? (네.) 조금 더 설명해 보세요.

내담자 34 이제 이런 거죠. 그… 미술 동아리 선생님이 미술 선생님인데 말을 좀 함부로 해요. 욕도 같이 하고. 예. 초반에 상처를 좀 받았어요. 그래서 와서 저한테는 이제 그 선생님 욕한 얘기 막 저한테 하면서 그러는데, 한 그 다음 다음 날 지나서는 이제 엄마! 담임선생님한테 얘기해 봤는데, 담임선생님이 그 선생님은 말만 그렇게 하신대! 그러는 거예요. 그래서 "그래? 그래서 너는 어떤데?" 이랬더니 "어? 두고 봐야지." 이러더니 한 며칠 있다가는 "엄마 과학 선생님이 그러는데, 그 선생님이 괜찮은 애들한테만 그렇게 관심을 갖는대." 그래서 "너한테 욕한 게 관심이야?" 저는 이제 그랬더니, "그때는 몰라서 그랬나 봐." 하튼 첫날 그 선생님이 욕하고, 안 좋은 말 했을 때는 그날은 난리가 났어요. 거의 2시간을 그 얘기만 하고 저도 계속 같이 그 얘기만 하고. 선생님을 가서 학교에서 저기 할까, 교장선생님을 찾아갈까 막 난리가 났었어요. 그날은. 근데 이틀, 삼일, 사일 지나면서 그다음 주에 그 동아리 한 번 더 하고 오더니, "엄마, 그 선생님이 원래 그렇게 욕을 잘하는 사람은 아니래. 근데 고2, 고3 형들이 공부를 너무 못한대. 그래서 우리도 공부 못하는 애들이 와서 미술 동아리 한다 그럴까 봐 미리 자르려고 그러신 거래요." 그래서 "선생님이 그렇게 얘기했어?" 이랬더니, 아니래요. "어떻게 알았어?" 형들이 얘기한 거랑 선생님 얘기랑 다른 선생님들 얘기를 종합해 보니까 그 선생님이 그런 거 같아! 이러더라고요. 그래서 되게 설득력 있는 거예요. 그래서 "그래… 그래서 너한테 욕한 거는 이제 좀 풀렸어?" 이랬더니. 그 선생님은 공부 못하는 애들 오지 말라는 뜻으로 그렇게 하려고 했던 거 같아. 내가 미술 학원도 다니고 했으니까 괜히 껄렁껄렁 그림만 그리고 이런 애일까 봐, 공부도 안 하고 그럴까 봐 그런 거 같대요. 그러고 나서 두 달 돼 가거든요? 한 달 좀 넘었거든요? 그 선생님 말씀 되게 잘 들어요. 그 선생님도 되게 예뻐하는 거 같아요. 애를. 그래서 아이가 이렇게 어떤 사람하고 막 친해지는 과정을 저한테 막 이렇게 얘기해서 전해서 애가 알아 가는 거 보면….

아이가 스스로 학습해 가는 과정이 참 신기했다는 얘기를 자세히 보고한다.

상담자 35 그 과정을… 이제 지 스스로 경험하는 과정을 옆에서 엄마로서 지켜볼 때 되게 대견스런 느낌이 좀 드셨겠네요?

아이의 성숙한 행동에 대한 자랑스러운 마음을 공감해 준다.

내담자 35 어떻게 아이가 저러지?

상담자 36 "좀 신기하다."라는 게 이제 나하고 다른 한 존재로서, 독립적인 한 개체로서 뭔가 이런 것들을 경험하고, 판단하고 종합해서 어떤 자기 의견을 수립해 나가는 과정을 보니까, 그게 매우 신기한 느낌이 드셨네요?

내담자의 정서를 공감해 줌과 동시에 독립적인 개체에 대한 자각을 명료화시켜 준다.

내담자 36 네. 저는 그래 본 적이 없는 거 같아요. 누구랑 얘기해서 이렇게, 그런 적이 없는 거 같아요. 근데 애는 그런 걸 보면서 어! 그게 이제 어릴 때부터 계속 이렇게, 지금은 딱 요런 거지만. 초등학교 하튼 저학년부터 계속 그랬던 거 같아요. 누구한테 막 생긴 감정을 막 풀고, 저한테 얘기하고, 그러면 이제 저도 같이 막 흥분했다가, 어떻게 할까 그 얘기들을. 그게 점점 점점 발전하면서 개랑 관계가 이제 다른 국면이 되고, 이런 일들이 계속 있었어요. 계속 있는데, 지금은 그런 얘기들의 깊이가 완전히 달라요. 전에도 물론 이제 그 나이에 비해서 되게 제가 놀랐는데. 지금은 어… 어떻게 그렇게. 심지어는 친구들 사이에서는 자기가 조언도 하고 다녀요. 하하. 걔는 계속 봤더니 엄마 걔는 정말 튀고 싶은 거 같아. 그래야만 남들이 자길 좋아하는 걸로 여기나 봐. 그래서 그 얘기를 해 줬대요. 걔한테. "네가 우리한테 진짜 관심을 받고 싶으면, 그 행동만 하지 마!" 이랬대요. 근데 걔가 웃더래요. "얘, 그래서 걔 기분 나쁘지 않았을까?" 이랬더니, 아니 웃었대요. 웃고서 같이 웃고. 그래서 그런 것들이 되게, 저는 사실 정말 그 나이 때는 상상도 못할 일이거든요.

아이에 대해 뿌듯하고 자랑스러운 감정을 쏟아 내고 있다.

상담자 37 되게 뿌듯하신가 봐요? 대견스럽고? (네.) 근데 이런 얘기를 들으면서 이제 느껴지는 거는 아이가 성장해 나가는 과정을 보면서, 점점 이렇게 성숙해 가는 그 모습을 보면서 아! 얘가 이제 스스로 자기 의견을 형성해 가고, 어떤 판단 능력을 갖춰 가는 그 자체가 되게 신기하기도 하고, 놀랍고 뿌듯하고, 그런 어떤 믿음이라 그럴까요? 어떤 나무를 이렇게 식물을 이제 키워갈 때 점점점 커 가는 그런 거를 보는 느낌 같은? 그런 느낌 비슷한 게 아닐까 싶네요? (네.) 그런 측면의 얘기를 하실 때 보면, 굉장한 신뢰와 믿음을 아들한테 보여 주고 있는데. 아까 회오리바람 그런 국면에서는 그냥 그런 거 까마 득하게 잊어버리고 (맞아요.) 휙 그냥 (네.) 내 상상 그런 것들이 휩 쓸려 갖고서, "너 또 아직도 그거 하고 있냐?" 이런 식의 반응이 나왔 다가도, 다시 잠시 지나고 나면, 다시 아이가 보이기 시작하고, 서로 또 대화를 나눠 가고. 그래서 지난주에 나왔던 얘기. 함께 서로 대화 를 해 가면서… 뭔가 나 혼자서 아이를 키우는 그런 게 아니라, 서로 협조해 가면서 이렇게 어떤 과정을 지나온 것 같다, 그런 얘기를 하 셨는데, 지금 얘기 듣다 보니까 좀 그런 느낌들이 좀 더 생생하게 그 려져요. 아이에 대한 믿음, 그런 것들이 점점 더 조금씩 커 가면서. 이제 내가 막 애쓰지 않아도, 물론 내가 이제 뭐 어머니로서 도와줘 야 될 부분은 이제 도와주고, 신경 써야 될 부분은 신경 쓰지만, 근데 기본적으로 쟤가 스스로 알아서 하는 그런 마음이 있고, 그런 능력 이 있다는 걸 이제 점점 조금씩 더 보게 되는? (네.) 아이가 저기 있 구나, 하는 것을 이제 눈으로 좀 확인하는 모습들이 보이네요?

내담자가 했던 말을 요약해서 들려준다. 아이가 매우 독립적이고 성숙한 존재라는 것, 하지만 때로는 그걸 잊어버리고 혼란에 빠지기도 하다가, 이제 아이와 자신이 함께 서로 협력해서 앞으로 나아갈 수 있음을 깨달았다는 걸 말해 준다.

내담자 37 [3초 침묵] 제가 뭘 해 줘야만 되는 애가 아닌 거예요. 그런 게 아니라는 거를 일곱 살인가 그때쯤 알았어요. 아~ 애 혼자서도 하 면 배워오고, 내가 모르는 사이에 알아오는 것들도 있고, 크는 게 있 구나라는 걸 그때 알았는데… 순간 그거에, 그거 하고 싸우는 거 같아요. 내가 엄마로서 뭘 해야지, 잘해야지 상관, 연관이 되는 어떤 거 같아요. 해야지 얘가 또 더 잘할 거고, 막 이렇게 뭔가를 제가 해야지만 될 거 같은… 요런 거가 바로 그 회오리하고도 연결이 되지 않을까 싶어요. 근데 정말 제가 막 기를 쓰지 않아도 그냥 관심 주고, 아이가 저한테 이렇게 얘기를 꺼내는 순간이 있으니까, 그럴 때 같이 집중해 주고 하면, 그게 그렇게 크게 힘들지 않거든요. 그 얘기들은 저한테도 되게 흥미로운 일이 많아요. 그래서 그렇게 하면 되는데. 주로 게임했을 때, 밤에 그 잠 안 자고 게임했을 때, 밥을 안 먹을 때, 요런 거 두 개가 제일 심한 거 같아요. 그래서 요 지점에서 항상 부딪히고, 이제 안 할 말을 막 하고 이랬는데. 최근에 조금 여기 덜 한 거 같아요. 먹는 거 땜에 이제 신경 쓰고 그런 것들은 조금 덜 한 거 같아요. 조금 접힌 거 같고… 음… 이제 큰 성장기가 지나서 그런지 모르겠지만, 지금도 아직 크는 거 같긴 한데. 음… 이제 돈을 지가 사 먹기도 하고. 배고플 때는 집에 있는 거 챙겨먹고, 게임할 때 주로 또 안 먹어요. 게임하면, 게임에 몰두하느라고 먹지도 않고 게임을 하거든요. 보통 막 4시간, 5시간씩 안 먹고 막. 이제 PC방에서는 뭐 좀 사 먹으라고 하면, PC방은 이제 햄버거랑 막 이렇게 세트로 판대요. 집에 있는 거는 지가 챙겨먹어야 되니까 안 먹는 거예요. 그래서 샌드위치 사 놓고 주먹밥 사 놓고, 막 사 봐요… 먹으라고, 먹으면서 하라고…. 근데도 집에서 할 때는 이게 뭐가 안 되나 봐요. 이게 조절이 안 되나 봐요. 그래서 흠. 그럴 때가 위기예요. 하하. 그게 위기예요. 하하. 다른 일은 크게 아이가 뭐… 하질 않거든요. 뭐… 친구네 집에 가서 자는 일도 별로 없고, 애들이 이제 와서 우리 집에서 잘 때가 몇 번 있었고. 그리고 놀러나가고, 갔다 와서도 그렇게 늦게까지도 다니지도 않고 이러니까. 다른 거에는 크게 그러지 않는 거 같아요. 그렇게 보면 사실 게임 좀 하는 거 가지고 제가 더 그러는 거예요. 아들 키우는 친구들도 그러더라고요. 그거는 손 놓으라고. 어쩔 수 없다고. 그래도 저는 먹으면서 하라고. 잠은 자면서 하라고.

내담자 혼자서 다시 아이 행동에 대해 생각해 보고 정리하고 있다.

상담자 38 당연히 뭐 그런 걱정이 드실 거 같아요.

내담자 38 네. 그동안 또 중학생이었고, 성장기고 그래서 더 신경이 쓰였어요. 네. 그런 거에 대해서 아 너무 과하게 하고 나면, 속상한데 어쩔 수 없었어, 하면서도 이제 후회하고 이랬었어요. 근데 요즘 이렇게 아이랑 어. 게임하구 잠자는 거 관련해서도 크게 이렇게 좀 사실 전 딱 이거 내릴 때, 딱 내릴 때 아휴~ 쟤가 또 뭐라고 할까? 그러면서 이제 좀 걱정도 하고 이제 그랬는데. 의외로 아이가 문을 딱 닫고 들어가서 자길래. 음. 그리고 또 제 입에서 되게 부드럽게 잘 자~, 이 말도 나왔어요. 하하. 그날이 되게 좋았던 거 같아요. 그날 아이한테 성질 안 내고 얘기하고. 하튼 음… 나를 아이하고 분리하는 거만큼, 어… 아이도 저를 이렇게, 이미 걔는 이미 잘 분리해서 가고 있는 거 같아요. 하하. 독립적으로. 하하. 근데 제가 못하고 있었던 거 같고… 잘 갈 거라는 믿음이 좀 더 커진 거 같아요. 전보다 좀 커지고. 고맙고 또. 한편으론 막 순간, 순간 미운 감정들이 지나가는 거다 생각하니까. 그래… 잘하고 있고, 고맙다 이런 생각도 들고… 하튼 고1이 좀 힘들 거 같았는데. 처음 여기 상담 왔을 때도 좀 힘들었거든요? (네.) 네. 그때는. 어… 시험도 앞두고 있었고, 애는 계속 게임을 하고, 공부는 별로 안 하고… 불안했었던 거 같아요.

아이의 행동 변화를 살펴보면서 자신의 마음도 돌아보고 있다.

상담자 39 그러셨겠네요.

내담자 39 네. [5초 침묵]

상담자 40 거의 시간이 다 된 거 같은데요. 네. 그래요. 이제 오늘 3번 상담
을 마치는데. 그동안의 만남이 어떠셨어요?

내담자 40 [6초 침묵] 이렇게, 막 제 자신을, 제 자신을 생각하는 게 쉽지
않았거든요. 저는 생각한다고 생각했는데. 계속 아이 얘기만 하고
있고, 그런 것들이 좀 아닌 거 같이 여겨졌어요. 나를 생각하지 않는
구나, 했는데 이게 나를 느껴 보는 요런 것들이 되게 실제적인 방법
이었던 거 같아요. 그냥 머리로, 마음으로 생각하고, 막 이렇게 하는
것보다 그거는 이제 평소에 다 잊어버리니까 생활하면서 다 잊어버
리는데. 딱 이렇게 집어볼 때, 이렇게 할 때, 이거를 딱 말씀해 주셨
을 때, 아… 내가 나를 이렇게 놓치거나, 어… 그랬을 때, 내가 내 생
각이 잘 안 나거나, 또 딴 데 휩쓸려 있을 때, 나를 이렇게 기억해낼
수 있는 이게 너무 좋았어요. 네. 이걸 또 제가 한 번 해 보고서는 더
좋았던 거 같아요. 그러고 나니까 나를 이렇게 느낀다는 게 쉽지 않
은 거 같아요. (그렇죠.) 네. 나를 느끼는 게. 그런데 이걸 조금 아니
까 바로 아이한테 어… 이게 순간, 순간 화난 말이 아니라, 그 속에
있는 내가 진짜 바라는 말을 할 수 있게 되는 게, 그게 신기했어요.
네. 이렇게 나를 알고 그러니까 막 이렇게 휩쓸리듯이 막 하기 싫은
말을 하는 막 이런, 이런 내가 아니라, 이렇게 그거… 그거는 순간 가
는 것. 사라지는 것. 잠깐씩 사라지는 것. 사라지는 것들이고. 그 순
간에 내가 그런 감정이 들 수 있지만, 근데 그거 아닌, 그 안에 진짜

다른 내 바람을 이렇게 느낀다고 그래야 되나? 안다고 그래야 되나? 그렇게 된 거 같아요.

첫 회기에서 경험했던 자기 자신과의 접촉이 큰 도움이 되었음을 피력한다.

상담자 41 자기 자신을 좀 이렇게 접촉하고, 좀 만나는 느낌. 그게 어떤 느낌인지 그걸 좀 더 경험하신 거 같네요?

내담자 41 네. 저도 제가 이렇게 바라던 대로 가는 거 같아서 너무 좋아요. 이, 이렇게 제가 바라는 거에 대해서, 또 요기에 선생님이 그때 내 아이도, 내 아이에 대한 어떤 애정 이런 것 얘기해 주셨을 때도 사실 그거밖에 없거든요. 애정밖에 없거든요. 하하. 근데 그거를 그렇게 자주 잊어버리지. 하하. 이 실제적인 요런, 제가 일상생활에서도 이렇게 잊어버리면 딱 쓸 수 있는, 요게 너무 좋았어요.

자기 자신과의 접촉이 아이와의 갈등 상황에서 도움이 되었음을 보고한다.

상담자 42 네. ○○ 씨가 자기 자신을 이렇게 집중하고 만나는 그런 모습을 볼 때, 저도 반갑고, 정말 그 어떤 생생함이 나한테도 전해져서 나도 같이 그걸 녹음한 걸 다시 들으면서도 되게 다시 한 번 그 시간들이 이렇게 되살아나서 좋았어요.

내담자 42 감사합니다. 너무 좋았고요. 선생님께 감사드려요. 되게 저는 상담을 시작한다고, 다시 시작한다고 그럴 때 조금 걱정 됐었거든요. 뭐하지? 이랬는데. 그 불안하고도 좀 싸웠던 거 같아요. 근데 막상 이번에는 녹음도 안 듣고 쭐래쭐래 와서 자, 구경도 하고 그러고 가서 또 얘기가 됐는데. 아… 이게 다 내 안에 있는 것들이구나 하니까 더, 더 좋은 거 같아요.

상담자 43 네. 허허.

내담자 43 네. 감사합니다. 하하.

4. 논평

이영이(한국심리건강센터 소장)

　실존적이고 인본적인 게슈탈트 상담은 알아차림과 접촉, 지금-여기의 과정을 중요시한다. 개인은 필요한 욕구를 알아차리고 환경과 접촉하여 해소하는 유기체적 조절 능력을 발휘한다. 유기체와 환경의 상호관계에서 작동하는 접촉기능 체계를 자기(self)라고 하며, 상담에서는 개인이 의식하는 제한된 자아(ego)를 확장하여 자기와 동일시할 수 있도록 돕는다. 또한 개인과 환경의 접촉경계(contact boundary)가 경직되거나 불분명하거나 상실되는 접촉경계혼란을 진단하고 치료한다. 중요한 개인의 욕구와 감정이 해소되지 못하고 미해결 과제로 남으면 현재 삶에 몰입하는 것을 방해한다. 이를 해소하고자 반복적으로 추구하는 좌절된 행동동기를 '반복회귀 게슈탈트(recurrent Gestalt)'라고 부른다. 게슈탈트 상담의 효과는 반복회귀 게슈탈트인 삶의 주제를 풀기 위해 미성숙하고 자동화된 방식으

282　한 명의 내담자, 네 명의 상담자

로 행동함을 알아차리고, 새롭고 유연한 행동가능성을 발견할 수 있을 때 나타난다고 본다.

이 사례의 내담자는 40대 중반의 여성이고, 고1이 된 아들이 공부를 열심히 하지 않아서 고민한다. 그녀는 혼외관계에서 태어난 아들과 함께 살고 있고, 아이 아빠와는 헤어졌다. 내담자는 아들을 혼자서 양육하면서 느끼는 분노, 불안 및 죄책감을 주로 호소하지만, 아들에 대한 강한 애정이 있다. 또한 내담자는 자기 내면을 자각하고 표현할 능력이 있으며, 어려웠던 자신의 삶에 대해 솔직하게 개방하였다.

이는 상담자가 공감적이고 적극적으로 알아차림을 촉진하고 대화적 관계를 적용했기 때문일 것이다. 그리고 내담자가 상담 공부를 했으며, 본 상담의 참여 동기가 높았던 점도 기여했을 것 같다. 총 3회기로 한정된 본 상담은 주로 내담자와 아들의 관계 문제에 초점이 맞춰짐으로써 대인 간 문제를 다룬 개인상담으로 볼 수 있겠다. 내담자는 상담에서 자신의 반복 회귀 게슈탈트를 자각했으며 자신과의 접촉이 향상되었고, 아들과의 융합적인 접촉경계혼란에서 벗어나 갈등 상황에서도 상호적인 대화가 가능하게 발전했음을 보고하였다.

상담 과정을 구체적으로 살펴보면 상담자는 1회기에서 게슈탈트치료적 4단계를 적용하였다. 주제 발견→배경 탐색→지금-여기 과정의 활용→대화적 관계 적용이다. 상담을 시작하면서 내담자가 아들이 공부를 하지 않아 화가 난다고 호소하자, 상담자는 이와 관련된 '아들을 잘 키우고 싶다.'는 주제를 발견하였다. 그리고 주제가 형성된 배경을 현상학적으로 탐색하면서 정서를 반영하고 반응 패턴을 확인하였다. 즉, 내담자는 아들이 일곱 살이 되어도 친부가 자기 가족에게 공개하지 않자 결별을 결심했다. 이후에 '아들을 잘 키워야겠다.'는 주제를 가지고 혼자서 양육을 책임지면서 잘못되지 않을까 불안을 느끼게 되고 아들의 행동에 대해 예민하게 반응하면서 분노와 걱정이 커졌다(상담자 23).

내담자는 자신의 삶의 주제를 알아차리고 조급했던 반응을 이해하면서 자기를 수용하였다. 상담자는 이 과정에서 보여 주는 내담자의 아이에 대한 강한 애정을 확인해 주었다(상담자 37). 상담 중반에 내담자는 과거 연인 관계에서 겪었던 아픔과 현재 아이가 겪고 있는 가족 문제에 대해 미안하다 말하였다. 이에 더해 과거의 삶과 결혼관에 대해 말하려 하자, 상담자는 현재 상담의 초점이 된 문제를 상기시키며 선택하도록 요청하였다(상담자 39). 이런 상담자의 적극적인 개입을 통해 내담자가 현재 전경이 된 주제를 다룰 수 있도록 안내받고 있음을 볼 수 있다. 침묵하며 고민하던 내담자가 아들에게 화나는 자신의 마음을 다루고 싶다고 말하자, 상담자는 그녀의 초점이 아들을 좀 더 잘 키워 행복하게 살게 하려는 주제에 있는 것 같다고 직면을 시켜 주었다(상담자 51). 상담자는 앞으로도 계속 그렇게 살고 싶은지 질문을 던졌고, 내담자는 혼란스러워했다(내담자 55). 왜냐하면 자신이 의식하던 것보다 더 강하고 자동적으로 상담 과정에서 아들을 우선시함을 자각했기 때문이었다.

상담자는 내담자가 원하는 바를 질문했는데, 그 과정에서 관찰한 신체동작과 표정을 활용하여 자기 신체를 접촉하는 실험을 제안하였다. 그리고 내담자가 한 경험의 의미를 통합하도록 개입하였다(상담자 60). 상담자는 내담자에게 가슴에 손 얹기를 다시 해 보도록 제안하였고 신체 접촉의 느낌을 물었다. 내담자는 떨림과 아릿함의 감각이라고 했고, 자신을 느끼는 것이 부끄럽지만 좋다고 표현했다. 상담자는 그녀가 보여 주는 미소를 반영해 주고, 그 순간 아들에 관해 생각하지 않고 온전히 자신을 느끼고 있음을 확인해 주었다. 이런 실험적 접근을 통해 아들을 우선시하며 엉켜 있는 융합관계에서 상실했던 내담자 자신을 신체적으로 접촉할 수 있었다. 그녀는 새로운 가능성, 즉 자신을 온전히 접촉하면서 아들과 함께 살아갈 수 있음을 자각하였다. 그리고 후속 상담과 생활에서 유사한 경험을 반복하면서 긍정적인 변화를 보여 주었다.

2회기 상담에서 내담자는 집에서 자기 접촉을 하면서 아들과 대화했다고 보고하였다. 상담자는 내담자와 아들의 변화를 탐색하고 확인해 주었다. 구체적으로 살펴보면 상담을 시작하면서 내담자는 아이가 밤늦게 자지 않고 있는 상황에서 긍정적인 내적 대화를 함으로써 아들에게 화내지 않고 말할 수 있어 좋았다고 했다. 상담자는 지금-여기에서 내담자가 자기 신체를 접촉하는 순간을 놓치지 않고 집중하여 알아차리도록 개입하였다(상담자 4). 그리고 내담자가 화낼 때와 차분히 말할 때의 다른 점, 그에 따라 변화하는 아들 반응도 언급하였다. 이로써 내담자가 이전 실험에서 얻은 통찰을 실제 생활에 적용할 때 나타난 변화에 어떻게 주목하고 상담 효과를 촉진하는지 알 수 있다.

또한 상담자는 내담자의 스토리텔링을 따라가면서 죄책감, 연민과 사랑 등의 주요 감정을 반영하고, 과거에 겪었던 내적 갈등을 탐색하고 출산을 선택한 용기와 내면의 힘을 확인해 주었다. 그리고 지금까지 내담자가 아이와 협력하며 살아왔고, 새롭고 건강한 관계 방식이 가능함을 자각하도록 촉진하였다. 상담 중반에 상담자는 내담자가 아들한테 화낼 뿐 아니라 자책하고 있다고 반영해 주었다(상담자 24). 이에 내담자는 과거 기혼자와의 연애에 죄의식을 느끼면서도, 원 가족에게서 느낄 수 없던 사랑에 위안을 받고 행복하기도 했음을 털어놓았다. 자신이 과거를 자책하며 살았는데 이제는 안쓰럽게도 느껴진다고 말했을 때, 상담자는 내담자의 현재 자기가 20대의 어린 자기에게 연민을 보내고 있다고 비춰 주었다(상담자 32).

내담자가 갈등 상황에서 아이 출산을 결심했던 이야기를 했을 때는 두렵지만 용기를 내고 결단했던 내담자의 내적 힘과 처음부터 아이에게 무조건적 애정을 느끼고 있었던 것 같다고 확인해 주었다(상담자 41). 그러자 그녀는 운명처럼 안겨 온 생명을 소중히 여기고 낳아 키우기로 선택했던 과정을 회상하면서 아이로 인해 용기를 낼 수 있었다고 말했다. 이에 대해 상담자는 아이와 내담자가 서로 호응하는 이미지를 떠올리며 모자가 함께 가는 관계임을 반영해 주었다. 그녀는 자신이 아들과 너무 밀착되어 구분을 못하고 하나가 되어 일방적으로 반응하고 있었다고 자각하는 한편, 아이가 성장하며 보여 주는 능력에 감탄하고 함께여서 행복하고 풍요로웠던 순간들을 기억하였다.

상담자는 엄마가 내면의 소리를 듣고 방향을 잡았던 것처럼 아이도 그러하다는 것을 자각시켜 주었고, 그러자 내담자는 아이처럼 자신도 비로소 자기와 접촉할 수 있게 되었다고 기뻐하였다. 이 회기에서 상담자는 내담자의 실존적 경험을 존중하며 경청하고 긍정적 측면을 확인해 주는 나-너 관계적 태도를 좀 더 분명하게 표현해 주고 있다. 상담자와 내담자의 대화적 만남을 통하여 내적, 외적 차원의 파편화는 극복되고 전체로 연결되어 자신이 선택하고 살아온 고유한 삶의 의미를 발견함을 볼 수 있다.

마지막 3회기 상담에서도 내담자는 아들과의 관계에서 느꼈던 갈등 상황을 보고하였다. 상담자는 화내지 않고 자기의 바람을 표현했던 내담자를 반영하고 지지해 주었다. 구체적으로 내담자는 게임을 하는 등 시험 기간에 아들의 학습 태도가 실망스러웠지만, 자신이 다이어트할 때의 어려움을 떠올리며 이해하려고 노력했다. 그녀는 순간적으로 화가 날지라도 아들이 잘되기를 바라고 사랑하는 마음을 자각하면서 부드럽게 표현할 수 있었다. 내담자가 자신이 분노에 휩싸이면 과거 잘못들에 초점을 맞추고 혼내게 된다고 말했고(내담자 3), 상담자는 감정의 휩쓸리는 과정을 회오리바람에 휩쓸리는 이미지로 표현해 주었다(상담자 4). 내담자는 이를 수용하며 그런 후에 후회를 한다고 했다. 그러나 이번에는 게임하는 아들이 멈추기를 기다리다 단호하게 행동함으로써 만족스러웠던 에피소드를 말했다. 그녀는 지난 회기에 언급했던 아들과 호응하며 가는 과정을 기억하고 부정적인 감정에 휩쓸려 일방적으로 행동하지 않고, 감정이 진정될 때 바람을 표현하려고 노력했다.

상담 중반에 상담자는 아들이 성장하여 독립하는 과정에서 느꼈던 내담자의 고통스런 감정을 탐색하고 확인해 주었으며, 그녀가 내적 역동에 휘말리면서 아들과의 접촉이 단절되는 과정을 명료화하였다. 또한 그녀의 소통을 향한 진정한 바람을 확인하였다. 내담자는 아들이 외조부의 생일을 축하하는 전체 가족 모임이 아닌 다른 자기 모임에 가기로 선택했을 때 강한 슬픔과 분노를 느꼈던 사건을 보고하였다. 상담자는 현전하면서 내담자의 배신감과 질투심을 확인해 주었다. 이에 내담자는 아들에 대한 기대가 자식 이상일 수 있음을 인정하였고(내담자 21), 상담자는 아들이 성장하고 있고 독립적임을 비춰 주었다(상담자 22).

내담자는 아들에게 강한 부정적 감정을 느낄 때 관계가 끝났다고 극단적으로 생각했음을 자각하였다. 상담자가 아들과 갈등을 겪는 내담자의 과정을 배우고 성장하는 과정으로 재구조화시키자, 내담자는 자신이 휩쓸리는 부정적인 감정은 표면적이고 일시적이며, 심층적으로는 알고 배우는 삶의 기쁨이 있다고 호응하였다. 여기서 상담자는 내담자가 회오리 바람처럼 최악의 상상 속으로 들어갈 때 아들과 접촉이 끊어지게 되지만, 감정이 가라앉으면 다시 아들에게 경청하면서 현실과 접촉하는 과정을 명료화하였다(상담자 28). 다른 한편으론 아들이 엄마에게 이야기를 잘하고, 내담자가 아들의 능력을 신기하고 대견스러워함을 반영해 주었다(상담자 37). 끝으로 상담을 마치며 소감을 묻자 내담자는 지금-여기에서 자기를 접촉했던 경험과, 분노에 휩싸이는 상황에서도 이를 적용하여 아들에 대한 믿음과 애정을 떠올리고 소통할 수 있게 되어 감사하다고 말했다.

단기 상담의 효과가 언제나 이 사례처럼 분명한 것은 아닐 것이다. 탁월한 게슈탈트 상담자와의 현상학적이고 실존적인 대화를 통해서, 내담자는 자신이 막혔던 지점에서 벗어나 풍요로운 삶을 경험하고 성장할 수 있었다. 이로써 과거 미해결 과제가 모두 해소되었다고 할 수 없겠지만, 내담자는 지금-여기에서 자기와 접촉하면서 아들과 상호적인 대화를 나누며 함께 살아가기 위한 충분한 알아차림과 필요한 내적 통합을 경험했다고 볼 수 있겠다.

끝으로 상담 과정을 돌아보면, 한 사람의 삶이 신비로 다가온다. 불확실하고 두려운 실존적 상황에서도 내면의 소리를 따라 용기 있는 선택을 하고 충실히 살아갈 때, 마침내 풍요로운 삶의 과정으로 이어짐을 볼 수 있다. 또한 상담자가 지금-여기에서 현전하며, 내담자의 자각을 돕기 위해 호기심을 가지고 탐색하며 관찰하고 창조적 실험을 활용하고, 내담자를 존중하며 나-너 대화적 태도로 만날 때, 상담 장면은 성장을 경험하는 생생하고 충만한 삶의 현장이 됨을 확인할 수 있었다.

제4장
인간중심 접근
—— 김명권(한국영성심리상담센터 대표)

1. 상담자 소개

　함경북도 길주군이 고향인 나의 아버지는 스무 살 때 남쪽으로 공부하려 오셨다가 갑자기 38선이 갈리면서 이산가족이 되셨다. 이산의 슬픔은 평생 아버님을 따라다녔다. 아버님은 특히 동생을 이북에 두고 온 죄책감을 늘 갖고 계셔서 술과 친구로 마음을 달래셨다. 아버님은 어머님 쪽 친척들을 평생 많이 돌봐 주셨지만, 가족에게는 깊은 정을 잘 표현하지는 않으셨고 대체로 엄격하신 편이었다. 나는 어려선 아버지를 많이 좋아했지만 어머니에게 욕을 하는 장면을 보고는 그 후로 아버지에 대해 양가감정을 가졌던 것 같다. 돌아가시기 수년 전 장남이 살던 외국으로 이민을 시도하신 적이 있었다. 아버지와 전화 통화할 때면 나는 슬픔에 자주 목이 메곤 하여 스스로 놀랐는데, 나이 들어 스러져 가는 아버지에 대한 깊은 연민을 내가 느끼고 있었던 것 같다.

어머니는 1남 3녀의 막내딸로 태어나셨다. 성품이 온화하시고 아버지처럼 다른 사람에게 매우 친절하셨으며 무엇보다도 몸을 돌보지 않으실 정도로 집안의 큰일을 많이 해내셨다. 어머니는 즐기고 노는 것에는 전혀 관심이 없으셨는데, 이 점에선 본인도 어느 정도 어머니를 닮은 것 같다. 나는 일찍이 영성에 관심이 많았는데, 이는 신심이 깊으신 어머니로부터 비롯된 것으로 생각된다. 어머니의 사랑을 늘 느꼈으며 따뜻하고 온화하신 표정이 늘 생각난다. 형제는 위로 형 둘과 여동생이 하나 있는데, 나이 차가 많은 형들보다도 두 살 차이 나는 여동생과 자연스럽게 더 가까웠다. 그러나 여동생은 중학교 때부터 행동이 서서히 이상하더니 고1 때 조현병 진단으로 수차례 병원에 입원하였다. 동생의 발병으로 나는 평생 큰 고통을 받았으며 고교 시절 잠시 다니던 교회를 더 이상 다닐 수 없게 되었다. 신이 있다면 이런 고통을 주지 않을 것이라는 생각에서였다. 동생의 영향도 있었겠지만 고2 때 갑자기 찾아온 삶이 무엇인지에 대한 궁금증은 결국 아버지와 담임의 강한 만류에도 철학과를 선택하게 하였다.

그러나 철학과에서도 삶의 의미는 찾을 수는 없었고, 삶의 근원적인 공허감을 늘 안고 살았다. 서른두 살, 아무 생각 없이 따라나섰던 첫 집단 체험은 삶의 의미를 더 이상 묻지 않게 하였으며, 드디어 이 생에서 내가 할 일이 무엇인지를 가르쳐 주었다. 무엇보다도 진실과 사랑이 존재한다는 체험은 이 막막하고 유한한 삶에 절대성을 부여하면서, 나는 깊은 안식의 숨을 비로소 내쉴 수 있게 되었다. 첫 집단은 크게 네 가지 깨우침을 안겨 주었는데 각각의 깨우침이 올 때마다 긴 시간 대성통곡을 했다. 첫째, 내가 세상과 사람들을 부정적인 편향을 가지고 바라보았다는 깨우침에 깊이 참회하는 마음이 들었다. 둘째, 집단상담에 흐르는 어떤 기운은 조건 없는 사랑이라는 깨우침이었다. 셋째, 사람(중생)이면 누구나 각자의 가슴에 크나큰 고통을 하나씩은 안고 산다는 깨우침이었다. 넷째, 4박 5일의 집단 동안 잠도 아껴가며 몰입하였고 여기서 나는 난생 처음으로 내 의식이 맑다는 체험(며칠간의 의식의 변성)을 할 수 있었다. 집단이 끝나고도 바로 집에 돌아가지 않고 집단 리더와 3일을 더 지내면서 많은 질문을 하면서 집중하느라 결국 탈진하여 간신히 집에 돌아갈 수 있었다.

그렇다고 이후의 삶이 순탄한 것도 아니었다. 집단상담이 있었던 그해에 어떤 수련이 끝날 즈음에 합일의식(unity, oneness) 체험이 있었고, 그 직후 청화 큰스님과의 조우는 수행에 대한 열망을 갖게 하였다. 이러한 수행에 관한 열망과 이를 따르지 못하는 내 현실과의 괴리에서 오랜 세월 괴로워했다. 이후 불교와 요가심리학에 대한 관심과 수련 그리고 몇 차례의 의식변성(절정)체험은 자연스럽게 지금의 트랜스퍼스널(transpersonal, 자아초월) 심리학에 대한 관심으로 이끌어 주었다. 요가는 의식과 분리되지 않는 몸의 신비함을 체험하게 하여 유물론적인 관점에서 벗어날 수 있도록 도와주었다. 특히 Ken Wilber의 저서와의 만남은 나 자신과 이 삶에 대한 진정한 이해를 도와주었다. 그를 통해 단순히 현대심리학을 통한 인간에 대한 좁은 이해를 넘어, 인간 의식의 본질이 어떻게 발달하고 진화되는지를 알게 되었다. 또한 현대심리치료가 초개인(자아초월) 영역을 다루지 못하지만 영적 수행과 현대심리치료를 통합하는 Wilber의 패러다임을 통해 비로소 동양의 수행적 지혜와 우리의 억압된 그림자를 해방시키는 서양의 심리치료적 방법론이 통합될 수 있다는 인식에 큰 해방감을 맛볼 수 있었다.

한편으론 개인상담도 받았지만 무엇보다도 책을 통해 많은 위안과 깨우침을 얻을 수 있었다. 나의 첫 집단상담 지도자와 큰스님은 물론 A. Ellis, C. Rogers, 그리고 V. Frankl은 언제나 내 영혼을 키운 분들이다. 첫 집단상담과의 만남은 심리적이라기보다는 영적인 체험을 주었고, 그로 인해 그동안의 방황을 멈출 수 있었으며, 그것은 내가 평생 할 일이 무엇인지를 가르쳐 주었다. 지금도 집단상담의 매 순간은 가장 의미 있는 빛나는 순간들이다. 나에게는 사람과의 깊은 만남과 성장이 무엇보다도 중요한가 보다. 최근 몇 년 전부터는 대학을 떠나 자유롭게 배우고 있으며, 특히 트랜스퍼스널 심리치료의 대표적 치료법인 트랜스퍼스널 숨작업(transpersonal breathwork)• —개인적 무의식은 물론 태내체험과 초월적 체험을 함께 아우를 수 있는 도구—에 심취하여 인간의 심혼에 대한 지평을 넓히고 있다. 내 삶에서 서양의 심리치료와 동양의 영성적 수행을 만나게 된 것은 생애 최고의 행운이다.

● 이것의 핵심 이론(Basic Perinatal Matrice: BPM)은 엄마 자궁으로부터 세상에 태어나기 전 4개월간의 경험에 관한 것이다. 우연하게도 김경민 선생님의 입장과 매우 가깝다. 접근법은 우리의 무의식을 뒤흔드는 영감적인 음악과 방어벽을 약화시키기 위한 빠른 호흡을 매개로 퇴행을 촉진시키는데, 경험되는 것은 개인 및 집단 무의식 그리고 태내 및 초월적 영역의 것들이다. 이때 떠오르는 연상들과 정서적 체험을 치료자의 도움을 받아 가면서 우리의 의식과 삶에 통합하게 된다.

2. 상담자의 이론적 접근: 인간중심 접근

나의 상담 접근법은 크게 체험적 심리치료라고 말할 수 있다. 정서적 경험을 중심으로 하는 치료법이면 대체로 수용한다. 내담자가 자신의 현재 문제를 일으키게 된 근원이 되는 그 어떤 경험들과도 접촉하게 함으로써 자각하며 카타르시스를 체험하고 그것의 의미를 통합함으로써 고통에서 벗어나도록 돕는다. 인간중심 접근, Gendlin의 포커싱(체험적 심리치료), 게슈탈트치료, 심리극, 그리고 A. Mindel의 프로세스워크(processwork) 등 모두가 도움이 되었다. 대학원과 수련 과정에선 거의 정신역동과 인지치료 수련에 집중하였으며, 첫 집단상담 체험 이후 비로소 본격적으로 인간중심 접근에 천착하게 되었다. 어느 하나의 치료법에만 매달리는 것은 새롭고 보다 강력한 접근법을 원하는 내 성향상 맞지 않아 여러 치료적 접근을 기회 있을 때마다 배우곤 하였으며, 지금은 앞에서 언급한 트랜스퍼스널 숨작업을 집중적으로 수련하고 있다.

인간중심 접근은 그 어떤 치료적 접근보다도 문제해결이나 상처 치유를 목표로 두지 않고, 치료자가 내담자를 대하는 태도적 측면을 강조한다는 점에서 독특하다. 상담 효과 연구에서 상담 관계 변인은 상담에서의 변화 요인 중 언제나 가장 중요한 요인으로 인정받고 있다. 상담자들은 반드시 Carl Rogers의 접근법을 그대로 따라하지 않는다 해도, 자신이 가장 많은 영향을 받은 치료자로 Rogers를 선택하고 있다.

인간중심 접근법의 효용성은 어떻게 우리가 상처받고 제한된 삶을 살게 되는지를 추적해 보면 알 수 있다. 인간은 기본적으로 자신이 갖고 있는 잠재력을 실현하고자 한다. 이 잠재력은 실현경향성(actualizing tendency)으로, 여기에는 생물학적 필요와 요구, 능동적이고 목적지향적인 성향도 포함된다. 이것은 자율성을 추구하며 외부의 통제에서 벗어나려고 하는 성향을 가진다. 하지만 태어나면서부터 겪는 현실은 실현경향성을 발휘하고 충족시키도록 놔두지 않는다.

유아는 원하는 것을 성취(경험, experiencing: 특정한 시간에 유기체 내에서 일어나는 모든 것)하고자 하나 어른들은 일찍부터 이것을 좌절시킨다. 우리가 자신의 경험을 좌절시키는 이유는 내 경험을 좌절시켜서라도 나에게 중요한 타인의 인정(존중, 돌봄, 사랑)을 더 갈구하기 때문이다. 내 경험을 고집하면 그 대가로 나에 대한 불인정(부정적 평가, 비난)이 떨어지기 때문이다. 이로 인해 유아는 중요한 타인이 인정하는 가치 기준에 따라서 자신의 경험을 평가하고 판단하게 된다. 이런 판단 기준이 내재화되면서 아동은 자신의 경험에 대하여 긍정적 혹은 부정적으로 가치를 부여하게 된다(조건부 가치, condition of worth). 즉, 경험을 경험으로써 순수하게 체험하며 사는 것이

받아들이고 있음에 놀랐고, 그래서 이를 반영하기 위해 비언어적 표정 반응에 반응한다.

내담자 16　네… 네. [웃음] 이, 이, 이거를 정말 자유롭게 잘 살았다 이런 말 하는 게 되게, 왜냐하면 제 가족한테는 상처였으니까 그게. 그때 그 일들이… 해서 그 말을 하는 게… 그동안 되게 편치가 않았었어요. 예… 근데 저는 그때 정말 제가 하고 싶은 거 다 하고 살았던 것 같애요. [웃음] 자고 싶을 때 자고, 먹고 싶을 때 먹고. 애하고도 제가 키우고 싶은 대로 키우고.

상담자 17　가족에게 미안한 거 빼고는 (네.) 살면서 아주 (네.) 만족스러운 시기였나요? (되게) 예쁜 얘기도 있고.

내담자의 경험을 함께한다.

내담자 17　네. [웃음] 그때는 애 아빠가 또… 어… 집에는 그, 자기, 그, 결혼한 사람이었거든요. 그래서 (네.) 주말에만 집에 가고 나머지 평일에는 (아~.) 저랑 같이 (오히려 더 자주 같이 있었네.) 예예. 4년 동안 같이 지내면서 되게… 저는 행복했어요.

상담자 18　예… 예… 표정이 말을 해 주네요. (네. [웃음]) 그러면서도… 뭐, 이렇게 뭔가… 쑥스러운 듯이 (네! [웃음]) 그러세요.

내담자의 표정에서 뭔가 약간의 석연치 않음을 상담자가 읽어 내고 이에 반응한다. 즉, 현재 경험에 집중시킨다.

내담자 18　그게 다 온전하게 행복했던 거를 제가… 다 그냥 정말 순수하게 그게… (그래….) 잘 안 되는 것 같애요.

자기와 자신의 유기체적 경험 간의 불일치를 피력한다.

상담자 19　그러네… 이게 문화라는 게… 있어서… 우리가 그 굴레를 완전히 벗어나기가 (네. 네.) 참… 어렵죠?

상담자는 내담자의 어려움을 추측하여 반응하는 데 너무 일렀던 것 같
다. 긍정적으로는 내담자가 편하게 어려움을 표현할 수 있도록 배려했
다고 볼 수도 있지만, 엄격하게는 내담자가 스스로 말하도록 기다려 주
었어야 했다. **대안 반응: 잘 안 되시는군요…. 어떻게 잘 안 되시던가요?**

내담자 19 맞아요. 그때도 그런 갈등이 있는데도 하고 싶은 거 한다 이런
거. 또… 음… 애가 있어서 되게 좋았던 것 같아요. 애… 를… 어…
저보다, 저보다 낫게 키우고 싶다. 또 내가 못해 본 거 다 하게… 그
러고 싶다면서 이렇게 되게 어릴 때는 되게 잘했던 것 같아요. 애한
테. [훌쩍이는 소리] 음… 하여튼.

상담자 20 마음이 많이 아프신가 봐요.

현재 경험에 초점을 맞춘다.

내담자 20 네. 그때… 그때 생각하면… 좀 뭐랄까? 좀 이렇게 진짜… 지금
제가 보면 좀 안됐어요. (아, 자신이?) 예. 예. 그냥 아빠가 이렇게…
아빠도 어쩔 수 없어서 그러는 거구나 이런 걸 알고 또 엄마도 지금
그, 예. 이제 제가 상담 공부하면서 엄마랑도 얘기가 많이 이제 통해
요. 엄마한테 전에는… 엄마랑 얘기가 안 됐거든요? 예. 아빠도 아빠
지만 엄마한테 얘기하는 게 안 됐었어요. 잘 해도.

상담자 21 ○○ 선생님이 상담 공부한 후로 얘기가 잘 된다는 거죠?

대안 반응: 이보다는 예전에는 엄마랑 소통이 잘 안 됐다는 거죠?

내담자 21 네. 그리고 아빠, 엄마랑 얘기가 되니까…. **상담자가 얘기가 되는
쪽으로 반응하니까 내담자도 되는 쪽으로 표현한다.** 그냥 그때 그럴 수
없었을 텐데도… 그냥 되든 안 되든 나 애 낳고 살 거야 하면서 [웃

음] 부딪히지, 왜 부딪히지 않고 그렇게 따로… (아….) 그런 것들이 이제 좀.

상담자 22 그때 좀 더 당당하게 (네! 네!) 얘기 (예. 예.) 하지 못한 게 후회 되는구나.

경험을 명료화 해 준다.

내담자 22 그런 게 이제 지금 와서 지금 이제. [웃음]

상담자 23 죄 지은 사람처럼 그렇게… 살았을까. (맞아요. 그거예요.) 바보같이. (네.) 바보같이….

내담자가 명확히 개념화 ― 후회, 죄 ― 하지 않고 표현하는 것을 상담자가 상징화하고 명료화한다. 이것은 내담자 경험의 보다 핵심적인 내용에 초점을 맞추는 장점이 있지만, 내담자의 경험을 앞서 갈 수 있다는 점에서는 조금 성급한 반응으로 볼 수도 있다.

내담자 23 어느 한편에는 막~ 조마조마하게… 그런 거를 갖고서 막 살았던 거예요. 그때는.

상담자 24 어차피 지금 지나고 보니까 이렇게 다 그냥 살아질 것을… 조마조마했군요.

내담자 입장에서도 내담자 21에서 피력한 것처럼 지금 보니 부모와도 소통이 되고 결국 부모도 수용해 줄 일인데, 혼자 과도하게 가슴 졸이며 삶을 허비했음을 상담자가 다시 한번 확인해 주면서 공감해 주고 있다.

내담자 24 네… 조마조마하고… 누가 알면 안 되고….

상담자 25 그랬을 것 같아요. (그런데 그게 이제.) 당장 가족들, 제일 가까운 가족들이 (네.) 먼저 저렇게 난리를 쳤으니….

내담자의 두려움이 너무나 타당한 것임을 가족을 언급하며 공감해 준다.

내담자 25 근데 그게 이제… 애 아빠가 애한테도, 애한테도 자기 가족을
숨기는 거예요. …(중략)… 이렇게 이해하는 편이지만 서운하고 저
도 속상했거든요?

…(중략)…

상담자 30 대단히 실망하셨네.

내담자 30 네. 많이 실망했어요. 그때… 그때 많이 실망하고.

상담자 31 실망을 넘어서 아주 엄청 화가 났을 것 같아요. (네, 네, 네, 그래
서.) 선생님은 희생을 많이 한 거잖아요.

〈1회기 ②〉 내담자 65～내담자 72

내담자 65 맞아요. (아빠는 내 아이를) 많이 예뻐하시죠. 그러고 또 그렇
게 말씀하시니까 아빠도… 궁금했는데 셋째(동생)가 어떻게 반응할
지 모르니까 말씀을 안 하신 것 같다는 생각도 들어요. 응… 응….

상담자 66 셋째가 또 한 번 뒤집어져서 (네. 네. 네.) 괜히 판 깰까 봐?

내담자 66 네. 네. 걔가 이제 초반에 어느 정도였냐면 제가 우리 애, 갓 난,
이제 뭐지? 네 살 때 이렇게 작으니까 안고서 재우고 이러고 있다가
이제… 내려놓기 전에 이렇게 안고 재울 때였거든요? 근데 그때 온
거예요. 친정에를. (셋째가.) 신랑이랑 왔다가 절 보더니… “나가!” 그
러면서 자기 신랑한테 나가자고 하는 말인 거예요. “나가!” 이러면서
지, 저기 뭐야, 신랑을 (신랑을 데려나가.) 끌고서 나가 버리는 거예
요. 인사도 안 하고 아빠한테. 엄마하고 아빠한테… 그랬던 애예요.

상담자 67 아… 참… 그때 심정이… (네.) 어땠어요?

상황보다도 내담자의 내적 경험에 초점을 맞추기 위한 질문이다.

내담자 67 진짜… 하아.

상담자 68 기가 막혔겠다.

내담자 68 네… 기가 막혔어요…. 또 한편으론 내가 죄지은 것도 있으니까 이런 게 있어 가지고 되게… 되게 하여튼… 되게… 모멸… 모멸감? 하여튼 되게 멸시? 경멸? 막 이런 것들을 한꺼번에 다. 다 받는 것 같 았어요. 진짜. 그러면서도 되게 화도 났고… '지가 나한테 해 준 게 뭐 있다고?' 막 이런 생각도 들고. 예. 그래서….

상담자 69 근데 한편으로 죄지은 것…도 있어서란 말이… 죄라는 말이… 이렇게 그냥 금방… 흘러듣게 되지가 않네요? 제가. (그니까 저는) 너무 그, 비추는 의미가 크게 느껴지는데요?

상담자는 내담자의 전체 삶을 옥죄는 죄라는 표현에 대해, 이것이 자신을 정죄하는 것이고 과연 그렇게 정죄받을 일이 무엇이었는지 내담자가 탐색하도록 의문을 제기한다. 상담자의 일치성(진정성)이 강하게 드러나는 대목이다. 1회기에서 가장 전환점이 되는 지점이라고 생각한다.

내담자 69 저는 저 하고 싶은 거 했는데… 근데… 우리 가족들은 받아들이기 힘든 일이었던 거예요. 그거를 제가 알고 있으니까, 알고 있으니까… 도망가서까지 했었던 것 같아요. 예. 그런 것들을 설득하거나 이러는 게 우리 식구들한테는 되게 힘들고 어려웠던 것 같아요.

가족은 내담자에게 있어서 가장 강력한 외적 참조체제를 대표한다. 저 하고 싶은 것을 했다는 것은 내담자의 깊은 실현경향성을 보여 준다. 내담자 69는 이 실현경향성과 조건부 가치 간의 대립을 극명하게 보여 주

는 지점이다.

상담자 70 식구들이 나를 받아들이기가… 죄… 라는 표현을 쓸 때 마음이 어떠세요? (흐음….) 아마 수도 없이 써 봤을 것만 같은데….

죄라는 용어를 사용하는 내담자의 죄에 대한 구체적인 느낌을 드러내려는 시도이다. 그 용어를 '수도 없이 써 봤을 것만 같다.'고 상담자가 언급한 것은 그 용어를 사용하는 순간마다 내담자가 느꼈을 느낌(경험)을 구체화하여 지금 상담 장면에서도 경험하도록 한 것이다. 내담자가 표현하는 죄, 벌, 그리고 용서할 수 없음 모두가 조건부 가치의 극치를 보여주고 있다. 즉, 자신은 죄 많은 인간이고 따라서 벌을 받아야만 하고 용서받을 수 없다는 자기개념을 갖고 있다.

내담자 70 표현…하는 거는… 많진 않은데 막상 표현될 때는 딱 그 표현을 쓰게 돼요. 예. 그리고… [8초 침묵] 어떻게… 그냥 아파요. 예. 아프고… [9초 침묵] 가족들한테는 미안하고….

상담자 71 그렇게 얘기를 하신 것 같애요. 가족한테 미안하다.

내담자 71 그분들은 이제 충격인 거죠. 상상치도 못한 일이 일어났으니까 자기들한테는. 그런 걸 제가 이번 명절에 아버지가 오지 말라고 하니까 저는 막 성질을 아빠한테 한 건 아니지만 막 성질이 났는데… 제가 성질 난 거는 아, 17년이야. 17년… 우리 애 이렇게 컸고 아직도 그럼 내가 그거, 그거 어떻게 아직도 뭘 잘못했다고 빌어야 돼? 뭘 해야 돼? 도대체 어떻게 해야 돼? 막 이런 게 막~ 올라왔던 거였어요. (네.) 근데 쭉 상담받고 나니까는 아… 아빠는… 아빠는 어쩔 수 없, 아빠가 어쩌지 못하니까는… 예전에는 그랬어요. 나는 이렇게 누울 자리를 보고 그, 다리 뻗은 게 아니었던 거예요. 여기는 절대 그러면 안 되는 데서 제가 이런 일을 저지른 거고. 그래서 우리 아버지는 어떻게 보면 이게… 회복될 수 없는 상처를 나한테 받은 건가? 이런 생각도 들고. 셋째가 저렇게까지 나오니까… 죄는 약간 그런 것들이에요. 이분들은… 어떻게 안 되는 것 같애요. 그렇게 내가 하는 일을 그렇게 쉽게.

상담자 72 죄는 그런 거라고 할 때 느낌이… 제가 느낌이… 음… '내가 죄인이에요.' 하고, '죄는 이런 거예요.' 할 때 또 느낌이 좀 다르거든요? 그니깐… '굳이 죄라고 하면 이런 것들이에요.' 뭐, 이런 식으로 약간 객관화해서 들리고. **내담자는 3인칭적 표현을 함으로써 경험으로부터 멀어지려고 한다.** (네.) 근데 아까는 그거보다는 좀 더 정말 '내가 뭐… 죄를 진 것 같아요.' **상담자는 1인칭적 표현을 인용함으로써 내담자가 좀 더 주관적으로 죄의식을 느껴 보고 접촉할 수 있도록 하려는 반응이다. 역시 상담자의 일치성이 드러나는 대목이다.** 이렇게 들렸고요. [4초 침묵] 근데 제가 이제 이런 걸 죄라는 단어에 이렇게 천착하는 거는… 하아… 17년 전에 어마어마하게 생각을 많이 하셨을 테고. 누구보다도… 정말… 실존적인 결단을 내렸…을 텐데. 여러 중요한 고비에서 한 번도 아니고 몇 번을 내려야 이게 가능한 일인데…, 왜… 겉으로 그걸… 중요한 결단을 죄라고 부르실까…? 우린… 다 자기가 자기의 삶을 사는 건데? **매 순간 유부남을 만날 때마다 내담자는 자신을 정죄하는 마음이 있어 갈등을 했을 것인데 그럼에도 불구하고 그를 만났을 때는 중요한 결정을 매 순간 했던 것이고, 그 결정은 결국 자신을 위한 어떤 강력한 동기—실현경향성—에 의한 것임을 상담자는 피력하고 있다. 자신에게 주관적으로 수도 없이 정당했던 그 결정과 결단을 상담자는 우선 강조하고 있고, 이런 깊은 실**

현 동기를 부정하는 내담자의 마음에 상담자는 도전하고 있다. 상담자의 일치성과 내담자에 대한 수용을 보여 준다. 마음이 아파서 그래. (네.) 그 단어를 쓴 게 참 마음이 아파… 그리고 그게 아직도 (네.) 그걸 끌고. 뭐, 옛날보다는 좀… (나아졌지만) 희석이 됐겠지만. (네.) 끌고 계시는 게… 제가 좀 마음이 아파요. 앞에서 강하게 죄에 대한 의문을 제기한 것에 대해 상담자는 이것이 자칫 사변적으로 흐르지 않을까 하는 불안에서, 마음이 아파서 그렇다는 상담자의 주관적인 경험을 피력함으로써 내담자에게 상담자의 진정한 의도를 보여 주려고 한다.

내담자 72 맞아요…. 아빠나 동생… 얘기보다는 실제로 제 마음 안에서 좀 벌하는 게 있는 것 같애요. 그 말씀을 들으니까.

여기서 내담자는 가족의 평가라는 외적 참조체제로부터 자기 스스로 벌하고 있었다는 내적 참조체제로 이동하는 진전을 보인다.

〈1회기 ③〉 내담자 89~상담자 95

내담자 89 그게 고마워요. 아이랑 그런 관계를 맺어 준 게. 아빠가, 아이 아빠가.

상담자 90 [상담을 마무리하겠다는 마음으로] 지금 어떠세요? 우리 시간이 (네. 많이 됐네요.) 이제 된 것 같은데. [5초 침묵] 원래 이렇게 시원시원하게 얘길 잘 하시나 봐요.

내담자 90 그런가요? [웃음]

상담자 91 [웃음] 웃음도 많으시고. 원래 성격이 참 밝으신 것 같애. (네.)

호탕하시고.

상담자 90, 91에서 상담자는 너무 심각한 얘기를 한 내담자의 마음을 조금 편하게 해 주면서 상담을 마치고자 하는데 내담자 91은 이 회기의 본질인 죄의 문제를 놓치지 않고 자발적으로 언급한다.

내담자 91 그 죄… 이거란 말을 쓸 때… 내 맘속에서 이렇게 안 되고, 용서가 안 되고 있는 거 이런 게… 고비 고비 이렇게 많이 넘어왔다 생각이 들었는데, 예. 말씀을 딱 하시니까… 어… 새롭게 또 뭔가 이렇게 오는 게 있었어요. **내담자에게 죄와 관련된 중요한 내적 경험이 진행되고 있음을 보여 준다.** [10초 침묵] 그거에 대해서 생각하게 되네요.

상담자 92 예. 저는 오히려… 참… 용감하시다. 좋은 의미로… 그… 선택이 어떤 곤란을 가져올지 다 알고, 예감하시면서 선택 당연히 하셨을 거 아니에요?

여기서 상담 시간이 더 충분히 남았다면 내담자 91의 '새롭게 또 뭔가 이렇게 오는' 것에 대해 나눌 수 있었을 것이다. 그러나 여기선 내담자의 고통보다는 내담자가 기꺼이 한 선택을 강조함으로써 내담자가 자신 내면의 실현경향성을 느껴 보도록 던져 주고 있다. 그러나 이것은 내담자의 온전한 경험을 상담자가 따라가기보다는 상담자의 일치성이 앞서는 시도라는 점에서는 논란의 여지가 있을 수 있다. 이러한 상담자 시도의 밑에는, 자신의 삶에서 실현경향성을 따르려는 내담자의 동기를 수용해 주려는 의도가 보인다. 상담자 일치성과 무조건적 긍정적 존중이 드러나는 대목이다.

내담자 92 그죠. 아이에 대해서만큼, 또 가족들한테 미안한 거? 이런 거 충격? 예.

상담자 93 우리 문화에서 또 뭐… 마치 셋째…가 하듯이 (네. 맞아요.) 그런 걸 다 예감하셨을 텐데도 불구하고 자기 안의, 자기 안의 그 사랑을 선택한 용기… 난 그게 참… 놀라워요. 사랑을 선택했다는 것… 아마 그래서 그렇게 아까 까르르 웃으셨나? [웃음] "난 하고 싶은 것 다 했어."라고.

상담자는 자신의 놀라움을 표현함으로써 다시 한 번 내담자가 자신의 실현경향성과 대면하도록 보여 주고 있다.

내담자 93 [웃음] 그런지 모르고 있을 때는 제가 그렇게… 어… 괜찮은지 몰랐어요. 그냥 사람들은 다 괜찮다고 하는데… 되게 잘하고 있다, 부러워하고 막 이러는데 저는… (아, 부러워도?) 네. 심지어는 부러워하는 사람도 있었어요. 친구들도 그러고. [웃음]

내담자도 이 경험이 갖는 긍정적인 의미에 대해 상기하고 있다.

상담자 94 그니까 내 삶이 이렇게 괜찮은지를 몰랐다.

내담자 94 네… 그런데 그게… 음… 알고 나니까… 진짜 제 웃음이 이렇게… 뱃속에서부터 이렇게 시원하게 가슴까지 (네.) 후우욱 이렇게 열려 있는 그런 웃음인 거예요. **실현경향성의 진정한 충족이 주는 기쁨을 이렇게 생리적으로—내장 반응으로—표현하고 있다.** (네.) 그래서 아, 정말 행복하구나. (네.) 내 애가 이렇게… 나를 인정하고 나를 아는 게… 제대로 잘, 잘 아는 게 되게 좋은 거예요. [웃음]

상담자 95 아까 그… 뭐… 4년 동안… 너무 잘 살았다는 얘길 하면서 그냥, 뭐, 좋아서 어쩔 줄 모르는 듯한 웃음으로… 지각이 되더라고요? 정말 내 생애 이렇게 내 맘대로 하고 살 수가. 그니까 그거는 한편으로 그 선택, 그 선택에 대한 어떤 자부심도 있지 않나 싶어요. 그러지 않고는.

내담자의 죄의식에 도전시키기 위해, 상담자는 다시 한번 내담자의 선택으로 인한 긍지와 기쁨에 대해 공명해 준다. 상담자 일치성과 공감이 드러나는 대목이다.

내담자 95 예. 그 당시엔 몰랐는데 시간이 갈수록 (그러니까.) 그때 마음 한편에 계속 아픔이 있고 두려운, 막 조마조마함이 있었어두… 다른 한편으로 내가 좋아하는 사람하고 같이 살고 있고, 사랑받고 있고, 애도 잘 크고 있고, [웃음] 또 내가 내 맘대로 뭘 해도 크게 잘못되는 게 없는 거예요.

이것은 오랫동안 외적 참조체제에 갇혀 살았던 내담자가 아이를 낳고 키우면서 내적 참조체제로 점차 이동하고 있으며, 자신의 경험을 믿는—자기신뢰—방향으로 살 수도 있음에 대한 보고이다.

상담자는 내담자와 보조를 맞추면서 정서적으로 내담자와 함께한다(공감, 공명)

내담자 11 그리고… 그런 거 자체도 힘든 것도 잘 어떨 땐 몰라요. [웃음] 모르고 힘들겠다. 뭐, 몸이 어디가 아프다거나 이제 뭐, 이렇게 나오면 그제야 남들이 '아휴, 힘들었겠다. 엄마가 힘들었겠다.' 이러면 그제야 힘든지 알고. 그런 힘든 나를 그냥… 당연하게 여겼던 것 같애요. 그런 게 이제 선생님 지금 말씀하시는 것처럼… 그래도 싸. 또는 년 이래야지 네 죗값을 좀 치루는 거야, 이런 것들이 좀 (아, 고통을 받아야 해.) **상담자는 죄라는 개념보다 고통이라는 실제적 경험에 초점을 맞춘다.** 예. 그런 게 있었던 것 같애요. 그런 것들이… 누가 시켜서 하는 게 아니에요. [4초 침묵] 이렇게 하면 혹시 우리 애한테 갈 게 좀 덜 갈까? 이런 생각도 들고. [울먹이는 소리]

상담자 12 아, 내가 고통을 받아야 애는 덜 받을 것 같고?

내담자 12 [5초 침묵] [울먹이며] 바보 같은지 아는데… [16초 침묵] 상관없는 건지 아는데도 그런 생각을 해요. [4초 침묵] 거기 가면 이제… [훌쩍거리는 소리] 생각이 거기까지 가면 하아… 난 나를 아직도… 용서하지 못하나 봐…. [9초 침묵]

상담자 13 근데 이미 용서란 말은… 잘못했다는 게 전제된 다음에 쓰는 말 같네요? 네… 용서한다는 말이나 죄를 지었다는 말이나 저한테는 같이 들려요.

용서는 죄를 인정한 이후에 할 수 있는 표현이라서 상담자는 우선 죄에

초점을 맞춘다. 한편 상담자가 내담자의 경험을 그대로 따라가서 용서에 대해 그대로 공감 반응을 해 줘도 좋았을 것 같다. 대안 반응: 아, 자신을 용서할 수 없다고요?

내담자 13 그건 안 바뀌는 것 같아요. 거기는 이상하게 안 돼요. [콧물 훌쩍이는 소리]

상담자 14 죄의식이요? 근데 이 모든 게 아이 땜에 그런 표현을 하는 것처럼 들려요. (음.) 만약 아이가 없었다면은… 그래도 그렇게 죄의식을 느낄까 싶네요. 아이가 없고 내가 그분하고 연애만 했다면.

내담자 11에서 내담자는 자신이 벌을, 고통을 받아야 아이에게 고통이 덜 갈 것 같다고 피력한다. 아이에 대한 사랑이 극진하니까 이 어려운 상황에서 아이가 받을 것 같은 고통을 덜어 줘야 하고, 이런 상황에서 아이를 가진 자신을 벌하고 싶어 할 것이다. 이러한 맥락에서 상담자는 그렇게 반응한 것이다. 내담자가 그토록 사랑하는 아이에게 초점을 맞추는 것이 타당하다는 상담자의 일치성이다.

내담자 14 안 그랬을 (죄의식을 안 느꼈을) 것 같아요.

상담자 15 아, 그래요?

내담자 15 [13초 침묵] 그때도 지금처럼 나를 벌하고 이러는 건 있었는데… 그게 아이한테 넘어간 거, 아이 낳고 나서는….

상담자 16 애, 낳기 전에도 벌했다는 거예요? 아….

아이 출생 전에도 자신을 벌했다는 것에 초점을 맞춘다.

내담자 16 그때도… [7초 침묵] 그때도 안 됐어요. 뭔가가… 제 자신한테는 안 되는 것들이었어요.

상담자 17 안 되다니요?

출생 전의 벌에 대해 명료화하고자 한다.

내담자 17 음. 넌 잘못하고 있다. 빨리 벗어나야 돼. 네가 잘못하고 있는 거야. 이런 것들이… 그때도 있었어요…. 근데… 아이 낳고… 아이를 키우니까… 어… [14초 침묵] 제가 아니라 아이한테, 아이 생각할 때만 그런 생각이 드는 것 같아요.

상담자 18 잘못됐다는 느낌이요?

내담자 18 예. 예. 아이한테… 그니까 그전에는 내가 현재도 죄를 짓고 있다 이런 거였다면은 지금은… [20초 침묵] 하아… [한숨] 아이를 낳은 거? 돌이킬 수 없는 게 그게? 그건 거… 그거인… 가 봐요. [10초 침묵]

상담자 19 내가 지은 죄가….

내담자 19 용서할 수 있는 게… 용서할 수 없는 게 바로 그건 거 같아요. 그게 내 맘대로 한 거. 내가 하고 싶은 대로… 내가 하고 싶은 대로 남의 애를 낳았는데… 그게… 남들한테는… [8초 침묵] 남들한테도 특히… 지금 모르는 아이 아빠? 가정? 거긴 것 같아요. 그 사람들이 어떻게 생각할지… [5초 침묵] 전에는 그냥 애매했거든요? 이런 것들이? 근데 막상… 왜? 뭐? 어떤 거야? 이런 식으로 계속 생각하다 보니까 계속 줄어들고 끝내는 것 같아요. 애 아빠…가 남들한테 얘기하고, 얘기하지 않으니까… 그런 것들에 대해서 저는 좀 이해하면서 제 맘속에서 그게…. [7초 침묵]

상담자 20 내 결정보다도 남의 결정이 훨씬… 중요하다고… 또 의미 있다고 하시는 것처럼 들려요.

내담자 20 네. 그래서 이상해요. 지금.

상담자 21   아까는 내가 원해서 (네.) 아이를 낳았다고 했는데… [16초 침묵] 느낌이 이상하다고요?

〈2회기 ②〉 상담자 41~상담자 57

죄의식을 탐색하고 죽기보단 생명을 선택한다. 실현경향성을 발견하고 '멘붕'을 체험한다.

- 지난 주 상담받고, 추천해 주신 교수님께는 문자로 '상담이 날 더 사랑하는 과정인가 봐요.'라는 문자를 보냈다.
- 내가 벌을 받아야 아이가 덜 받을 것 같아. 죗값을 치러야 해.
- 아이가 엄마의 고통에 대해 자기 탓을 한다. 나도 엄마에게 힘들었듯이….
- 아이 갖기 전의 자책감. 왜 만나는지 모르고 나를 벌하면서도 계속 만났다.
- 결혼이 불가능한 사람을 찾아 사랑했다.
- 내 맘대로 남의 아이를 낳은 것을 스스로 용서할 수 없다.

상담자 41   그니까 그 얘기하다가 이쪽으로 얘기가… 전환이 된 것 같은데… 아이 낳기 전에는 어떤 의미에서 이렇게 죄책감을 가졌나… 하는 얘기를 하고 있었던 것 같아요.

내담자는 당당하게 사는 것이 상담의 목표라고 하였다. 따라서 앞에도 언급되었던 내담자의 죄의식에 초점을 맞춘다.

내담자 41   네. 아이 낳기 전에는 그런 거였어요. 아이 아빠랑 헤어져야 되는데 그게 안 되는 나. 근데 영어 공부하면서 그래, 기한을 정해 놓고… 기한을 정해 놓고, 그래, 이거 끝나면 끝이야 했는데.

상담자 42 그거는 이제 조금이라도 내가 지금 이런 관계를 지속하는 거에 대한 어떤 타당화를 (네. 네. 네.) 해 줬겠네요? (그런 거였어요. 예.) 난 헤어질 건데 뭐. 근데 그 이전에… 어… 애들 아빠를 사귀는 것이 왜 잘못됐다고… 생각하셨어요? 제가 이 말을 직접 듣고 싶어 하나 봐요. 내 추측이 아니라.

상담자는 내담자의 죄의식을 일반적인 윤리 관념으로 이해(추측)할 수는 있었으나, 좀 더 실감날 수 있는 내담자의 언어를 듣고 싶어 한다. 내담자의 가슴을 후벼 파는 죄의식 밑에는 어떤 관념이 도사리고 있을까?

내담자 42 [15초 침묵] 그거는 제 기준이 아니라 세상의 기준이에요. 예. 그렇게 살면 안 된다고 배웠으니까… 그래서 그렇게 생각한 거였어요. 제 맘하고는 다른 얘기예요.

여기서 내담자는 분명히 그 기준은 외적 참조체제에 의한 것임을 밝힌다.

상담자 43 예. 그니까 지금은 그 기준을 거부한다는 얘기죠? 지금. 근데 그때는 그 기준을 받아들였다는….

재진술로 내담자의 마음을 따라간다.

내담자 43 그때는 그… 내 맘속에 있는 기준이란 것도… 몰랐을 수도 있어요. 있는지도 몰르구. 그냥… 모르겠어요. 그때는 하여튼 아닌데 제가 막 가고 있었어요. 아닌 길을 제가 막 가고 있었고 왜 이러는지 저는 모르겠고… 예. 그랬어요…. [10초 침묵]

상담자 44 질주하듯이… 막 가고 있었다고요? 누군가가 나를 좋아해 준다는 것이… 엄청나게… 기뻤던 모양이에요?

남자를 막연히 만난다는 것은 있을 수 없으므로 상담자는 만남의 최소한의 동력에 대해 언급한다.

내담자 44 네. 그런 것도 있고… 초반엔 그런 거였지만 좀 지나서는… 죽
는 것보단 낫지 뭐, 이런 거였던 거 같아요. 그냥… 죽는 게 무서운
데두… 사는 게 이렇게 죽는 거보다 이렇게 낫지 않았던… 않은, 않
은 느낌도 있었거든요. 예. 그렇게… 별로 그렇게… 저한테 좋은 일
이… 많은 것 같지 않다는… 그니까 지금은 되게 많이 바뀌었는데
그 당시는 그랬어요. 그 당시는 사는 게 그렇게 즐겁지가 않고… 그
리구… 그냥 빨리 죽었으면 좋겠다 막 이런 생각두 되게 많이 했
고… 음… 이렇게 많이 사는 거에 대해서… 그렇게, 뭘 이렇게 특별
히 뭘 이런 게 없었던 것 같아요. 예.

**죽기보단 사랑하고 '아이를 낳는' 즉, 가장 근원적인 실현경향성인 생명
과 삶을 선택했다.**

상담자 45 애착을 안 가졌어요?

내담자 45 예. 예. 그러구… 죽는 게 항상 옆에 가까이 이렇게… 같이 있었
던 것 같아요. (그래요?) 죽는 게. 죽는 것보단 나은 거예요. 이 사람
은 만나는 거는. (아… 예….) 죽, 죽, 죽기보단 그니까 죽으려고 고등
학교 때 가출을 해서 자살 시도를 해 봤는데 막상 자살, 죽음하고 딱
마주치니까 엄마가… 막… 그런 나타나는 거예요. 제 맘속에. (어른
거리고?) 예. 엄마가 얼마나 그럴지… (가슴이 아플지.) 예. 예. 그리
고 사실 좀 무서웠어요. 예. 그때가 열여섯인가 열다섯인가 이랬어
요. 그리고 나니까 죽는 건 아니란 거 알았는데… 그래두… 죽는 것
보단 낫겠지… (죽는 것보다는.) 예. 예. (이 남자를 만나는 게.) 예.
오히려 이게 낫겠지 이런 거였어요. 그리구 훨씬 나았죠. 사실. 실제
로. [웃음] 좋을 때도 많았으니까….

죽음보다 사랑이 낫다고 피력한다.

상담자 46   예. 죽음이란 건 모든 걸 버리는 건데, 마음에서 모든 걸 버렸는데 뭐, 이 정도야. 이쯤이야 내가 못하랴 했었군요.

왜 사랑을 하게 되었는지를 확인해 준다. 내담자는 공감받는 체험을 했을 것이다. 내담자의 긴 표현을 한 문장으로 요약해 준다.

내담자 46   맞아요. 그런 거예요. 죽는 거 하고 비교하니까는… 아무것도 아닌 거예요.

불륜도 죽음 앞에선 아무것도 아니라고 한다.

상담자 47   그것이 사회적 통념을 이렇게 늘 이겨… 낼 수 있었군요.

재진술, 명료화한다.

내담자 47   그러면서도 맘속에서는 난 왜 이러구 살지? [12초 침묵]

상담자 48   왜 이러구 살지가 이제 자책하는… 벌하는? (네.) 근데 지금은 인제 그런… 생각은… 별로 없고 단지 애가… 걱정이 된… 거네요?

상담의 흐름을 내담자의 현재 상황으로 가져온다.

내담자 48   네… 근데 지금 그 얘기를 이렇게 하면서 보니까 왜 애 낳고 나서 확 바뀌었을까? 애를 키우면서… 애 낳으면서 왜 그렇게 확 바뀌었을까 이런 생각이 별안간 아까… 앞에 얘기랑 이렇게 하면서… 좀 아까 막 멘붕이었어요. 뭐… 그때 그렇게 심했던 **그게**… 어떻게 사라졌지? 애를 낳고….

극심했던 죄의식이 아이 낳고 사라졌음을 깨닫고는 '멘붕과 놀람'이 왔음을 피력한다.

상담자 49   **그게** 이렇게 확 사라졌다는 게 너무 이상해서 (네네네. 아까.) 조금 아까 멘붕이었다고?

재진술로 내담자의 경험을 따라간다.

내담자 49　예. 예. 예. 왜 어디로 갔지? 이렇게 별안간… 되게 명확했는데 그전에는 그, 아까 이렇게 (이전 회기 상담) 녹음 듣고 와서 여기 와서 그, 아이랑 그 얘기할 때까지 분명했는데… 애 낳고 나서 어떻게 그게 사라진 거지?

상담자 50　그전에 있던 죄의식? **3회기 상담이 끝난 시점에서 되돌아볼 때, 여기 상담자 50에서 상담자는 아직 내담자의 죄의식의 근원을 모른다!** (네. 네. 네.) 음… 그래서 한참 (네. 네. 네.) 바닥을 보면서… 음… 생각을 하셨네요.

내담자 50　[13초 침묵] 모르겠어요. 아직도… 그냥 지금은… [4초 침묵] 많은 사람, 이렇게 아는 사람들한테 얘기를 하면서 느낀 거는… 막 나는 막 좀 갇혀 산 듯… 거예요. 저 혼자 이렇게… 저 혼자 갇혀서 나 혼자서만… 막 이렇게 생각하고 나 혼자서만 이랬던 거구나 하는 거를 이제 애 낳고 나서 주변 엄마들을, 같이 키운 엄마들한테 얘기하고… 이러면서… 이제 많이 알게 된 것 같아요. 그 엄마들은 아직도 연락하고. (아~.) 예. (같은) 동네에서. (입장인 엄마들.) 예예. 네. 우리 동네 같이 애 키웠던 엄마들. (아~.) 우리 애들하고 동갑인 애들. 그러니까 어려서부터 같이. 지금 17년째 계속 같이 아는 건 거죠. 그런 엄마들은 상황을 다 알거든요? 엄마 못 보고 이럴 때면 막 김치 갖다 주고. 제가 해외출장 가면 애 봐 주고. 이런 사람들이에요. 근데… 그런 걸 지나면서 뭐랄까? 저를 이렇게 막, 이렇게 열어 보이면서… 되게… 이렇게 살 수도 있는 거구나라든가 또 이해받고. 그 사람들이 저를 이해해 주고… 그러면서 이렇게 살 수도 있는 거라는 거에 대해서 제가 인제 알게 된 거죠. 그러구 그런 나를 이제 조금씩. (받아들이게 된 거예요?) 예. 그런 것 같애요. 옆에 그렇게 저를 계속… 그니까 제가 제 얘기를 다 했는데도 끝날 것 같은 관계가 막 유지되는 거예요. 다 얘기하구 나면 저는 막, 저 사람들이 나를 어떻게 (버림받을 것 같고) 예. 생각할지 막 두려운데 다음날 막, "언니, 내일 어디 가자." 이러면서 전화 오면은 저는… 하… 표현은 못하지만…. [감격스러운 목소리로]

상담자 51 아, 너무 고마워서… (네.) 나를 비난하지 않는 (네.) 사람들이 있구나.

내담자 경험을 반영하며 따라간다. '비난'이란 용어를 사용함으로써 내담자가 고통받았던 경험들을 부각시킨다.

내담자 51 걔들은 저를 그거 가지고 판단하지 않는 거예요. 예. 그냥… 그런 경험이 많았어요. 많았어요… 많구… 저도 노력했어요. 우리 애한테 괜히… 어, 안 좋은… 뭔가 씌지 않을까 하는, 내가 잘못하면 그럴 수 있겠구나 그런 생각도 하면서… 노력하고… 애 쓰고 그랬죠.

상담자 52 '내가 잘못하면'이라는 건 내가 잘못 생각하면 (잘못 행동하면.) 애한테도 (네네.) 그게 해롭겠구나 하고.

함께 따라간다.

내담자 52 네. 그래서 저도 많이 노력하고 좀 힘들어도 참고 이런 관계를 맺었는데… 시간이 지나면서 그런 것들도 내려놓게 되는 거예요. 그 사람들하고 같이 있을 때 불편한 것도 표현하고 싫은 것도 얘기하고 이러면서 또 아닌 관계들은 정리되고 그래도 가는 관계들이 있고. [5초 침묵] 그러면서 자연스럽게 저…의 죄에서는, 죄에는 조금… 내려났던 것 같애요. 예. 덜 벌했던 것 같애요.

상담자 53 동네… 분들이 큰 도움이 됐네요…. 그렇게… 많이 내려놓을 수 있었지만 그래도… 안에서 (네.) 자책하는 게 살아 움직였다는 거죠? (있어요. 네.) 이 둘이 늘 싸웠나 봐요?

아이 출산하고 키우면서 죄의식이 줄어들기는 했으나, 이 상담의 핵심인 근원적인 죄의식은 아직 살아있음을 상담자가 언급하며, 이 둘이 서로 공존하면서 경험되는 현재의 긴장감을 반영해 준다.

내담자 53 [작고 무거운 목소리로] 맞아요… 둘이 팽팽했던 것 같애요. [27초 침묵]

상담자 54 남들이라면… 안 겪어도 될… 고통을… 너무 많이… 겪으셨어요. 내담자의 긴 비언어적인 무거움을 반영한다. 하지만 그 팽팽함만을 반영하면서 더 기다리는 것도 좋았을 것 같다.

내담자 54 [5초 침묵] [소리가 작고, 무거우며, 혀 차는 소리] 그런 것 같애요…. [12초 침묵]

상담자 55 그 팽팽함을… 안 겪었어, 안 겪어도… 될 걸. ([속삭이듯이] 맞아요.) [21초 침묵] 근데 그럼에도 불구하고 그런 선택을 매순간… 하신 거죠? 예감은 했을 텐데. 험난… 할 수 있겠다. 음….

내담자가 아이를 낳은 후의 험난함을 예감하면서도 아이를 낳는 위험 감수를 반영해 준다. 아이를 낳기로 결심한 내적 경험과 죄의식이라는 내적 경험 간의 긴장감을 반영한 것이다. 그러나 이러한 반영보다는 내담자의 긴 침묵을 함께하면서, 그다음에 나올 내담자의 내적 경험을 더 기다리는 것이 좋았을 것 같다.

내담자 55 [5초 침묵, 이후 여전히 무거운 목소리] 그거는… 되게… 하여튼… 아이를 낳겠다 이런 생각이 들 때는… 제가 아니었던 것 같애요. …(중략)… 그때 뭐, 내 안에 뭐가 있었던 것 같애요. 그냥 딱 초음파 사진 두 번 찍을 때 어… 애는 낳는 거야 이렇게 예. 애 없으면은 난 이런… 기회가 나한텐 다시 안 와. 애가 이렇게 나한테 온 데는 다 이유가 있을 거야. 뭐, 이런. 굉장히 제가 평소에 하지 않던 생각이었어요. 되게 이상한 생각, 뭐, 저하고 안, 익숙하지 않은 생각들이.

상담자 56　전혀 다른 가치관으로.

상담자는 가치관이란 용어를 사용함으로써 내담자가 내적 참조체제와 외적 참조체제 간의 갈등을 겪고 있음을 반영해 주고 있다.

내담자 56　네. 네. 네. 되게 이상했어요. 그때를 생각하면 저는… 진짜… 뭐… 되게 이상해요. 하여간. [웃음] 무슨 기, 마술?! 막 기적?! 뭐 이런 것들이죠.

상담자 57　다른 사람이 (네네.) 들어선 것처럼.

내담자는 외부적인 힘에 의한 것처럼 기술하지만, 상담자는 내담자 내면의 다른 하위 인격의 결정임을 넌지시 암시하며 반영하고 있다.

〈2회기 ③〉 상담자 96~내담자 106

죄의식과 사랑 간의 갈등을 보인다.

- 내담자의 죄의식을 아이가 가져간 것으로 생각할 정도로 아이 낳기 전의 죄의식을 잊고 살았음에 대한 보고들. 그래서 멘붕이 왔다.
- 용기를 갖고 출산과 양육을 경험하고, 주변 엄마들이 내담자의 삶을 인정해 주었다.
- 죄의식과 사랑하고 싶은 사이에서 팽팽한 외줄 싸움을 했다.
- 아이와 아이 아빠가 이젠 놓아줄 테니 재가해도 된다고 하였다.

상담자 96 많이 변했네요. 참… 그… 한 매듭, 한 매듭이 쉬운 게 아니었겠지만… 전체를 놓고 볼 땐 참… (네.) 많은 변화가 있었네요. (맞아요.) 지금 기분은 어떠세요?

본격적인 상담은 상담이 끝난 후 시작된다는 말이 있는데, 1회기에도 그랬듯이 상담자가 상담을 마무리하려는 반응에서 의미 있는 내용이 나오는 것 같다.

내담자 96 그냥 뿌~듯해요. [웃음] (뿌듯해요? 어, 뿌듯해.) 뭐랄까, 죄의식에서 시작했는데 되게… 알고 싶었던 것 같애요. 그때의 나를. 근데 누구하고 얘길 하진 않은 것 같애요. 이렇게 다 터놓고… 알맹이까지 막 다 까내서 얘기한 적은 별로 없었던 것 (아.) 같애요.

상담자 97 내가 왜 이런 길을 밟는지를 (네!) 너무 알고 싶었군요? 이해하기 어려우니까. 내 자신이… 그토록 이성으론 아니라고 하면서 이런… (네.) 위험 감수를 계속 하는 자기 자신이….

상담자의 언어로 경험을 함께해 준다.

내담자 97 근데 이게 죄하고 연결되어 있는진 몰랐어요. 죄 얘기에서 한 주일간 이제 애랑 얘기하면서 느껴졌고 뭔가… 그러면서… 아이 낳기 전으로 이렇게 딱 돌려 주시니까 확 그게… 와 닿았어요.

죄의식에도 불구하고 내담자가 자신의 삶과 자유와 사랑을 찾아감에 대한 통찰이다.

상담자 98 선생님이 이런 어려운 감행을, 그때 아이를 낳기로 할 수 있었던 건 글쎄? 사랑이 아니었을까… 싶어요. 사랑. 선생님의 어려운 환경에서, 특히 부모님 그… 압박 속에서 (네.) 뭐, 자살 시도까지 한 적이 있고 늘 죽음을 생각하셨지만… 어… 지금 애 아빠랑 사랑을 하고 또 인제 애를 가졌단 걸 안 순간… 대부분 그 애라는 게 나의 사랑의 결과고 또 얼마나 본능적으로 그, 초음파 사진을 보고 애에 대한 사랑이 일어났겠어요. 그니까 다른 앞으로 예상되는 어떤 어려움보다도… 그… 사랑을 선택하는 힘이… 있으신 것 같아요. 제 생각에는. (하아….) 사랑은 다른 거보다 훨씬… 크다… 감내할 만하다. 다른 희생은. 그런 생각을 해 봐요. 그런 점에선 엄청나게 용기가… 있으신 거죠.

상담자의 일치성을 강력하게 피력한다. 죽음 – 사랑 – 임신 – 출산의 결심 과정, 이 모든 것의 동력은 사랑이라는 실현경향성이 있다는 상담자의 의견과 느낌을 강하게 드러낸다.

내담자 98 무서웠는데도 그거 했어요.

상담자 99 그러니까!

강력한 동조를 보인다.

내담자 99 근데 그게 뭔진 몰랐었거든요? (그때는.) 그냥 생각으로 그냥…

되게 저는.

상담자 100 그냥 본능적으로 (네!) 낳아야 돼. (네.) 이 애는 낳아야 돼.

이 순간에 어떤 공명이 내담자와 상담자 간에 이뤄지고 있었던 것이 아닐까? 내담자와 상담자의 어조나 톤이 이때 비슷하다. 말을 주고받는 속도도 매우 빠르다.

내담자 100 네. 딱… 이제 6주 때 알았고, 10주 때… 한 6주, 8주쯤부터는 맘 속으로 방향이 정해졌어요. 낳는 쪽으로. 이미. 그런데 초음파를 딱 보러 갔는데… 이렇게 머리, 팔 다리, 팔 다리. 팔 다리 네 개가…. [기가 막히다는 듯한 표정, 그러나 가득 웃음을 띤]

상담자 101 마구 움직이고 있어? 춤을 춰? 파닥파닥?

상담자는 내담자의 경이롭다는 듯한 표정을 반영하고 있다.

내담자 101 초음파를 보구서는 (와우~.) 막 우니깐… 선생님이… 울면 잘 안 보여요. 우는데 이제 배까지 막 떨리면서 울리는, 우는 거예요. 네가 나한테 오고 싶다고 이러는구나. [웃음] 모르겠어요. 그런 게… 그냥 되게 고맙구, 나한테 뭔가 왔다는 게… 그냥 그 초음파로 끝이었어요. 그때. [웃음] 그다음부터는 그냥 고민 끝! (와우~.) 근데 그게 사랑이라고 생각해 본 적은 없었어요. (그래요?) 예. 그냥 나는 왜 그때 그렇게 정말… 나 같지 않은 그런 선택을 했을까? 이런 생각까지는 막 정말, 이상하게 그렇게 그때의 나는 뭘까. 막 이렇거든요? 근데 사랑 얘기하시니까….

…(중략)…

내담자 103 네네네. 근데 애 낳을 때 그 결정을 할 때 그게 그건지는… 되게 기분이 좋아지긴 하는데요. 그 생각을 하니까. [웃음]

상담자 104 예. 뭐, 하여간 이제 제가 선택한 개념이었는데… 어… 어떤 개념…일지라도 그건 엄청나게 뭐 긍정적? 음 …인 것이겠죠? 어마어마한 연결감이라든가. (네. 그런 거였어요.) 동질감이라든가.

상담자는 사랑이라는 개념을 도입했지만, 그것이 다른 유사한 개념일수도 있음을, 내담자의 선택으로 정확한 경험―느낌―을 찾아보도록시도하고 있다. 사랑이라고 단정한 것에 대한 상담자의 반성일 수 있다.

내담자 104 되게… 제 힘으로 어쩔 수 없는 그런 거 같은 느낌이었어요. 그때는… 내가… 어떤 생각까지 했냐면 이게 저라면 누군가가 '네가 하~도 못 알아차리니까 이렇게까지 해서라도 정신을 차리게 해야겠어.' 하면서 딱 온 듯한 거였어요.

내담자는 곧 이어서 삶 전체에 대한 통찰을 가져오고 있다. 내담자는 여기서 자신의 인생을 경험자적 관점에서가 아니라 관찰자적 관점으로 보며 내면의 지혜와 통합하고 있다.

상담자 105 뭐에 대한 정신? 삶?

내담자 105 삶… 지금 삶이었는데 뭐에 대한 정신차림, 끝나자마자 바로 사랑이네요. [웃음] 예. 삶, 사랑. 예. 이런 거인 것 같애요.

상담자 106 사랑이 뭔지를 깨우쳐 주려고 누군가가 나를 이런 방식으로? 어~.

내담자 경험을 반영한다.

내담자 106 어떻게든 저를… 하도 정신을 못 차린다. 또는 알아차리지 못한다 하는… 저한테 뭔가를 확~ 던져 준 그런 거 같았어요. 근데 그게 삶, 사랑까지는 생각을 못하고 그냥 뭔가 헤매고 혼란스러운 저를 정신 차리게 하는 뭐인 것 같은 그런 거였거든요?

〈3회기〉 상담자 2~상담자 80

상담자 2   오늘 마지막이네? 정말. 음.

내담자 2   마지막이에요. 좋기도 하고⋯ 또 오고 싶기도 하고 그래요. [웃음]

상담자 3   연락하시죠. 뭐.

내담자 3   네. [10초 침묵]

상담자 4   그니까 다시 들어 보니까 한심하다는 건 내 생각이었지, 사실은 아팠던 거다라는 거죠?

상담자는 내담자의 자신을 한심하게 보는 외적 참조체제로부터 사실은 마음이 아팠던 내적 참조체제로 끌어오는 시도를 하고 있다.

내담자 4   네. 안됐고⋯.

상담자 5   음. 충분히 아플 만한⋯ 거구나.

내담자 5   네. 안됐고⋯ 또⋯ 그게⋯ 마음에서⋯ 느껴지는 것들을 그러면 안 된다 생각하니까 더 갈등을 길게 했던 것 같애요. 예. 정말⋯ 되게⋯ 어⋯ 안 돼, 안 돼 하면서 더 길게 길게 시간이 연장됐던 것 같애요. 아빠와의 관계가. 예. 음⋯ 또 거기서 위로를 받을 수밖에 없었고 다른 데서 받을 줄 몰랐고. 예. 그런 것들이 이제 하나 하나 이렇게 떠오르고. 떠오르면서⋯ 아⋯ 그래도 뭐 어떻게든 살려고⋯ 예. 삶⋯이⋯랄까 애정? 뭐 이런 것까지는 아니에요. 사랑까지는 아니어도 그냥 살려고 기를 썼던 것 같애요. 예. 살려고 어떻게든 살려고 그리고⋯ 엄마를 보호한다 이런 것도 있었어요. 근데 그걸 제가 알진 못했던 것 같애요. 그런 것까지. (엄마를 보호한다?) 네. 엄마를 아빠한테서… 어떻게든 보호하고 엄마를 도와주고 엄마한테 힘이 돼야 되고 이런 것들이… 있긴 있었어요. 근데 그게 분명하게 저한테… 이렇게 뭔가 제가 알고서 그런 것 같진 않아요. 그냥 이래야 된다, 저래야 된다 중에 하나였던 것 같아요.

상담자 6 어느 시기를 얘기하는 거죠?

내담자 6 애 아빠를 만날 때 또는 그전. 고등학교 때부터 시작이 됐었거든요? 이런 것들이.

상담자 7 이런 거라는 건 엄마를 보호하는 것?

내담자 7 네네. 고등학교 때 한 번 자살 시도하고 집 나갔다가 무서워서 다시 집에 돌아오고… 그때부터 아빠가 저를 좀 미워했던 것 같아요. 음. 그러고… 어… 그러고 나서… 엄마랑… 더 이렇게 관계가 더 엄마랑 이렇게… 붙어 있었던 것 같아요. 딱, 엄마 쪽에. 엄마. 아빠보다. 그전까지는 그런 개념이 별로 없었거든요? 근데 그러고 나서… 어… 집에 이제 살림 밑천이 된 거죠. 자발적으로. [웃음] 월급 벌어다가 갖다 드리고. 엄마 드리면 엄마가 그걸 다 이제 생활비에 보태고 쓰시는 거예요. 근데 그게… 저는 하고 싶은 게 많은 애였는데 어디 뚫고 나갈 데가 없는 거예요. 그냥 직장생활 하나. 집에 와서는 뭐, 집에 맨날 싸우고… 그러는 거 보고 뭐, 그때 생각해 보면 정말… 삶이 너~무 지루하고 힘들었어요. 그게… [웃음] 물… 뭐 땜에 사는지도 모르겠고. 그냥 식권 모아서 그때 식권이 만약 하루에 1200원이다 그러면 800원짜리 뭐, 700원짜리 밥 먹고 식권이 남아요. 그러면 그걸 모아서 동생들한테 이제 만두랑 막 떡볶이랑 튀김이랑 해서 막 사 오고. 예. 그런 걸 좋아했던 것 같아요. 그때 애들이 먹는 거 보고 좋아하고… 그러다가 애 아빠를 만난 거예요. 그 사이에도 누군가 쫓아다니긴 했는데… 하여튼 결혼이라든가 뭔가 이렇게 관계가 딱 고정적인 뭔가가 될 것 같으면 이제 다 쳐내고. 쳐내고… 음… 그때 이미 이제 결혼… 은… 하아. 결혼은 좀… 싫은 거 이상이었어요. 무섭고 막, 뭔가 내 인생이 망가질 것 같은 이런 거였던 것 같아요. 결혼이란 거는… 그니까….

상담자 8 그 모델이 바로 (네. 우리.) 내 부모 (네네.) 전쟁 같은….

상담자는 결혼에 대한 두려움의 근원이 되는 부모관계로 연결 — 확인 — 하고 있다.

내담자 8 네네. 고모들도 그래요. 고모들도… 한 고모는 남편을 때리고… 큰고모는 또… 이혼했다가… 몇 년 만에 다시 이제 다시 합쳐서 같이 살고 그러면서도… 작은아버지들은 또 우리 엄마, 아빠 정도인진 모르겠지만 작은엄마가 와서 하는 얘기 보면은 비슷하게 싸우고 있고. [웃음] 그 당시에는 좀 심했어요. 그런 게….

상담자 9 [7초 침묵] 엄마를 보호한다는 건 아버지로부터 보호한다는 거죠?

엄마에 대한 보호라는 표현이 중요하다고 인식한 상담자는 내담자 5의 내용으로 돌아가려고 한다.

내담자 9 근데 아버지는 뭔가 다른 얘기들을 하시는 건데… 그때도 못 알아들었어요. 무슨 얘긴지. 알아듣기가 힘들어요. 아빠 얘기는. 지금도 마찬가지예요. 그냥… 힘든데 지금은 그래도 그때는 그 아빠의 말에서 느껴지는 느낌이 이제 막 화가 나가지고서 막 그러니까 무서워하기만 했던 것 같아요. 무서워하고 또 무슨 말을 할까 막… 미리 걱정하고 막 이런 거. 근데 지금은 '아빠가 뭐가 안 좋은가 보다.' 이렇게 [웃음] 뭐 이제 한쪽으로 들으면서 '어이, 또 그 소리네.' 그냥 흘려버리고. [웃음] 전엔 그러면 안 된다는 생각에 이제 그러면 안 되니까 막 바로 앉아서 막, 막 쫑긋쫑긋 듣고… 그니까 심지어 우리 둘째가 저한테 그랬어요. "언니가 상담 잘하는 건 아빠 덕일지도 몰라." [웃음] "이미 자세가 다 갖춰진 거야." [웃음]

상담자 10 웃어야 될지… (네. [웃음]) 울어야 될지 모르겠네.

내담자는 웃고 있지만, 사실은 가슴 아픈 얘기인지를 이해한다는 사인을 넌지시 주고 있다.

내담자 10 엄~청 얄미웠어요. 저 늠의 이 계집애를 진짜. 이러면서… [웃음] 근데 걔는 그렇게 아픈 말을 쿡쿡 잘 찔러서 해요. [웃음] 음… 하여튼 그때… 그때 이렇게 탈출구 없을 때 애 아빠는 진짜 저한테 [웃음] 되게, 되게 안전하고… 걱정 안 해도 되고. 결혼 걱정을 안 해도 되고 이런 되게 괜찮은 (유부남이니까.) 네. 괜찮은, 어떤… 어떤 쉼터? 탈출구? 뭐, 아니면 그냥 (피난처). 네. 피난처. 뭐 이런 거였던 것 같아요. 그래서… 그거를 그냥 그래, 그냥 그렇게 편히 내 사정이 이런 걸 지금처럼 이해했더라면은 외려 정말… 별로 그렇게… 그렇게 막… 막, 나를 막~ 막 옥죄면서 막, 막~ 나를 다그치면서 그러지 않았을 것 같아요. 그때는 계속 그거를 하면서 한쪽으로는 또 좋으니까 또 쫓아다니고 연락하고….

상담자 11 그니까 마음속에서 안 된다는 마음과 (네.) 좋아하는 마음이 싸웠다는 거죠? 지금은 인제 왜 그… 남자…만을 좋아할 수밖에 없는지 이제 이해가 되고. 그때도 이해가 됐더라면 조금 뭐, 그냥 인정하면서… (네.) 결혼도 싫고 그러나 (네.) 사랑은 받고 싶고 (네.) 피난 처는 필요하고 인정하면서 사귀었을 텐데….

요약·반영을 통해서 내담자 경험을 따라간다.

내담자 11 갈등을 계속 하니까 굉장히 길어졌던 것 같아요. 갈등할 때 막 헤어지는 기간 좀 있고 다시 만나면 또 좋고. 그니까 이거를 왜 이러는지는 모르겠고 혼자서.

상담자 12 갈등이 얼마나 심했을까. (네.) 또… 무서운 아버지와… 들키면 안 되고… 사회적으로도 용납이 안 되고.

상담자는 '무서운 아버지' 혹은 '사회'라는 용어를 사용하여 구체화하면서 내담자 경험을 따라간다.

내담자 12 그런 게 이제 (상담받으러 오는) 버스 안에서 후욱~ 올라온 거예요. 예. 그런 것들이….

상담자 13 그렇게 고통받았던… 음….

내담자 13 [13초 침묵] 근데… 제가 저를 용서하지 못하고 있었던 것 같아요. 남들보다… [울먹이며] [14초 침묵] 맨날 남들 눈치를 본다 생각했는데 제가 더 무섭게 저를… 이렇게 평가했던 것 같아요. [13초 침묵]

긴 침묵과 함께, 내담자의 평가 소재가 외적 참조체제로부터 내적 참조체제로 이동했다는 것은 큰 진보이다.

상담자 14 근데 그렇게 버스 안에서… 눈물을 흘린 거는… 자기를… 자기 아픔을 스스로 이해해 주는? 인정해 주고… 충분히 그럴 만했다고 어떻게 보면 위로해 주는 눈물… 인 것 같은데?

여기서 상담자는 '후욱~ 올라온' 고통을 반영해 주고 있었으나, 자신을

'무섭게' 평가한 경험을 반영해 주는 것이 더 좋았을 것으로 보인다. 내담자의 경험은 뒤에 등장할 '아버지의 부정(不貞)'과 관련된 깊은 자기혐오의 과정이 진행되고 있는 것 같다.

내담자 14 그런 것 같애요.

상담자 15 그니까 울기 싫다고 하지만 (네.) 음….

내담자 15 그리구… 이렇게 잊고 있던 나를 찾을 때마다 조금… 음… 미안하기도 해요. 안됐고… 그냥… 내 안에 어딘가 이렇게 아픔이 있는데 그거를 제가 안 보려고 한다든가 없는, 없애려고 한다든가… 이렇게 없는 척? 그러고 저는 막… 지내려고 했던 것 같애요. 그런데 그게 이제 딱 느껴지면은… 쭛 [혀 차는 소리] 어느 한 자리에서 계속 이렇게 기다리고 있어요. 제가 이렇게… 뭔가를 기다렸듯이 우리 애가 기다렸는지는 모르겠지만 하여튼 우리 애가 그렇게 와서 저한테 다른 삶을 보게 해 줬던 것처럼 얘도 뭐, 이 아픔도 뭔가 기다리고서 내가 자길 봐 주길 기다렸던 것 같은데 그걸 저는 이제… 왜 그때 20대 때 그 얘기를 하는 걸 되게… 싫어했는지 모르겠어요.

애가 자신의 삶·사랑을 정당화하게 해 준 것처럼, 뒤에 언급될 '아버지의 부정과 어머니의 고통' 그리고 '자신의 부정과 자기혐오'로부터 벗어나길 바라는 마음을 발견한다. 이 대목은 자신을 전체적으로 통찰하고 있다는 점에서 이 상담에서 가장 핵심적인 부분으로 보인다.

그 얘기를 거의 안 꺼내고 살았어요. (그 얘기?) 예. 20대 때 어떤… 이 사람을 만나서 이때 이 갈등하던 (힘들었던 걸?) 예예.

상담자 16 나이가 훨씬 들어서도 잘 안 하셨다고요? (네네네.) 누구에게도?

내담자 16 네. 그 얘기는 그냥 되게 짧은 말로 끝나는 거예요. 그냥… 뭐… 좋아, 잘, 지내, 좋아하게 됐어라든가 뭐. 회사에서 같이 일하던 사람이었어. 뭐 이런다라든가 이렇게, 되게 짧게? 지나가고 이제 애가 생긴 지점으로 항상 시작이 되는 거예요. 그러구 그 전은… 저도 이렇게 거기 얘기를 하려고 하지를 않았었거든요. 근데 이 상담이 시작할 때 죄책감? 죄의식? 이런 얘기들이 되면서… 그때가 같이 이렇게 계속 얘기가 됐어요. 맘속에서도 계속 그때 생각들이 났고.

상담자 17 애 낳기 전에 (네.) 아주 혼란스러웠던 (네네.) 그리고 그… 때 그 고통스러웠던 시기를 내가 이렇게 밀쳐 두고 있다는 걸 발견하신 거네요?

내담자 경험을 따라간다.

내담자 17 안 보려고 했던 것 같애요. 네… 그리고 그게… 그니까… 그게… 내가… 그 시기에 나를… 좋아하지 않, 않았어요. 않았고… 그거가… 되게… 저의… 뭐랄까… 저는 애 놓은 거보다 그게 더 오점 같이 생각이 들었던 것 같애요. 내 맘속에서는. 근데….

상담자 18 옳지 못하다. (네.) 그러니까 아예… 외면하고. (네네.) 음. 오죽하면 애 낳은 거보다도 (네.) 그 사람을 사랑한 게 더 잘못된 거라고? 음… 그만큼… 자신을… 음… 미워했네요.

내담자 경험을 구체화―그 사람을 사랑한 게 더 잘못―하면서 따라간다.

내담자 18 [20초 침묵] [작은 목소리로] 미워했어요….

상담자 19 심지어 아까 표현처럼 한심하다고… 그런… 표현을 하고….

내담자가 얼마나 자신을 미워했는지를 인정하고 이해하는 상담자 반응으로 앞에서 언급된 평가적 언어 '한심하다'를 인용한다.

내담자 19 [12초 침묵] [낮게 흐느끼는 소리] [16초 침묵] [훌쩍이는 소리]
[20초 침묵]

상담자 20 심지어 용서할 수 없다는… 그런… 생각을 수도 없이 했나
봐요.

**충분히 자신의 감정과 접촉할 수 있도록 허용한 후, '용서'라는 용어를
사용함으로써, 폭넓게—한심, 용서, 미워하는, 죄의식의 마음 등—자신
의 의식을 탐사할 수 있는 기회를 제공한다.**

내담자 20 [훌쩍이는 소리] [14초 침묵] 그리구 이해가 안 됐어요. 왜 이렇
게 오래… 이 고민을 계속 하고 사는지 그때는 그게 안 끝날 것 같은
생각이 들었어요. [훌쩍이는 소리] 그리고 맘속으로 항상 그랬어요.
'아, 인제 끝이야.' 이렇게… (이 남자랑 끝이야.) 네. '이제 끝이야.' 이
말을 하면은 너무 좋을 것 같은 거예요. 그 말을 내 혼자 할, 그 말을
할 때, 하면서도 좋았어요. '내가 이 말 하면 너무 좋을 것 같애. 이제
끝이야.' [10초 침묵]

상담자 21 그… 나를… 용서하지 못할 때 어떤 생각으로 그랬어요? 내가
쓰던 말이 있을 것 같애요.

**우린 사용하는 언어대로 느낀다. 따라서 상담자는 상담자 마음대로 추
정하지 않고, 내담자의 언어를 정확하게 알고 싶은 것이다. 특히 이 지점
에서 가장 자신을 괴롭히는 그 언어는 곧 내담자의 조건부 가치를 드러
낼 것이다.**

내담자 21 나를 용서하지 못할 때요?

상담자 22 어떠어떠하니까 너는 용서받지 못해. 잘못된 거야.

내담자 22 네. [깊은 한숨] [50초 침묵] 저는 그냥 내가 한 행, 어떤… 행동

이라고 생각을 했는데… [12초 침묵] 전 애 아빠가 진짜 좋았거든요. 그리고 그때… 같이 했을 때 기쁨도 컸어요. 뭘 먹자 하면은… 저는 제가 뭐가 먹고 싶은지도 어떨 땐 몰라요. 그러면… 이제 이런 이런 이런 선택지를 주죠. 그러면 제가 골라요. 갔는데 맛이 없어요. 그러면 맛이 없다고. 그러면 "다른 거 먹자." 그러구 나가요. 근데 그런 것들이… 그니까 내가 느끼고 내가 순간, 아깝잖아요. 이게. 버리는 거니까 아깝고 이런데도… 저한테 다 이렇게 맞춰 주는 거? 그리고 내가 이렇게 순간 변덕처럼 하는데도 거기에도 다 맞춰 줘요. 어… 그런 게 다 좋았어요. 예. 너무 좋고. 이런 걸… 이런 거 이렇게 느끼면 안 되는 것 같은데 나는 진짜 좋은 거예요. 이런 거는 진짜 더 큰 짐인 것 같이. 그니까 뭔가 내가 이 사람을 만나서 진짜로 즐겁고… 그런 것들이, 그런 것들이었던 것 같애요. 근데 실제 그 나이 때는 제 마음속에서 '이러면 안 돼.'가 제일 컸어요. 끝내 또 이랬구나. 너 또 이거구나. 벗어나지 못하는구나. 끝내지 못할 것 같은 거예요.

상담자 23 그… 그 무엇이, 무엇이 뭐였어요? 그니까 이렇게… 즐기면 안 돼. 어… 뭐… 아니면 사랑받으면 안 돼. 그런 거였나요? 아니면 윤리적으로 뭐 그런 거였나요?

내담자 23 네. 그런 거였어요. 윤리적인 거였어요. 그런 거를… 지금도 없잖아 있는데 그때는 더 강했던 것 같애요. 뭔가… 아닌 거예요. 절대 아닌 그런 것들이었어요. 그게… 하아… 연관 있는진 모르겠지만 제가… 중학교 땐가? 이제 엄마가 절 막 이제 학교에 갔다 왔더니 끌고 어딜 가요. 여기서 망을 보래요. 망을 보고 아빠가 나오면 나한테 얘길 하라는 거예요. 엄만 뒤에 있을 테니까. 나중에 보니까 그게 여관이에요. 여관에 엄마랑 아, 이제 아빠가 어떤 여자랑 들어가는 걸 누가 보고 엄마한테 얘길 해 줬던가 봐요. 그런데… 저는 그 기억이 안 났거든요? 그런 거가 생각도 별로 없었고 그냥 어떤 문 앞에 엄마가 서 있으라고 한 거밖에 생각이 안 났는데… 나중에 인턴을 하고 있을 때 저하고 똑같은 경험을 가진 애가 있었어요. 예. 그래서 걔 얘기를 듣는데 저도 기억이 인제 그제야 나는 거예요. 그래서… 나도 그랬다. 근데 저는 그때 느낌이고 뭐고 이런 거 하나도 없었어요. 지금도 잘 기억이 안 나요. 그냥 문 앞에서 "네가 여기서 망 봐. 아빠 나오면 소리 질러." 이거밖에 기억이 안 나는데 걔가 그러더라고요. 진짜 창피했다고. 너무 너무 창피하고… 엄마, 걔는 엄마가 싫었대요. 저는 아직도 아빠가 싫거든요? 그렇게 그러면 안 되는, 엄마한테 상처 주고, 뭐 하여튼 그거 잘 모르겠고 하여튼 그 대상이 제가 된 거예요. 애 아빠를 만나는 거는 (그러네.) 이렇게 싫고 안 좋은 그런, 그런 대상이 제가 된 거…인 거예요. 그런.

상담자 24 엄마가 그렇게 괴로워하고 혐오한… 그 일을 내가 했다는 게 있었군요.

내담자의 깊은 죄의식의 근원이 될 만한 조건부 가치가 이 지점에서 드러난다. 내담자는 이 아픈 마음과 접촉하고 인정하기가 어려웠기 때문에, 2회기 내담자 48, 49에서 그렇게 오래 침묵하면서 모호한 상태에 있었던 것 같다. 2회기 내담자 48, 49의 '그게'의 실체의 일부가 3회기에서 드러났다. 드러난 계기는 상담자가 내담자의 선택에 유기체적 정당성을 부여(삶. 사랑. 자유. 선택)하고, 여기에 힘을 얻어, 내담자는 3회기에 자기연민의 과정(자기수용)을 밟을 수 있었다. 이 자기연민의 과정

은 결국 자신의 죄의식의 근원—아빠의 부정과 엄마의 고통—을 마주할 용기를 준 것으로 보인다.

…(중략)…

내담자 29 …그러고… 제가 용서할 수 없었던 건 그렇게 제가 저는… 저는 정말… 정말 좋아했고 그리고… 제가 이런 걸 기대한 건지 바란 건지는 아니겠는데 내 마지막 지난 상담에 이런 게 다 사랑이 아닐까? 삶? 삶에 대한 애정? 사랑? 이런 것들에서…. 고등학교 때 책을 그렇게 많이 읽었거든요? 예. 그런데 그때 책들이 다 사랑 얘기였어요. …(중략)… 내가 할 수 있는 게… 물론 많은 것이 있겠지만… 뭔가를 사랑하는 일. 그런 거일 거란 생각을 한 적이 있어요. 그때 고등학굔 땐가? 한번 그 일기장을 찾아봐야 되겠어요. [웃음] 제 예전, 전에 걸 읽는 게 되게 싫었는데. 지난 상담도 끝나고 가서 제가 우리 애 태교일기를 쓴 그, 저기 앨범이 있어요. 어, 그날은 이제 그거 되게 평소에 보기 싫은 거거든요? [웃음] 근데 그날은 이제 가서… 밥 먹고 바로 그냥 쓱 펼쳐 봤어요. 근데… 딱 4월, 우리가, 제가 선생님하고 상담했을 때가 4월 17일인데 태교일기를 처음 쓴 날이 4월 18일이더라고요. (아~.) 2001년 4월 18일. (네~.) 예. 그래서… 음… 저는 그때 제가 어리고 되게 좀… 잘 인식도 못하고 이런 줄 알았어요. 근데 거기에… 아주 적나라하게 써 놨더라고요. '엄청 불안하다. 앞으로 어떻게 될지… 그래도 난 널, 널 믿고 간다. 너만 기다리고 간다.' 그냥 막 울컥울컥하는 거예요. 11월 애 놓기 전, 11월 28일날 낳았는데 26일까지 썼더라고요. 한 권을 이제 메모지로 꽉~ 채워서 다 해 놨는데… [6초 침묵] 뭐가 올지 모르지만 하여튼… [울먹이며] 애 하나

믿고 간 거예요.

상담자 30 내 인생이 어떻게 전개될지 모르지만. 음….

내담자 30 그리고… [울먹이며] [7초 침묵] 그때 처음으로 이렇게 [내담자 티슈 뽑는 소리] 제 얘기를 혼자 이렇게 살면서 이제 고등학교 때 동창들한테 다 얘길 한 거죠. 걔들은 뭐, 가감 없이 물어보니까. [웃음] 둘 다 다 결혼한 애라 가지고. [웃음] 그리고.

상담자 31 그때라면 언제를 얘기하는?

내담자 31 임신했을 때요. (아~.) 그때 처음으로 친구들한테 다, 전부 다 얘기했어요. (네네네.) 숨김없이. 그래서 둘 다 다 이제 이 사람 집을 쫓아간다는 둥 니네 엄마한테 쫓아가서 다 얘기한다는 둥 막 (결단을 내려.) 예. [웃음] 그 과정이 거기 다 써 있는 거예요. [웃음] [상담자 웃음] 애라는 게 제 자신하고 이렇게 좀 떨어진 그게 저한테 되게 큰 용기를 줬나 봐요. 아니면 뭔가를 그렇게 막 솔직하게 다~ 표현하게. 그전까지는 그걸 하지 못해 가지고 막 벌벌벌벌벌 떨면서 막… 친구들한테 다 얘기하고 친구들한테 엄청 욕 얻어먹고. 그러면서도 인제 얘들은 제가 안됐으니까 챙겨 주고 한 것들이 이제 다 거기 있는 거예요.

상담자 32 내 새끼가 생김으로써 엄청나게 용기를 낼 수 있었네요.

이후 상담자 32, 상담자 33, 상담자 36, 상담자 37, 상담자 40, 상담자 41, 상담자 42, 상담자 44를 통해서 상담자는 내담자의 삶, 즉 사랑과 아이의 존재를 계속 이해해 주고 타당화 해 줌으로써 결국 내담자도 자기연민으로 옮겨갈 수 있었다고 본다.

내담자 32 [4초 침묵] 하여튼 엄, 되게 솔직하게 써 놨었어요. 막, 되게…

그니까 아이한테… 아이가 있다는 걸… 나한테 되게 많이 변화시킨 것 같아요. 아이… 아이한테 얘기하는 거는… 그전에 저하고 많이 다른 느낌이었어요. 되게… 있는 그대로 솔직하게… 그랬어요. 그걸 다시 읽어보니까. [웃음]

상담자 33 와우~ [5초 침묵] 아이가 생김으로써 비로소… 당당해질 수 있었네요. (그런 것 같아요.) 자기 현실을 그대로 인정 (네.) 할 수 있었어요.

내담자의 상담의 목표를 상기시키며, 내담자에게 내재하는 당당함에 주목한다.

내담자 33 고민하고… 막 되게 힘들어하면서도… 이건 현실인 거예요. 아이는. 아이는 그냥 애 아빠의 관계처럼 우리가 조심만 하면 아무한테도 들키지 않고 가는 어떤… 안 보이는 어떤 게 아니라 애는 그냥 현실인 거예요. 그러니까… 거기에 그냥 저는 확~ 확~ 그냥 이렇게… 이렇게 노출되어 있었던 것 같아요. 확~ 거기에 들어가서, 풍덩 들어가서… 그냥 그전에는 이렇게… 이래서 안 되고, 저래서 안 되고 막, 하면 안 되고.

상담자 34 엎질러진 물? (네. [웃음]) 인정할 수밖에 없는? (네네.) 그럴 바에 아예 그냥… (예. 제가… 제가.) 다 까놓고 살자?

내담자 34 예. 제가 뭔가 이렇게 챙피해지거나 뭐, 해지면은 애까지 그렇게 될 것 같애. 그런 것도 있었어요. 예. 그래서… 제가… 그니까 애 아빠랑도 딱 '아, 인제 당신은 진짜 아니네?' 이러면서 딱 끊을 수 있었던 게… 내가, 내가 그만큼 당당해지지 않으면 애가 내가 겪은 걸 또 겪게… 겪게 생긴 거예요.

상담자 35 그 우유부단한 애 아빠를 (네네.) 잘라….

내담자 35 그랬어요. 그래서 지난 시간에 그때 막 멘붕왔을 때도 이해가
안 됐어요. 근데… 아… 그때 버스 안에서는 잠깐 '아, 아빠 엄마랑
떨어진 게 나한텐 또, 그게 또 되게 큰 요인이었을 수도 있어.' 했는
데 지금 생각하면 아이 자체가 저한테는 되게 큰~ 아주 큰~ 변화를
준 것 같아요. [5초 침묵] 그거… 계기로 솔직하게 나를 드러내기 시
작했고… 예. 그니까… 그러고 친구들이 생겼고… 친구들이 생기니
까… 제 생각이 제 혼자만의 것이 아닌 거예요. 그런 것도 되게 기뻤
어요. 막 상의를 하고 "힘들어." 하면서 다~ 했는데 친구들이 얘길
들어주고 그러면서 친구들 얘기를 들어 보고 음… 이런 방법도 있었
구나. 이런 거를 알게 되고. 또 아, 상대 마음은 이럴 수도 있겠구나.
그런 거를 되게 애들하고 알아 가고 동네 엄마들하고 알아 가고…
그걸 또 이제 애가 크면서 또 애하고도 같이 하니까… 되게 그런 기
쁨도 컸어요. 사람들을 알아 가는 기쁨도.

상담자 36 아이를 가짐으로써 이렇게 삶을 엄청나게 배워… 가게 된 거네요.

내담자 36 네. 네. 되게… 그거 우리 집에서 잘 안 되는 거였거든요? 막 이
러면 안 되고, 저러면 안 되고 하니까 이 말도 하면 안 되고, 저 말도
하면 안 되고. 뭐 하면 안 되고 뭐만 해야 되고.

상담자 37 오로지 이렇게 정해진 규칙만 (네네네.) 있었는데 아이를 가지
면서는 이렇게 새롭게 막 (네네.) 깨달아 가셨네요. (네네.)

내담자 37 괜찮은 게 너무 많은 거예요. 그래도 괜찮은 게. [웃음] 그래도
괜찮은 게 너무 많고. 그래도 애 키우면서 저는 이렇게 꽉 조여 있는.
코르셋처럼 이렇게 꽉 조여진 그런 게 아직은 많이 있었어요. 그래

서 그런 것들이 애한테 좀, 좀 많이 갔어요. 뭐, 애 계속 혼내고 이러면 안 돼, 저러면 안 돼. 저도 모르게 막 그러고 있는 저를 보고… 그니까 이제 상담을 저, 이제 가게 되고 집단상담하고 깨닫고 또 끝내는 상담 쪽으로 오게 된 것 같애요. [웃음] 근데 하여튼 그 일기장 보는데 되게… 음… 이때도… 음… 되게 많이 나를 알아 가는 시기였구나… 그랬어요.

상담자 38 안 보고 싶었던 시간이었는데.

내담자 38 네. 이렇게 상담하면서 무슨 힘이 생겼는지 [웃음] 다른 관점으로 보게 됐는지. 어….

상담자 39 막상 보니까… 새롭게 자기를 (네.) 음….

내담자 39 한심하지 않아요. [웃음] [상담자 웃음] 한심하지 않았어요. [웃음]

상담자 40 그때도 참 열심히 투쟁했고 제대로 투쟁했었구나.

내담자 40 네. 열~심히… 날 위해선 그러지 않았으면서 앨 위해서는. [웃음]

상담자 41 애가… 삶에 대한… 좋은 의미의 책임감을… (네.) 불러일으켰네. (맞아요.) 애만을 위한 게 아니라 음… 나 자신을 위해서도 (네.) 내가 잘 살아야 애도 잘 살 테니까. 또 그런 당당한 엄마의 모습을 보여 주고 싶었겠죠?

내담자 41 네. 맞아요. 그런 거였어요. 당당해지고 싶고… 그리고.

상담자 42 하아~ 참 신기하네. 나 혼자라면 계속 자학하고 그럴 수도 있는데… 내 분신이 생기자 어… 애한테 당당해야 된다? 음… 참 신기한 일이죠? 얘를 위해서라도 이렇게… 음… 비굴하게 살면 안 되겠다. 인정할 건 인정하고….

내담자 42 그래서… 낳고, 낳을 때부터 낳고 나서부터 낳기 전부터인지는 모르겠지만 하여튼 꽤 오랜 시간 아이한테 아빠 얘기를 어떻게 꺼낼지 이런 것들을 되게 고민했었어요. 상의도 많이 하고. 상처 되지 않는 시기에. 방법, 표현 이런 것들을 진짜 많이 연습했어요. [18초 침묵] 힘들기도 했는데.

상담자 43 그런 선물이 없네?

상담자 36, 상담자 37, 상담자 39, 상담자 41, 상담자 42, 상담자 43에서 고통의 이면에는 깨우치고 얻는 것도 있음을 나눈다.

내담자 43 네. [9초 침묵]

상담자 44 어떻게 보면은… 그렇게… 잘못됐다고 했던… 어… 시간들이 다 정당하게 회복되는… (네.) 애를 가짐으로써.

내담자 44 맞아요. 그래서 애를 가진 시점부터만 기억을 그렇게 자꾸 하려고 했나 봐요. (음~.) 그전을 제가 정당화시킬, 시키는 건지는 모르겠지만 지금도 사실 그래요. 저는… 이렇게… 남들한테 얘기했을 때 남들이 "언니 진짜 아저씨 많이 사랑했나보다. 아저씨도 장난 아니다." 이런 얘기들을 들으면은 '헉, 어떻게 저런 얘기를 하지?' 그니까 저 사람보다 나를 더… 자학하는. 나를 더 안 좋게 보는 거예요. 저 사람들보다도. 근데 그런 얘기들이 많이들, 하고 나니까 그제야 조금 내가 '그래, 진짜 많이 좋아했지.' 그래도 그걸 완전히 받아, 하지는 못해요. 진짜로. 그런데… 이번에는 뭐가 달랐냐면은… 이렇게 좀… 약간 한심하다? 못났나? 좀 미리 좀 알지. 이렇게 막 혼내는 저요. 저, 막 저를 평가하고 혼내고 막 이러는 제가 되게 약해진 것 같

가 되는.

이 부분은 해석적 시도이다.

내담자 55 네. 그 당시에는 정말 그런, 이런 생각조차 없이 그냥 '내가 그…
런 사람이 된, 그런 여자가 된 거야.' 이런 거였던 것 같아요. '이런 여
자가 된 거야… 내가 바로 그 대상이야. 그런 여자야… 그리고 이거
는 없어지는 게 아니야.' 헤어지지도 못하니까 더 안 되는 건거죠.
[14초 침묵]

상담자 56 처음에는 잘 이해 안 됐던 자기? (네.) 아니면 묻어 뒀던 자기가
이게 많이 이해도 되고 (네.) 좀… 밝음… 속으로 나왔네.

내담자 56 보고 싶지 않고 정말 거기는… 막… 아까 말씀하신 (시커~먼.)
예. 예. 그래서 (거뭇거뭇한 걸로.) 거기는 가 보고 싶지도 않고. 그
냥… 딱 애기 낳은 시점? 거기부터만 시작되는. 그 뒤는… 그랬었어
요…. …(중략)… 그래서… 그때 되게… 좋아했는데 내가 그때 말을
잘 못했던 것 같다고. 그때는 내가 나를 자꾸 막 이렇게 벌하고 혼내
고 이런 게 더 컸다. 그래서 자꾸 자기한테도 화만 내고 그랬던 것 같
다고. 이랬더니 "다 알지." 이러더라고요. [웃음] 또 그 말도 되게 허
탈했어요. [웃음]

상담자 57 나는 몰랐구나. (네.) 그니까 그 좋은 사랑도 상당히 소극적으
로 했었겠어요? 기뻐해야 될 이 사랑을. 이 큰 사랑을. 참… 즐기지
도 못하고. 끌려가듯이. (네.) 사랑을.

…(중략)…

상담자 66 우리 세 번 만났는데 어떠셨어요? 시간이 좀 됐네? 색깔이 다 달
랐을 것 같아요.

내담자 66 예. 근데 그건… 저… 요인도 큰 것 같아요. 왜냐하면 지금 이렇게 두 선생님이 비슷한 얘기들을 저한테 이렇게 해 주시는 거 보면은… 그래서 앞에서는 좀… 제가 혼란스럽고 막 이렇게 뭔지 모르지만 감정이 후욱 올라온 상태에서 갔던 것 같아요. 명절 때 아빠가 오지 말란 말에. 그래서… 그때는… 제가 좀 강했고. [웃음] 제 색깔이 강했고 그분들.

상담자 67 앞에서라는 건 2월 상담?

내담자 67 네. 그랬는데 지금은 뭔가 거기서… 막 뭐가 이렇게… 일어나고… 드러나서… 좀… 하여튼 선생님하고 상담에서는 제가… 이렇게… 별로 이렇게… 거침없이 계~속 이렇게 저를 자유롭게 막~ 왔다 갔다 하면서 저를 봤던 것 같아요. 예. 저를 느끼고 보고.

상담자 68 탐색?

내담자 68 네. 막~ 했던 것 같아요. 그게… 되게 좋았어요. 상담 저도 이렇게 하고 싶단 생각 들 정도로… 되게 편안했어요.

상담자 69 자기도 몰랐던 자기 (네.) 그런 내면을 (네네네.) 발견하게 됐다는 (네네네.) 거죠.

내담자 69 상담 마치고 녹음 다시 듣고 싶은 생각 별로 안 들거든요? 근데… 선생님하고 하면서 '아, 바로 빨리 듣고 싶다.' 이러고. 또 듣고… 그렇게 됐던 것 같아요.

상담자 70 아, 이 어떤 호기심 있게 (네.) 새로운 걸 (네네.) 자기를 발견해 나가는 여행처럼. (네네.)

내담자 70 '아까 그거 뭐지?' 하면서 그때 그 멘붕 다시 보자 하면서 이런 거. '어, 선생님이 요 말씀을 여기서 왜 하셨지?' 그러구 그런 것들

이… 하여튼… 좋았어요. 되게… 예. 그게 좋고… 전체적으로 저한,
저를 이렇게… 중요한 어떤 흐름이랄까 이런 것들을… 그니까 제가
저는 이제 만약 곁가지로 새서 고기서 막 헤매고 있으면 선생님이
딱 다시 율로 [웃음] 이렇게 (그래요?) 잡아 주신 것 같아요. [웃음]
[상담자 웃음] 제가 가고 싶은 거기를 잊고서 딴 데 가서 막 헤매고
있으면은. [웃음]

**내담자 67과 내담자 70에서 보듯이, 인간중심 접근은 내담자의 내적 경
험에 상담자가 함께 몰입하고 따라가기 때문에 내담자가 마음 놓고 자
신의 내면을 탐사할 수 있었다고 본다.**

상담자 71 알고 보면 내가 가고 싶은 데, 가고 싶었던 데였다고… 음….

내담자 71 근데 이제 흘러가는 뭔가에 또 인제 제가 혹해 가지고 가서 또
~ 막 자책하고 막 이러고 있었는데… 음… 사랑? 삶? 후욱 오니까
인제 아… 맞아….

상담자 72 본질을 놔두고 자꾸 (네. 네.) 피상적인 걸.

내담자 72 그니까 일희일비하는 거예요. [웃음] 근데 뭐… 어쩔 수 없어요.
이제… 그럴 때도 있는 거죠, 뭐. 이러면서. [웃음] 그래도 이제 알았
으니까 (그럼.) 예. (그럼.)

…(중략)…

내담자 78 제가 내담자들이 (상담에 몰입해서 상담 마치는) 시간을 안 보
는 게 이해가 안 됐거든요? 근데 제가 (상담 마치는) 시간을 전~
혀… 인식을 못 하고 하더라고요. [웃음]

상담자 79 어~ 그만큼 몰입을 (네. 되게 좋았어요.) 하신 거네. 그래요…
또… 뭐… 필요하시면 연락하세요.

내담자 79   네. [상담자, 내담자 함께 웃음] 고맙습니다.

상담자 80   그래요.

4. 논평

성승연(서울불교대학원대학교 상담심리학과 교수)

　이 글은 학회 학술대회에서 발표할 목적으로 진행된 상담 사례를 인간중심적 관점으로 고찰해 본 논평문이다. 공개되는 사례는 모의적 성격이 있어서 실제와는 다른 한계가 있지만 이 상담의 경우 진행 과정과 내담자 경험이 잘 드러나 있어 많은 논의거리를 제공해 준다. 필자는 상담자와 여러 인연이 있어서 개인적 편향이 작용했을 수 있으나 최대한 축어록에 근거했음을 밝힌다.

이 상담에서 어떤 일이 일어난 것인가?

　내담자는 당당해지고 싶다고 말한다. 그녀는 유부남과 사이에서 아이를 낳고 십수 년을 살아왔다. 가족들은 이 사실을 받아들이지 않았고 거절했다. 인정받고 싶었던 맏딸이었던 내담자는 가족과 거리를 두고 죄의식을 지닌 채 오랜 시간을 지냈다. 무섭고 권위적인 아버지와 희생적이고 무력한 어머니 사이에서 살림 밑천 역할을 하면서 지루하고 희망 없는 생활을 이어가던 내담자는 자신을 너무나 예뻐하며 사랑해 주는 남자를 만나면서 안전한 피난처로 느껴졌던 그 관계를 선택한다. 임신은 자신의 선택을 유지해야 할 분명한 명분을 주었고 경험해 보지 못한 자유롭고 일상적인 생활을 만끽하게 했다. 내담자는 가정 있는 남자를 사랑하는 것이 윤리적으로 잘못이고 오점이라고 생각하면서 자신을 미워했는데 이는 부정한 행위로 엄마에게 상처를 줬던 아빠의 여자와 다름없다는 깊은 죄의식을 만들어 냈다. 늘 당당하고 싶었던 내담자는 아이를 키우면서 이를 현실로 받아들이지 않는 애 아빠를 단절했고, 청소년기 아이에게 자신이 느꼈던 죄의식을 옮겨 주지 않으려고 다시 애쓰고 있다.

이러한 내용이 드러난 상담 과정에서 내담자는 무엇을 경험했는가? 내담자는 마지막 회기에서 이렇게 말한다. "선생님과의 상담에서는 제가… 거침없이 계속 이렇게 저를 자유롭게 막 왔다 갔다 하면서 저를 봤던 것 같아요~ 예. 저를 느끼고 보고"(3회기 내담자 67), "네. 막~ 했던 것 같아요. 그게… 되게 좋았어요. 상담 저도 이렇게 하고 싶단 생각 들 정도로… 되게 편안했어요."(3회기 내담자 68). 내담자는 자유로운 자기탐사를 경험했다. 경험에 대한 자유로운 탐사, 이것이 가능한 이유를 Rogers는 이렇게 설명한다. 치료에서 자기에 대한 어떤 위협도 없을 때 자기경험의 다양한 측면을 느껴지는 그대로 검토할 수 있다. 상담 관계의 안전함을 토대로 내담자의 다양한 경험 세계가 열렸다.

이러한 경험에 대한 열린 검토를 통해 내담자는 자신의 어려웠던 선택—사랑과 출산—이 매우 실존적인 본인의 판단이라는 것을 명료하게 인식한다. 자신이 지녀왔던 죄의식, 죄를 지었다는 생각은 본인의 기준이 아니라 세상의 기준이고 그렇게 배웠고 제 맘과는 다른 얘기(2회기 내담자 42)라고 말한다. 내담자가 배워 왔던 문화의 소산임을 알게 된다. 좋아도 좋다는 걸 즐기지 못했던 내담자는 자신의 감정을 인정하고 애 아빠를 좋아했으나 그때는 그런 것들을 잘 표현하지 못했다(3회기 내담자 56회)고 표현하는 변화를 보인다.

상담자는 무엇에 관심이 있었는가?

상담자는 내담자의 유부남과의 동거 및 출산을 '문화의 굴레와 시선' (1회기 상담자 19)으로 바라본다. 우리 문화권에서 겪었을 내담자의 수치스런 고통을 비판단적으로 담담하게 감싼다. 이는 내담자가 뒤 회기에서 자신의 오점이라고 느끼는 문제에 대해 개방적으로 드러낼 수 있는 시작점이 되었다.

상담자는 내담자가 명료하게 인식하지 못하는 감정을 공감하고 표현한다. 아이가 있다는 사실을 친가에 드러내지 않고 해명도 없이 몇 년씩 미루는 애 아빠에 대한 내담자 감정을 '실망과 화'로 분명하게 드러낸다(1회기 상담자 30, 상담자 31). 이를 통해 내담자는 자신의 마음을 알아간다. 또 어떤 때는 상담자의 자기개방도 서슴지 않았다(1회기 상담자 73). 상담자의 공감적 이해와 일치성은 내담자와의 열린 관계를 맺는 데 기여하고 자유로운 자기탐사가 가능케 한 동력이 되었다.

가장 명백하게 상담자가 초점을 두었던 대목은 '죄'와 관련된 부분이다. 내담자는 동생에게 모멸감을 느낄 만큼 무시당하는 장면에서 '내가 죄지은 것도 있으니까' 어떻게도 반응하지 못했다(1회기 내담자 68). 상담자는 이 '죄'라는 말을 흘려듣지 않고(1회기 상담자 69) 멈춘다. 내담자의 사랑과 출산을 실존적 결단으로 이해했고, 자신의 삶의 선택을 죄라고 스스로 단죄하는 내담자를 가슴 아파한다(1회기 상담자 72). 이 죄에 대한 초점화는 이후 내담자 감정 흐름의 중심이 된다. 내담자는 가정이 있는 남자의 아이를 낳으면서 그 집안 사람들이 어떻게 생각하고 있는지 의식했고, 현재도 돌이킬 수 없는 죄를 짓고 있다고 느끼며, 그래서 자신을 용서할 수 없다고 극심한 자기혐오에 빠진다. 상담자는 애 아빠를 사귀는 것이 왜 잘못이라고 생각하는지 계속 묻는다(2회기 상담자 42). 상담자는 진정으로 내담자의 마음을 알고자 했고, 결국 내담자는 '제 기준이 아니라 세상의 기준'이라고 답한다. 그렇게 살면 안 된다고 배웠고 내담자의 '맘하고는 다른 얘기'라고 분명하게 말한다. 자신의 선택에 대한 불인정과 세상의 잣대로 자신을 평가하는 내담자에 대해 상담자는 선명한 태도를 보인다. 수없이 고민하며 어렵게 내린 결단이 너의 것이 아니냐고, 왜 세상의, 타인의 눈치를 보면서 자신의 결정을 외면하냐고 말한다. 또한 그 결정은 사랑이 아니었느냐고 묻는다. 여기에서 상담자 태도가 뚜렷하게 나타난다. 하나는 상담자의 사람과 세상에 대한 태도이다. 실존적이고 현상학적인 상담자의 태도가 오롯이 담겨 있는 장면이었다. 다른 하나는 내담자의 의도와 감정에 대한 존중이다. 결과적으로 수치감과 죄의식 때문에 숨겨지고 왜곡된 내담자 마음을 그대로 드러내고 수용할 수 있게 했다.

상담 과정에서의 침묵

이 상담에서 침묵은 많은 이야기를 전하고 있다. 총 3회기의 상담 중 1회기 후반에 처음 침묵이 나타났고, 2회기는 1회기에 비해 침묵이 빈번했으며 길이 또한 짧지 않았다. 내담자 반응의 절반가량 매 반응마다 거의 침묵을 수반했다. 이 침묵은 무슨 의미가 있는 것인가? 1회기 뒷부분에서 죄의식과 관련된 이야기가 주제로 다뤄지면서 침묵이 등장했다. "죄…라는 표현을 쓸 때 마음이 어떠세요?~"(1회기, 상담자 70). 이 반응 이후부터 내담자의 침묵이 자주 등장하고 울먹이거나 훌쩍이거나 내담자의 감정이 올라오는 것이 뚜렷이 보인다. 2회기에서는 초반부터 좀 더 긴 침묵이 나타난다. 상담자는 이러한 침묵을 허용했다. 상담자가 침묵의 의미를 어떻게 이해했는지 알 수 없지만 이것이 내담자에게 의미가 있다고 느꼈기에 허용했을 것이다. 축어록상이지만 2회기의 분위기는 1회기와 사뭇 다르다. 내담자의 자기 탐색과 의미 탐구가 이루어진 시간으로 추론이 가능하다. 이 침묵을 상담자가 깨는 경우는 거의 없었는데, 상담자와 내담자의 정서적 연결, 내담자 주관적 관점에의 몰입이 이를 가능케 했을 것이다.

내담자의 드러남과 상담자의 시선

내담자는 사춘기 때 가출을 한다. 안부를 물으며 소통하는 영어를 좋아했다. 세상에서 누가 또 이렇게 날 좋아할까 싶었던 유부남을 사랑하고 아이를 가진다. 꼬물거리는 초음파 사진을 처음 보고 출산을 결심한다. 가족 모르게 아이를 키우는 동안 보통 사람들처럼 일상을 경험하며 행복했다. 주변의 엄마들에게 처지를 개방하며 기대하지 못했던 이해를 받았다. 집단상담에 참여해서 수용받고 공감받는 '딴 세상'에 발을 딛기도 했다. 애 아빠의 무책임함에 오랫동안 기다리던 마음을 접고 거리를 둔다. 아동기를 벗어난 아이에게 상황을 이해시키려고 준비를 많이 해서 설명한다. 원했던 공부를 시작해서 대학원에 진학한다.

내담자는 인생의 고비마다 자신에게 충실했다. 온전히 자신이고자 했고, 집중했고, 선택했다. 내담자의 생명력이고 실현경향성이다. 그녀를 무겁게 짓눌렀던 죄의식은 자신의 경험이 아닌 관습과 타인의 잣대에서 기인했다. 이것을 인식하고 나서 내담자는 훨씬 자유롭게 자기를 돌아본다. 사랑을 사랑으로, 아닌 건 아닌 거로, 있는 그대로 바라본다. 내담자는 전에 생각해 보지 못했던 경험에 닿는다.

상담자는 내담자의 마음을 잘 듣고 비판단적으로 집중했다. 내담자의 세계를 알고자 했고 민감하게 주의를 두었다. 내담자의 속도를 재촉하지 않았다. 때로 상담자는 매우 생생하게 자기 자신으로 내담자를 만났다. 내담자가 바라보지 못했던 문제를 마주하게 했다. 그러나 이 과정에서 내담자에게 어떤 것을 수정하라고 요구하거나 바뀌기를 원치 않았다. 상담자가 가진 모습과 태도로 내담자를 만났으며, 그녀를 한 사람으로 대하며 상호작용했다.

내담자는 세 번의 상담 시간 동안 배려를 경험하며 자신을 탐사했다. 자신의 문제를 마주했고, 그것이 두렵지 않았다. 내담자는 새로운 자기 자신을 경험했다.

글을 마치며

인간중심 상담에서 가장 기본이라고 할 수 있는 안전한 상담관계의 형성은 상담자의 태도에서 만들어진다. 상담자의 태도는 적극적인 경청과 공감, 한 인간에 대한 존중, 상담자의 진정성을 통해 내담자에게 전달되는데, 언어적·비언어적인 다양한 상호작용 속에서 나타나게 된다. 인간중심 상담에서 지향하는 것은 내담자가 그동안 자신이라고 믿어 왔던 개념적 자기를 자각하고 진실된 진짜 자기를 찾아가는 체험이 핵심이라고 볼 수 있다.

나는 짧은 시연 사례에서 이와 같은 목표를 달성하는 것이 쉽지 않을 것으로 생각했다. 그러나 앞의 논의에서 보다시피 인간중심 상담 과정에서 전형적으로 보이는 중요한 내담자 경험이 나타났다. 드물게 상담자가 보이는 앞서가는 면이 상담 전체 발달에 방해가 된다고 생각하지 않은 이유이기도 하다. 사례를 통해 내담자의 변화 과정과 이를 가능케 하는 상담자의 태도와 자세를 만나볼 수 있어서 참으로 반가운 마음이다. 상담자와 내담자에게 경의와 따뜻한 박수를 보낸다.

무를 하며 5개월간의 적잖이 빠듯한 일정을 기대하는 마음으로 소화하게 한 동기이기도 했다.

조현주 교수님께 상담을 받고

내담자로 결정되고 나서 내 행동에서 첫 변화는 상담 공부를 하면서 늘 어난 10킬로그램을 감량하러 운동과 식이요법을 시작한 것이다. 내담자 결정과 관련이 있는지는 모르겠지만, 그 전에도 생각은 있지만 흐지부지 끝나 버렸었는데, 결정이 되고 며칠 안 되어 시작하고 첫 상담이 있기까지 약 20일 정도 기간에 3킬로그램을 감량했다.

첫 상담 장소인 대구로 떠나기 위해 아침 일찍부터 준비하고 나서는데, 좀 두렵고 불안하면서도 설레는 등의 복잡한 심경이었다. 대구에서 S 간사님을 만나 상담 장소까지 안내받고 교수님 연구실을 찾아갔다. 따뜻한 웃음으로 주변까지 환하게 해 주시는 교수님을 보고 이미 내 마음은 울컥했던 것 같다. 인사를 하고 차를 마시며 오늘 일정에 대해 설명을 듣고 상담을 하며, 집에서 출발할 때 복잡한 심경 그대로 명절 때마다 아빠의 한마디에 일희일비하는 나를 있는 그대로 만나며 더 혼란스러워졌다. 그 엉켜 있고 모호한 생각들을 하나하나 다 만나고 있는 그대로 이해받으며 그 시간은 매 순간 생각하고 느끼는 것을 날것으로 표현하는 내 자신 그대로였다. 그렇게 복잡하고 혼란스러운 시간 속에 아빠에게 화가 나 있는 어린 내가 있었다. 시간이 조금 지나 그 화난 내 진심은 무섭고 위로받지 못하고 어쩔 줄 모르는 모습이었다. 이 무서움을 맞닥뜨렸을 땐 안됐고 불쌍하고 더 빨리 만나지 못해서 못내 미안하기도 했다. 여러 감정이 하나하나 지나가면서 선생님의 따뜻한 위로 속에 내 마음은 따뜻해졌고 어딘가 모르게 가벼워졌다.

상담을 마치고 대구역에 갈 수 있는 차편까지 S 간사님이 같이 해 주셨다. 그날 처음 만난 S 간사님께 그때 느껴지는 것들을 얘기했다. 무슨 얘기를 했는지 잘 기억은 안 나는데, S 간사님은 나의 거울처럼 내 얘기를 잘 들어주고 공감해 주었고, 난 한결 더 가벼운 마음으로 기차에 올랐다. 서울로 오는 기차 안에서 내담자 지원을 도와주셨던 교수님께 '정말 좋은 경험했고 용기를 내길 잘했다 싶고 행복해요. 숙제 같았는데 막상 하고 보니 선물인 시간이었어요. 참 좋았어요.'라고 문자를 보냈다. 기차에서 엄마를 통해서야 연락하고 소식을 전해 듣던 아빠에게 전화를 드리기도 했다. 전화를 받은 아빠는 "어!" 하고는 전화를 끊어 버렸다. 찰나와 같은 통화는 오늘의 기쁨을 몽땅 날려 버릴 만큼 황당했지만, 오래 가지 않았다. 다시 전화하고 싶은 생각도 안 들었다. 그 순간엔 내가 전화를 했다는 것으로 충분했다.

이후 학회 발표 자료를 교수님과 주고받으며 '하소연하고 싶고 징징대고 싶었던 제가 많이 보여서 창피하고 또 쑥스럽다.'고 메일 회신을 드렸고 '(상담받던) 순간순간 가슴이 뭉클해지면서 눈물이 돌고, 슬픈데 참 따뜻하게 느껴졌어요. 안전하고 믿을 수 있어 나를 온전히 드러낼 수 있는 분위기 안에서의 저를 봐서 그런지 저는 그날이 제 인생에 꼽을 수 있는 좋은 날로 여겨져요.'라고도 했다. 조 교수님은 상담에서 더 다루지 못해 아쉬운 점을 학회 자료를 주고받는 메일에서 알아차리도록 도와주시고 격려도 아끼지 않으셨다. 학회 발표를 마치고 내가 교수님께 인사를 드렸더니 교수님은 나를 꼬옥 안아 주셨다. 좋은 말씀을 해 주셨는데, 말의 내용은 기억이 안 나고 따뜻하게 나를 받아들이고 있어 행복하고 기뻤다.

다음은 상담을 마치고 적은 '오늘 상담에서 배운 것, 도움되는 것!'이다.

- 기분에 따라서 내 생각이 달라지거나 바뀔 수 있다.
- 두려워하고 얼어 있는 어린 나를 잘 위로하고 돌봐 주고 싶다.
- 내 삶은 내가 원하고 바라는 대로 이루어졌고 앞으로도 그럴 것이다.
- 막연하고 터널같이 갇혀 있을 때 두려워하거나 얼어 있는 내 자신을 잊지 않을 것이다.
- 아버지의 인정이 내가 바라던 큰 의미 있는 것이었다. 하지만 아버지는 상황에 따라 그러지 못하실 수 있고 그것이 내 탓은 아니다.

김경민 선생님께 상담을 받고

김경민 선생님을 만나러 간 곳은 양지바른 풀밭과 벤치를 넓게 감싸고 있는 ㄱ자 모양의 단층 건물이었다. 세상 부러울 것 없이 한가로운 개 한 마리가 꼬리를 흔들고, 선생님께서 주시는 향긋한 차와 푹신한 방석이 몇 시간 기차로 달려온 나를 편안하게 해 주었다. 예상치 못한 사례위원회 위원장님을 그곳에서 만나게 되어 좀 놀랐지만 상담에 큰 영향을 미치지는 않았다. 1시간 상담을 마치고 선생님과 함께 시내로 나가 점심을 같이 먹고 돌아와 두 번째 상담을 했다. 그 사이사이 마당에 있는 벤치에 앉아 햇살을 즐기기도 하고 건물 뒤꼍을 느긋이 걷기도 했다. 아무 생각 없이 쉬다 오는 친정이 있다면 아마 여기가 바로 그곳같이 여겨졌다.

대구에서 내 무서움을 알아차렸을 때 불쌍하고 안된 내 자신을 위로하는 눈물을 흘렸다면, 이번엔 내가 가진 결혼에 대한 생각, '난 결혼은 아니야.'는 내 부모님에 대한 것이고 나는 다를 수 있음을 알았을 때였다. 전에도 알았지만 이번에 더 크게 나를 울린 이유는 내 두려움을 만난 이후이기 때문이다. 부모님 때문이 아니라, 내 두려움이 결혼을 피하게 했다는 걸 알게 됐고 동시에 '(만약에 내가 결혼을 했더라도) 나는 부모님처럼 살지 않았겠다.'라는 걸 알아차리며 오열했다. 한 번 알게 되면 또 알게 될 일이 없을 줄 알았는데, 두 번 세 번 다시 알게 되면서 그 느낌과 생각은 분명해지는가 보다. 후회를 거듭하고 바보같이 내가 만든 생각의 틀 안에서 힘겹게 살아온 내 자신이 불쌍하고 안되어 울었다. 실컷 울고 오는 생각은 '아, 나는 정말 내가 원하는 대로 살았구나!'였다. 내가 원하는 대로 살면서 아빠의 인정을 바라는 내 욕심을 느꼈던 것 같다.

특히 아빠가(엄마는 최근에 내 탓을 하는 경우가 거의 없었다) 내 탓을 할 때, 화가 나고 그 시작이 부모님 문제임에도, 그 사이에 낀 내가 아직도 두 분에게서 나를 분리하지 못하고 있음을 알게 되었다. 김경민 선생님과 상담하면서 내가 문제 상황에서 내 탓을 하거나 부모와 나를 분리 못하는 지점을 맴돌면서 분명히 알아차리는 것이 잘 안 되고 있다는 것이 실시간으로 느껴졌다.

상담을 마치고 내담자 지원할 때 도와주신 교수님께 '제게는 정말 황금같은 기회였어요. 저에 대해 좀 더 알 수 있게 되었고 저를 알아 가는 것이 전보다 덜 힘들고 조금은 즐겁기도 해요.'라고 문자를 보냈다. 상담 마치고 일주일쯤 지나 김경민 선생님께는 아픈 물리치료를 받으며 치료사에게 치료가 아프다고 당당하게 말했고 치료사가 이후 계속 물어봐 주다 보니 내가 엄살을 피우다 치료사와 같이 웃기도 했다는 소식을 전하면서 내 자신이 조금 더 좋아졌다고 문자를 드렸다. 전에는 참던 것들을 말하기 시작한 것 같다.

* * *

조현주 교수님과 김경민 선생님을 2주 간격을 두고 만났는데, 난 꼭 한 분께 상담받은 것처럼 느껴지고, 의도한 것처럼 일관되게 내 이야기를 했다. 놀라운 경험이었다. 걱정과 불안, 부담을 털어 버리고 온전히 내 자신이 되는 경험이 이렇게 좋을지 몰랐다. 김경민 선생님과 상담을 마치고 2주쯤 뒤에 아버지 생일이 되어 가족 모임을 갖게 되었다. 이 일은 두 분께 상담을 받고 생긴 일인데, 조현주 교수님께 메일로 드린 답장이지만, 두 분 상담을 마치고 난 후의 변화로 보여 이 자리에 넣는다.

> "(축어록) 자료를 읽을 때마다 가슴속이 일렁거려요. 처음 자료를 읽을 때는 좀 두렵고 신경 쓰이는 게 많았는데, 오늘은 생각보다 가슴이 화끈거리듯 하면서, 이걸 해냈다는게 스스로 감동이었던 것 같아요. 정말 감사합니다. 읽으면 읽을수록 새롭게 느껴지고 보이는 것이 생기는 게 신기해요."

> "아이 아빠를 표현할 단어가 정말 없는 거예요. 저는 그 사람의 내연녀지만, 그 사람은 한때 제가 좋아한 사람, 아이 태어나고 4년은 저에

겐 남편 같은 존재였고, 그 이후 헤어지고 나선 아이를 키우는 데 아빠 역할을 해 주는 조력자예요. 제겐 아이 아빠라는 표현만큼 적당한 것이 없는 것 같아요. 덧붙이자면 다른 가정이 있는 유부남이다… 정도요. 앞으로는 남들이 쓰는 깔끔한 표현이 가능한 남자를 좀 만나 보고 싶어요."

"지난 일요일에 17년 만에 우리 네 자매가 모두 모여 아빠 생신 축하한다고 점심을 같이 먹었어요. 아버지가 기뻐하면서 이런저런 자신만의 원칙들을 늘어놓는데, 태어나서 처음으로 아빠에 대한 분노를 그 순간 느끼며, 내가 화났다는 걸 알아차렸어요. 하지만 조금 지나서 그것이 아빠에 대한 화가 아니라 아이가 그 자리에 못 온 것에 대해 아빠 탓을 하는 거였고, 그날 오후에 친구를 만나 얘기하며 아이가 잘못될까 봐 두려운 마음에 그런다는 걸 알았어요. 일요일 하루는 많이 힘들었지만, 제가 상담에서 알게 된 것을 실시간으로 느끼고 알게 되기도 했어요. 전처럼 괴롭고 힘들기만 한 게 아니라 이렇게 또 뭘 좀 알아 가는구나, 아이도 점점 내 원칙과 규칙에서 벗어나 자신을 찾아가는구나, 난 그걸 힘들어하고, 아빠는 변함없지만 전처럼 그렇게 밉고 싫지만은 않구나… 하면서 힘든 이면에 같이 오는 것을 좀 보고 느낄 수 있었어요."

김정규 교수님께 상담을 받고

앞에 두 번의 상담이 끝인 줄 알고 있다가 3월에 학회를 마치고 며칠 지나지 않아 두 분의 대가와 또 상담을 하게 될 것이라고 안내를 받고 약간 당황했다. 처음부터 계획되었던 것임을 알게 되고 나니 무조건 해야 하는 것처럼 느껴지고 미리 좀 알려 주었더라면 하는 아쉬움이 생겼고, 일정에 대한 부담이 있었다. 이런 생각과 감정을 알아차리고 오래지 않아, 나는 다시 기대하기 시작했다. 아쉬움과 부담은 어디론가 사라져 버리고, 또 무엇이 내게 올지 궁금했다.

김정규 교수님은 앞 두 분 선생님들과 달리, 상담 장소가 서울이라 일주일 간격으로 3회 받기로 했다. 앞에 두 분은 처음 뵈었고, 김 교수님은 학회에서 강연이나 실연으로 여러 차례 접한 적이 있었다. 그런데 막상 상담을 받으러 갈 때 전에 없던 여러 걱정이 일었다. '무슨 말을 하지?'가 그 주된 내용이었는데, 왜 그랬는지 모르겠다. 맨 처음 상담하기로 한 날 오전에 교수님이 컨디션이 좋지 않아서 취소하셨고, 공교롭게도 같은 날 나도 아이가 고등학교 들어가서 적응하느라 스트레스를 받아서 그랬는지 새벽에 장염으로 응급실에 갔다 왔었다. 나도 저녁 상담이 걱정되었는데, 상담이 연기되어 내심 좋았다. 그런데 다음 약속 날짜를 교수님께서 알려 주시기로 하고 연락이 없었다. 딱 일주일이 지나 오후 1시가 넘어 문자를 드리니, 6시에 오라고 간단히 답장이 왔다. 아마 이 과정에서 좀 불편했던 것 같다.

상담이 시작되고 초반은 어딘가 모르게 어수선했고 마음도 편하지 않았다. 시간이 지나면서 상담목표를 정하는 과정에서 어딘가 모르게 불편함이 커졌고 교수님이 원하는 답이 있는 것처럼 여겨지기까지 했다. 내가 진짜 원하는 것에 대해 이야기하다 나에게 집중하는 방법을 알려 주셨을 때, 나를 환기시킬 수 있다는 걸 알고 좀 놀랐다. 이후 집에서 아이에게 화가 나거나 부정적인 생각이 들 때, 교수님이 알려 주신 '가슴에 손을 얹고 심호흡을 하며 내 자신에게 집중'하는 경우가 몇 차례 있었다. 내 자신에게 집중하며 기분도 좋아지고, 기분이 달라지며 내가 정말 원하는 것을 조금씩 알아갔다. 교수님께서는 아이 얘기를 많이 했던 것 같은데, 이야기를 하며 아이와 갈등하는 표면적인 행동에만 대응하는 나를 보았다. 상담을 받으면서 아이의 속마음도 나처럼 스스로를 무섭게 보는 눈으로 보고 있을 수 있겠다는 생각이 미치면서 게임으로 드러나는 아이의 행동 이면의 마음이 궁금해지기도 했다. 물론 잠깐이어서 행동으로의 변화까지는 곧바로 이어지지 않았지만, 상담 중에는 내가 아이를 사랑하듯 나도 사랑하고 싶어졌다. 교수님과 김명권 선생님과의 3회기 상담이 동시에 진행되면서, 2월에 부모와 나에 관한 이야기가 주를 이뤘다면, 이젠 나와 아이 그리고 내가 받아들이지 못하는 과거 어느 시절의 나에게로 자연스럽게 넘어갔다.

김명권 선생님께 상담을 받고

김명권 선생님과도 7~10일 간격으로 3회기가 진행되었다. 3회기가 진행되니 이전 회기 상담을 들어 보고 다음 상담에 갈 수 있었다. 녹음은 들을 때마다 상담받을 때의 그 순간으로 돌아가 똑같은 감동을 받고 난 또 다시 눈물을 지으며 측은한 눈으로 내 자신을 보았다. 이때의 소감을 내담자로 지원하게 도와주셨던 교수님께 문자로 이렇게 드렸다.

> '오늘도 좋은 기분을 안고 집으로 가고 있어요. 상담을 받으면 받을수록 홀가분해져요. 2월엔 녹음 듣기가 두려웠는데, 오늘 녹음은 어서 바로 들어 보고 싶을 정도예요. 내가 어떠한 모습이더라도 내가 나를 사랑하는 작업이 상담 같아요. 이 표현을 쓰는데 눈물이 핑 돌아요… 그러면서 행복해요.'

김명권 선생님과 얘기할 때, 내 생각과 감정 등이 전혀 검열을 받지 않는 듯했다. 내게 떠오르는 기억, 생각을 이야기하고 감정을 표현하며 평가를 멈추고 있는 그대로를 보게 되었던 것 같다. 특히 상담 중에 속으로 '어떻게 된 거지?' 하며 한참 동안 혼란에 빠졌던 경험은 정말 놀라웠다. '선생님이 기다리셔.' '설명을 해야 하는데….' '어떻게 해야 하지?' '도대체 뭐지?'와 같은 생각이 이어졌으나, 그런 생각보다 그 혼란스런 순간에 누군가와 같이 내 혼란에 빠져 있었고 그래도 괜찮다는 것을 알게 되고 그것이 무엇일지에 대해 궁금증이 남겨져도 괜찮았다. 이후 전에 없이 상담이 기다려졌고, 이내 내가 가진 깊은 죄책감의 근원까지 다가갔었고, 이런 과정 하나하나가 내게는 놀라운 순간들이었다.

김명권 선생님은 내가 네 명의 대가와 상담을 해 봤으니 어떻게 다른지 물어보셨는데, 이때 선생님도 긴장되신다는 생각이 들었고 시간이 지나면서 전문가 분들에게도 내게 있는 S 간사님 같은 분이 있으면 좋겠다는 생각이 들었다. 학회 자료를 만들면서 궁금하셨던 점을 물어보며 답하는 과정에서 나는 내 상담을 정리하고 알게 된 것을 선생님께 얘기하고, 선생님의 피드백을 받으며, 나를 조금 더 잘 이해하게 되었던 것 같다.

* * *

김정규 교수님과 김명권 선생님과의 상담이 동시에 같이 진행되어 난 조금 혼란스러울까 봐 걱정이 되었다. 두 분의 접근방식이 너무 다르고, 내가 전에 한 얘기들을 잘 기억하고 있어서 이야기할 수 있을지 의문이었으나, 막상 상담이 시작되자 확실히 상담받는 나는 뭔가 다른 나인 듯하다. 거침이 없고 내 생각이 흘러가는 대로, 느껴지는 대로 그 순간 그대로의 나를 있는 그대로 표현했다. 수많은 걱정과 근심은 사라지고 그 순간, 그 시간에 그 자리에 있었고 실생활로 돌아와서 조금씩 그 순간을 사는 시간이 늘어난 것 같다. 그리고 유부남을 사랑했고, 아이까지 낳고, 상담을 하는 내가, 부끄럽게만 여겨지지 않았다. 좀 부끄러워도 괜찮았다. 마지막 두 분의 상담만으로 이뤄진 결과라고 생각되지는 않지만 내가 느낀 시기가 두 분의 상담을 마치고 나서라 여기에 넣는다.

네 명의 대가와의 상담과 학회 발표를 마치고(2018년 봄)

3년 전 만삭 때보다도 5킬로그램이나 더 나가는, 내 인생 최고의 몸무게를 갱신할 때였다. 공부한답시고 멀쩡한 직장을 때려 치우고 빚을 내어 공부하며 아이를 키우는 미혼모였던 나. 대학원 졸업을 앞두고 있던 어느 가을날, 거울을 보는데 내가 좀 예쁘게 보였다. 생소한 순간이었다. 피임을 했는데, 아이가 생겼음을 알았을 때와 같은 그런 기분이었다. 나인데, 내 일인데, 왜 이러는지 이해가 되지 않는 순간이었다. 거울을 보든, 나를 생각하든, 내 모습을 점검하든 난 부족한 점에 초점을 맞추고 있었고, 마음에 드는 경우는 흔치 않았다. 마음에 드는 경우도 있었겠지만 기억에서 금방 사라졌고 나한테 중요하지 않았었다. 그런데 그날 거울을 보며 내가 다르게 보였다. 전체로서의 내가 보였다. 그것도 좀 괜찮은 내가 보였다. 내 자신이 괜찮은 사람으로 여겨졌다. 무슨 조화일까 싶어 최근에 일어난 상황을 곰곰이 살펴보니 한 달 전쯤에 게슈탈트 전문가 분의 상담 시연에서 30분 정도 내 어린 시절을 돌아보며 오랜 죄책감을 털어 낸 적이 있었다. 그리고 한 달쯤 이후 난 내가 좀 좋아졌던 것이다.

이번 상담에서 3년 전에 느꼈던 그 짧은 과정을, 여러 전문가 분을 통해 어떻게 그 과정이 이루어졌는지 조금 더 실시간에 가깝게 느끼고 알게 되었다. 상담이 결정되고 상담 주제에 집중하게 되면서 나에게서 조금 떨어져 나를 보며, 과체중에서 벗어나기 위해 운동과 식이요법을 시작했고, 대구에서 첫 상담을 하고 그다음 날 3년 동안 방치하던 무릎 치료를 위해 병원을 찾았다. 떳떳하고 싶었던 나의 진심은 나를 더 사랑하고 싶다는 뜻이었다. 상담에서 내 마음을 돌보고 생활로 돌아와서 그동안 어려운 형편으로 미루고 있던 내 몸을 돌보았던 것이다. 어려운 형편은 핑계였다. 알고 나면 참 단순하기 그지없지만, 내 문제일 때는 나 혼자 알아차리기가 쉽지 않다.

상담에서 전문가 분들은 장황하게 설명하고, 횡설수설하고, 빤히 보이는 것을 모르고 있고, 혼란해서 말문을 잊기까지 한 나와 그 순간들을 같이 했다. 어떤 평가도 없었다. 나만 나를 끊임없이 평가하고 있었다. 그리고 이 경험은 낯선 것이 아니었다. 상담을 공부하며 만난 동기, 인턴, 교수님, 슈퍼바이저, 집단원 등 많은 분에게서 따뜻하고 수용적인 위로와 격려를 받으며, 나는 처음에 어색하고 내 것 같지 않았다. 공부와 집단상담, 수련 등을 병행하며 내 안에 어떤 틀을 느끼고, 이번 상담에서 내 안의 무서운 눈초리를 알아차린 것 같다. 그리고 상담을 받으며 그 눈빛이 좀 다르게 바뀐 것 같다. 쑥스럽지만 난 이런 알아차림과 변화들이 기적처럼 여겨진다. 선생님 네 분이 모두 나의 괴로움과 고통, 슬픔에 공감하며 이를 달래 주기도 하고 같이 아파하면서, 내가 깨달은 것에 같이 감동하고 기뻐했다. 떳떳해지고 싶어하는 나의 진짜 바람은 나 자신을 있는 그대로 사랑하고 싶다는 뜻이었다. 바로 내가 되고 싶은 엄마의 모습이자 상담자의 모습이기도 했다.

이후 내 안에 많은 생각이 어디론가 사라졌고, 내가 진심으로 원하는 것에 집중하게 되고, 전에는 여간해서 친구나 가족에게 하지 않던 연락을 하기도 했다. 친한 사람들에게 가장 많이 들었던 피드백이 "죽은 줄 알았다." "연락 좀 하고 살아라."였는데, 요즘은 그 얘길 좀 덜 듣는 것 같다. 또 부당하고 싶은 것을 표현하고 유머도 좀 생긴 듯하다. 최근에 한 집단 수업에서 집단원들에게서 가장 많이 받은 피드백이 '자신감'과 '유머'였다. 아마 태어나서 처음 받아 보는 피드백이자 내가 갖추고 싶은 자질이기도 했다. 여전히 아버지와는 서먹하다. 내가 상담자라 뭔가 더 할 수 있을 것 같고, 그래야 할 것 같았는데, 이제 그 생각은 깨끗이 접었다. 생판 모르는 남을 상담하는 것보다 더 어려운 것임을 알기 때문이다. 항상 친하게 지내는 것이 내 바람일 수도 있지만, 지금의 이 거리를 계속 유지하고 싶은 것도 내 바람일 수 있음을 알고, 어떤 것을 원해도 그게 나이고 그래도 괜찮다.

참고문헌

김영주(2014). 게슈탈트 심리치료 이론의 자기개념. **한국게슈탈트상담연구**, 4(1), 1-25.

김정규(2015). **게슈탈트심리치료: 창조적 삶과 성장**. 서울: 학지사.

Arntz, A., & Weertman, A. (1999). Treatment of childhood memories: theory and practice. *Behaviour Research and Therapy, 37*, 715-740.

Beck, A. T. (1963). Thinking and Depression. *Archive General Psychiatry, 9*. 324-333.

Beck, A. T. (1997). The past and future of cognitive therapy. *Journal of Psychotherapy Practice and Research, 6(4)*, 276-284.

Beck, A. T., Rush, A. J., Shaw, B. F., & Emery, G. (1979). *Cognitive therapy of depression*. New York: Guilford Press.

Epp, A. M., & Dobson, K. S. Dobson (Ed.). *Handbook of Cognitive-behavioral therapies*(pp. 33-73). New York: Guilford Press.

Gilbert, P. (2014). **자비중심치료***(Compassion focused therapy)*. 조현주, 박성현 공역. 서울: 학지사. (원전은 2010년에 출간)

Gilbert, P., & Procter, S. (2006). Compassionate mind training for people with high shame and self-criticism: overview and pilot study of a group therapy approach. *Clinical Psychology & Psychotherapy, 13*, 353-379.

Hayes, S. C. (2004). Acceptance and Commitment therapy, relational frame, therapy and the third wave of behavioral and cognitive therapies. *Behavior Therapy, 35*, 639-665.

Hofmann, S. G., Asmundson, G. J., & Beck, A. T. (2013). The science of cognitive therapy. *Behavior Therapy, 44*, 199-212.

Hycner, R., & Jacobs, L. (Eds.). (1995). *The healing Relationship in Gestalt Therapy*. A Dialogic/Self Psychology Approach. Highland. NY: Gestalt Journal Press.

Perls, F. S. (1976). *The Gestalt Approach & Eyewitness to Therapy*. New York: Bentam Books.

Perls, F. S., Hefferline, R. E., & Goodman, P. (1951). *Gestalt Therapy: Excitement and Growth in the Human Personality*. New York: Delta.

Polster, E., & Ploster, M. (1974). *Gestalt Therapy Integrated*. New York: Vintage Books.

Wegner, D. M., Schneider, D. J., Carter, S. R., & White, T. L. (1987). Pradoxical effects of thought suppression. *Journal of Personality and Social Psychology, 53*(1), 5-13.

Yontef, G. (2008). **알아차림, 대화, 그리고 과정***(Awareness dialogue & process: essays on gestalt therapy)*. 김정규, 김영주, 심정아 공역. 서울: 학지사.

Zinker, J. (1977). *Creative Process in Gestalt Therapy*. New York: Vintage Books.

저자 소개

김정규(Kim Jung Kyu)

게슈탈트 상담 전문가로, 독일 본대학교에서 임상심리학 석사 및 박사학위를 받았다. 독일프리츠펄스연구소와 미국 샌디에이고 게슈탈트치료연구소에서 연구 및 치료경험을 쌓았다. 이후 성신여자대학교 심리학과 교수로서, 한국임상심리학회장, 한국게슈탈트치료학회장을 역임하였다. 현재 성신여자대학교 명예교수로 있으며, '상처 난 마음을 치유하는 공간' 게슈탈트하일렌 원장으로 심리치료와 전문가 양성에 힘쓰고 있다. 저서 및 역서로는 『심리치료소설 뉴런하우스』 『게슈탈트 심리치료: 창조적 삶과 성장』 『게슈탈트 관계성 향상 프로그램(GRIP)』 『게슈탈트상담의 이론과 실제』 등이 있다.

김명권(Kim Myoung Kwon)

체험적 심리치료 전문가로, 부산대학교에서 상담심리학 박사학위를 받았다. 상담심리학과 자아초월상담학 교수 그리고 한국집단상담학회장을 역임하고, 현재 한국영성심리상담센터 대표로 있다. 저서 및 역서로는 『집단상담 이론과 실제』 『집단상담사례연구』 『깨달음의 심리학』 『자아초월 심리학과 정신의학』 『7가지 행복 명상법』 등이 있다.

김경민(Kim Kyeung Min)

참나상담 전문가로, 창원대학교 대학원에서 교육학과 박사과정을 수료했다. 현재 참나상담학회 명예회장과 한국상담심리학회 집단상담연구회장으로 활동하고 있으며, 동서심리상담연구소장과 참나상담대학원 교수로 있다. 저서 및 역서로는『대물림되는 핵심감정』『불안의 미학』『그대는 신의 선물』『긍정적 삶의 비결』등이 있다.

조현주(Cho Hyun Ju)

인지행동치료 전문가로, 고려대학교에서 심리학 박사학위(임상 및 상담심리 전공)를 받고, 현재 영남대학교 심리학과 교수로 있다. 순천향대학교 천안병원과 중앙대학교병원에서 임상심리수련감독자 및 연구교수를 역임하였고, 현재 한국인지행동치료학회 자격관리 이사이며, 임상심리전문가와 상담심리전문가로 활동하고 있다. 주요 논문 및 역서로는 「The development and validation of the lovingkindness-compassion scale」을 비롯하여『자비중심치료』『ADHD를 위한 마음챙김 처방』『이상심리학』『성격심리학』『남성우울증』등이 있다.

한 명의 내담자, 네 명의 상담자
다른 접근의 상담 사례연구
A client meets four therapists from different theory backgrounds

2019년 1월 15일 1판 1쇄 발행
2024년 8월 20일 1판 7쇄 발행

지은이 • 김정규 · 김명권 · 김경민 · 조현주
펴낸이 • 김 진 환
펴낸곳 • (주) **학지사**

   04031 서울특별시 마포구 양화로 15길 20 마인드월드빌딩 5층

대표전화 • 02) 330-5114 팩스 • 02) 324-2345

등록번호 • 제313-2006-000265호

홈페이지 • http://www.hakjisa.co.kr
인스타그램 • https://www.instagram.com/hakjisabook/

ISBN 978-89-997-1710-9 03180

정가 16,000원

출판미디어기업 **학지사**

간호보건의학출판 **학지사메디컬** www.hakjisamd.co.kr
심리검사연구소 **인싸이트** www.inpsyt.co.kr
학술논문서비스 **뉴논문** www.newnonmun.com
원격교육연수원 **카운피아** www.counpia.com
대학교재전자책플랫폼 **캠퍼스북** www.campusbook.co.kr